基于课型特点的小学数学核心素养培养和教学问题链设计

杨丽芳◎著

沈阳出版发行集团
沈阳出版社

图书在版编目（CIP）数据

基于课型特点的小学数学核心素养培养和教学问题链设计 / 杨丽芳著. — 沈阳：沈阳出版社，2021.1
ISBN 978-7-5716-1554-3

Ⅰ. ①基… Ⅱ. ①杨… Ⅲ. ①小学数学课—教学研究
Ⅳ. ①G623.502

中国版本图书馆CIP数据核字（2021）第020863号

出版发行： 沈阳出版发行集团|沈阳出版社
（地址：沈阳市沈河区南翰林路10号　邮编：110011）
网　　址： http://www.sycbs.com
印　　刷： 北京政采印刷服务有限公司
幅面尺寸： 170mm × 240mm
印　　张： 15.25
字　　数： 275千字
出版时间： 2021年1月第1版
印刷时间： 2021年1月第1次印刷
责任编辑： 马　驰
封面设计： 言之凿
版式设计： 李　娜
责任校对： 王玉位
责任监印： 杨　旭

书　　号： ISBN 978-7-5716-1554-3
定　　价： 45.00元

联系电话： 024-24112447
E - mail： sy24112447@163.com

序言

代 序

我是一名数学与应用数学专业的在读师范生，当杨丽芳老师（我母亲）希望我能认真阅读她的书稿，给她提修改建议，并帮她写序时，我既惊喜又惶恐：惊喜的是母亲对我的信任，惶恐的是自己还只是一个在读学生，提不出什么好的建议，也不懂得写书序，怕耽误了她的事。母亲给我壮胆，说她这本书既面向在职的教师，也面向在读的师范生，她需要了解在读师范生读后的感受和疑问，因此我的感受和疑问对她很重要。她让我认真看、放心写。其实，她的良苦用心，我又怎会不知，又怎能辜负？于是我认认真真地把书稿看了两遍，提出了不少疑问，对此母亲详细地给我解释，并对书稿进行了调整。而我获得了不小的成就感。

下面我将以一个在读师范生的角度来评价这份书稿，尽量保持中立，不因作者是自己的母亲而唱赞歌，或故作谦虚。

首先，本书架构很清晰。第一章对“核心素养”“课型特点”和“问题链”的内涵以及它们之间的关系进行解读和分析，第二章至第六章对小学数学教学的主要课型（按内容分）如何基于课型特点进行核心素养的培养进行了比较全面的阐述，均按照“教学的特点与规律”“核心素养的主要培养点”“教学的策略与方法”“问题链设计”“教学的案例和经验”等模块逐步展开。

其次，本书也很适合在读师范生阅读。它对教学内容进行归类阐述，具体清晰，有较高的指导意义和实操的价值，读后基本上对小学数学课堂教学有一个大致的了解和把握。

最后，本书的风格很像母亲本人，追求实效，朴实无华。

很遗憾，因为没有实践的经验，不能给予母亲更好的建议，由衷地期望本书能得到各位老师及读者的喜爱。

曾婧欣

2020年4月

自序

“核心素养”是我国教育界近几年教育教学研究的一个热词，虽然小学数学核心素养至今还没有在政府层面公布，但是经过近几年的百家争鸣，特别是高中数学核心素养确定后，大家的观点都逐渐聚焦，虽有不同，但大同小异，无论是哪一位专家，在其观点中基本都有模型思想这一个素养，或者用“数学化”来表达。我对核心素养的关注始于对模型思想持续数年来的关注和研究。

“模型思想”既是《义务教育数学课程标准（2011年版）》新增加的一个核心概念，也是唯一一个以思想指称的概念，当时还没有核心素养一说，但无论是被称为核心概念或核心词也好，还是被称为核心素养也罢，都不影响它的内涵和重要性。我当时关注模型思想，一是因为它是新增加的核心概念，二是老师们觉得它特别难懂，三是受了日本数学教育家米山国藏的影响：“学生在进入社会以后，如果没有什么机会应用数学，那么作为知识的数学，通常在出校门后不到一二年就会忘掉，然而不管他们从事什么业务工作，那种铭刻在人脑中的数学精神和数学思想方法，会长期地在他们的生活和工作中发挥重要作用。成功的数学教育，不是细数教会了学生多少数学知识，而是考量学生感悟了多少数学思想方法，具备多大能够继续学习的本领，在事业上能够走多远。”我深以为然，作为教育工作者的我们，不能只盯着分数，要为学生的长远发展打算，要培养学生良好的数学素养。基于以上的几个原因，“模型思想在教学中的渗透”成了2012—2015年我研究的主题之一。

2016年，随着大家对核心素养的关注，我以“模型思想在教学中的渗透”为研究的基点，开展与抽象能力、推理能力、空间观念、转化思想、数据分析观念、运算能力有关的教学实践与研究，并不是说这个时候才开始关注这些素养，其实在我从教的这三十年中，我一直都有相关的实践与思考，只是没有提到核心素养的高度上而已，现在的研究更有意识、更聚焦。另外，前期对模型思想的研究，与其他的几个素养并不是完全割裂的，如抽象和推理就是建立数学模型的基础，在建立几何图形模型及其测量计算模型、建立统计图表等模型的过程中，空间观念、数据分析观念和转化思想等都没有缺席。

从2013年开始，我申报了一个关于小学数学课堂教学问题链设计的课题，并在市里立项，与核心素养并行开展实践与研究，这里用的是“并行”，但并不代表两者只是并列的关系，两个研究是相互融合、相互渗透的。简而言之，问题链导学与数学核心素养培养之间的关系就是培养目标和培养途径和策略的关系。核心素养是培养的目标，问题链导学是培养的策略。问题链同时也是思维活动链、素养培养链。

因此，本书的主题，核心是素养，问题链的设计作为策略层面的内容。无论是核心素养的培养还是问题链的设计，都离不开具体教学内容这个载体，而且核心素养的培养策略与问题链的设计策略与教学内容的特点直接相关，要基于不同的课型特点（按内容划分）来进行设计，这样才更适合和方便教师参考使用。另外，从课型特点的角度来阐述核心素养培养，目前还比较少，因此这样的切入角度不仅实用，而且有一定的新意。我想表达的是，书名虽然包含核心素养、问题链、课型特点三个关键词，但并不是多焦点，核心是素养，形散神不散。

本书的撰写得到广州市小学数学教研员杨健辉老师的关心和指导，在此衷心感谢！因编者水平有限，恳请大家批评指正。

杨丽芳

2020年5月

目录

第一章　绪 论

第二章　在解决问题教学中培养核心素养

第三章　在概念教学中培养核心素养

第六章　在统计与概率的教学中培养核心素养

附　录　在“数学广角”的教学中培养核心素养之研与思

第一章

绪论

关于学生核心素养的培养是当今教育教学届的研究热点。虽然义务教育阶段各学科的核心素养尚未正式公布，但是专家、学者、一线教研员与教师的研究呈百家争鸣之态。那么小学数学核心素养的内涵应该是什么？如何培养小学生的数学核心素养？小学数学核心素养的培养与课型特点、问题链设计之间是怎样的关系？本章将围绕这些问题进行简要阐述。

基于课型特点的教学问题链既是思维活动链，也是核心素养的培养链。

第一节 小学数学核心素养的内涵

自2014年教育部在《关于全面深化课程改革 落实立德树人根本任务的意见》中提道：要研究学生发展核心素养体系的构建后，有关核心素养的公开发表文章开始增多，笔者通过在知网上输入关键词“核心素养”“数学核心素养”“小学数学核心素养”进行检索，发现从2015年开始数量突增，并逐年大幅度增加，检索结果见表1–1–1，如图1–1–1所示。

表1–1–1

关键词＼年份	2011	2012	2013	2014	2015	2016	2017	2018	2019
核心素养	36	45	53	124	383	2555	7794	13289	16647
数学核心素养	0	0	0	0	17	223	790	1460	2410
小学数学核心素养	0	0	0	0	6	57	203	377	586

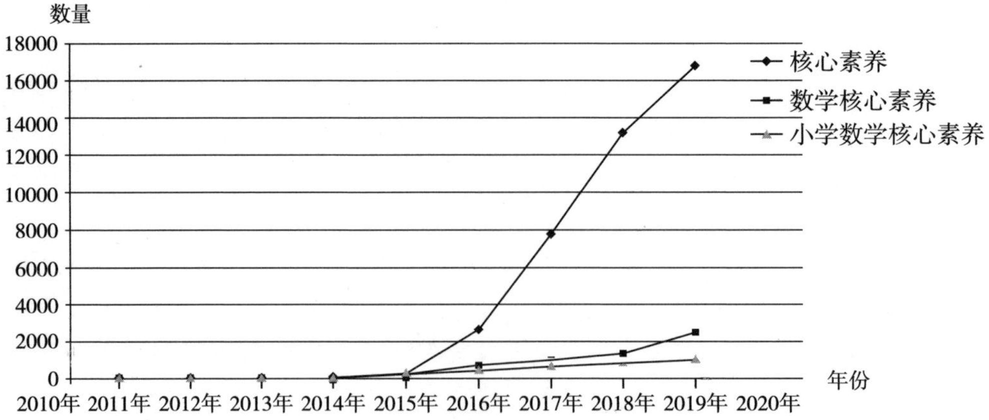

图1–1–1

笔者对文献进行了分类分析，考虑到自明确提出核心素养后，学术界经过几年的研究和讨论，教师通过相关的学习，已经对其提出的背景以及大致的内涵都有所了解，因此下面仅从数学核心素养和小学数学核心素养两方面做一个简要的文献综述。

一、关于数学核心素养的内涵

1. 国外对数学核心素养内涵的界定

下面只选取几个比较有代表性的国家进行简要陈述。

美国国家管理者协会和州立学校首席管理会联合出台了“共同核心州立标准”（CCSS），其中在数学学科标准中提出的八种核心素养是：理解和解决问题；抽象的、量化的推理；构造可行的论证、推理；数学建模；灵活地使用适合的工具；精确化；探求并利用结构；在反复推理中探求并表达规律。

英国在2014年颁布的《国家课程》中指出，发展学生的数学素养（numeracy）仍是数学课程的重要目标，具体体现在三个层面：能流畅地运用数学知识；能数学地推理；能应用数学知识解决复杂问题。培养学生的数学素养不只是数学教师的事情，也与其他学科教师相关。

德国数学学科核心素养为：数学证明；数学地解决问题；数学建模；运用数学表达；运用数学符号、公式和技巧；数学交流。

澳大利亚在国家课程中提到的数学素养指的是学生在各种情境下使用数学时所具备的知识、技能、行为和态度。具体来说，数学素养由六个方面组成：能对涉及整数的问题进行估算和计算；能识别和使用问题中的规律与关系；使用分数、小数、百分数、比和比例；有空间推理能力；能解释统计信息；懂得运用测量。这些数学素养既体现在课堂内的学习上，也体现在课堂以外的运用上。由于需要在各种情境下应用数学，跨学科课程成为培养学生数学素养的一种方式。

芬兰的国家课程指出学生需要掌握七种核心素养，没有单独提及何谓数学素养以及数学素养的内容。不过，其义务教育阶段数学课程部分提到，数学教学“旨在为学生提供发展数学思维、学习数学概念和解决数学问题的机会，发展学生的创意思维和精确思考的能力，指导学生发现问题、制定问题和寻求解法的能力”。

丹麦的数学课程围绕“什么才是掌握数学”这一核心问题，提出两个数学能力群组，它们共同组成学生的数学素养（mathematical competencies）。第一个数学能力群组是运用数学知识提出问题和解决问题的能力，包括数学思维能力、拟题和解题的能力、数学建模能力、数学推理能力；第二个数学能力群组是运用数学语言和工具的能力，包括数学表征能力、符号化和形式化能力、数学交流能力以及辅助数学学习的工具使用能力。每一种数学能力均具有两面性：一是个体有能力去理解、遵从、联系、分析和判断其他人在学习活动中体现出来的数学能力；二是个体本身在数学学习活动中具备这些能力。

日本是在21世纪能力型框架下来引领课程改革的。日本文部科学省于2017年3月在《小学校学习指导要领解说——总则编》中明确指出，在各学科的助力下，努力培养儿童学会知识与技能；培养思考力、判断力、表现力等；培养学习的意愿和人性等的知、德、体平衡的“生存的能力”，被称为素质、能力的三大支柱。

新加坡小学数学的课程框架以培养学生应用数学去解决问题的能力为核心，涉及小学生通过数学课程的学习所必须掌握的知识和技能及非智力因素：概念的理解、熟练地使用数学的技能、数学过程、态度、元认知。

把以上各国和国际学生评估项目（PISA）中的数学核心素养（数学能力）整理成以下表格（表1–1–2）。

表1–1–2

美国	①理解和解决问题；②抽象的、量化的推理；③构造可行的论证、推理；④数学建模；⑤灵活地使用适合的工具；⑥精确化；⑦探求并利用结构；⑧在反复推理中探求并表达规律
英国	①能流畅地运用数学知识；②能数学地推理；③能应用数学知识解决复杂问题
德国	①数学证明；②数学地解决问题；③数学建模；④运用数学表达；⑤运用数学符号、公式和技巧；⑥数学交流
澳大利亚	①能对涉及整数的问题进行估算和计算；②能识别和使用问题中的规律与关系；③使用分数、小数、百分数、比和比例；④有空间推理能力；⑤能解释统计信息；⑥懂得运用测量

续 表

芬兰	①为学生提供发展数学思维、学习数学概念和解决数学问题的机会；②创意思维和精确思考的能力；③指导学生发现问题；④制定问题和寻求解法的能力
丹麦	①数学思维能力；②拟题和解题的能力；③数学建模能力；④数学推理能力；⑤数学表征能力；⑥符号化和形式化能力；⑦数学交流能力；⑧辅助数学学习的工具使用能力
日本	①学会知识与技能；②培养思考力、判断力、表现力等；③培养学习的意愿和人性等的知、德、体平衡的“生存的能力”
新加坡	①概念的理解；②熟练地使用数学的技能；③数学过程；④态度；⑤元认知
PISA（2012 年）	①数学推理和论证；②运用数学工具；③数学表征；④使用符号，形式化和术语与运算；⑤数学交流；⑥数学化；⑦设计解决问题的策略

通过对照可以发现，基础的数学知识、基本的数学技能、推理能力、表达交流、数学模型、问题解决和数学态度出现的频次比较高，成为各国对数学核心素养的共识。

另外，研究者认为素养可以分为三类：学会基础的数学知识和基本的数学技能的能力属于基本素养；推理能力、模型思想、表达交流、问题解决的能力属于功能素养；对数学的认知、情感和意志，即数学态度属于第三类素养。情感和意志素养具体表现为学生在学习数学的过程中能理解和认同数学的价值；对数学感兴趣，能意识到对数学的喜好和乐趣、欣赏数学的美和力量、自信地使用数学，并能够坚韧、顽强地解决问题的素养。

2. 国内对数学核心素养内涵的界定

数学学科核心素养是以《中国学生发展核心素养》为指导，基于数学学科特点与学科任务，为培育全面发展、社会需要的人而提出的关键素养。在林崇德主编的《21世纪学生发展核心素养研究》一书中，学科核心素养是指学生在接受相应学段的教育过程中，逐步形成的适应个人终身发展和社会发展需要的必备品格和关键能力。由此可见，数学学科核心素养是指学生通过数学学习而逐步形成的正确价值观、必备品格和关键能力。关键能力属于智力因素，必备品格主要属于非智力因素，正确价值观属于价值取向。

2018年1月，教育部印发了《普通高中课程方案和语文等学科课程标准（2017年版）》。该标准首次凝练提出各学科核心素养，并基于学科核心素养制定了质量标准内容，明确了学生学习该学科课程后应达成的正确价值观、必备品格和关键能力。在高中数学课程中，数学核心素养具有如下三个特征：一是能够通过后天培养获得；二是与特定情境相关；三是可以借助外在行为进行表现。

高中数学核心素养最终被确定为数学抽象、逻辑推理、数学建模、直观想象、数学运算、数据分析。

下面选取几位比较有影响力的专家，分享他们对数学核心素养的认识。

（1）史宁中教授的观点

史宁中教授是中小学新课程标准修订组的组长，他认为数学教育的终极目标是一个人学习数学之后，即便这个人未来从事的工作和数学无关，也应当会用数学的眼光观察世界，会用数学的思维思考世界，会用数学的语言表达世界，简称“三会”。所谓数学的眼光，本质就是抽象，抽象使得数学具有一般性；所谓数学的思维，本质就是推理，推理使得数学具有严谨性；所谓数学的语言，主要是数学模型，数学模型使得数学的应用具有广泛性。

（2）张奠宙教授的观点

我国已故数学教育家张奠宙教授认为，数学核心素养并非数学能力的总和，而是数学能力的人性升华，或者说是数学能力的灵魂所在。

2015年，张奠宙教授指出，数学核心素养包括“真、善、美”三个维度：①理解理性数学文明的文化价值，体会数学真理的严谨性、精确性；②具备用数学思想方法分析和解决实际问题的基本能力；③能够欣赏数学智慧之美，喜欢数学，热爱数学。

2017年，高中数学核心素养被写进课程标准后，张教授把高中核心素养跟1963年《全日制中学数学教学大纲（草案）》中的要求做了一个对比。他把高中数学核心素养中的“数学运算、逻辑推理、直观想象”称为“老三大能力”，把“数学抽象”“数学建模”“数据分析”三项关键能力称为“新三大能力”。张教授认为，这样的“数学核心素养”更多着力于现行数学课程的自我分析，局限于眼下的认识。若要进一步分析，则需要和“核心素养”的信念、思维及语言等心理层面相联系。他指出，未来社会公民与数学有关的核心素养，与今天恐怕会有很大不同。“互联网+”、大数据、人工智能的巨大发展将给人类生活带来全新变革。未来人们将面对大量的人工智能产品，其工作无非是量化精准地解决问题。人与机器打交道，需要一种新的数学思维、新的数学语言和新的数学鉴赏能力。针对这三个要求，张教授提出了针对未来的数学核心素养的三个目标：①形成“量化精准”的意识；②掌握“数据+算法”的思维模式；③树立“数学智慧”的文明信念。因此，他建议，在“新三大能力”中，将过于一般化的“数学抽象”改作“算法设计”，也就是将“数学建模”“数据分析”和“算法设计”合称为“新三大能力”，在这三大关键能力的基础上提出未来公民应具备的数学核心素养，即“量化精准”的意识、“数据+算法”的思维，以及“数学文明”的信念。

（3）何小亚教授的观点

何小亚教授对高中课程标准修订组给出的高中数学核心素养的具体内容逐条进行分析反思，给出了六个反思结论。

结论1：基于尊重知识产权以及与国际接轨的要求，“数学化”应作为数学核心素养之一，而不是“数学抽象”。

结论2：数学推理才是数学的核心素养之一。数学推理是指由一个或几个已知判断得出一个新的数学判断的思维形式。它包括演绎推理和合情推理（从已有的事实出发，凭借经验和直觉，通过不完全归纳、类比和想象等方式来推断某些结果的推理）。

结论3：数学模型就是用数学语言符号来描述客观事物的特征及其内在联系的一种结构模式。数学建模就是运用形式化和理想化的手段从实际问题中抽象概括出一个数学模型，求出模型的解，检验模型的合理性，从而使这一实际问题得以解决的过程。数学建模是数学化的一种，应该归入“数学化”中，不要把数学建模当作高中数学区别于小学和初中数学的内容，数学建模这一数学化的手段要从小学和初中抓起。

结论4：仅仅把数学思想的内容之一“数形结合”作为核心素养是不够的。

结论5：数学运算当然是高中数学核心素养之一，其内容解释可以和义务教育课程标准不同，但不能随便定义，要前后衔接统一，没必要标新立异。

结论6：高中的“数据分析”应该与义务教育课程标准衔接，更要加强统计思想、随机思想的教育。

对六个核心素养进行分析反思后，何小亚对原来的数学核心素养进行了提取、整合、完善，归纳出了自己所认为的数学核心素养：数学化、数学运算、数学推理、数学意识、数学思想方法、数学情感态度与价值观。

（4）喻平教授的观点

喻平教授在理论分析的基础上，初步得出数学核心素养的要素，采用大样本问卷，对数据进行因素分析和不同的聚类标准分析，得到数学核心素养的两种结构：第一种由八种基本成分组成，即数学抽象、运算能力、推理能力、数学建模、数据处理、空间能力、问题解决能力、数学文化品格；第二种由七种成分组成，即数学抽象、运算能力、推理能力、建模与数据处理能力、空间能力、问题解决能力、数学文化品格。

二、关于小学数学核心素养的内涵

由于只是确定和公布了高中阶段各学科的核心素养，义务教育阶段的尚未颁布，因此近几年，对义务教育阶段各学科核心素养的关注以及研究出现井喷的状态，小学数学学科也不例外，下面主要列举一些名家的观点。

1. 曹培英教授的观点

曹培英教授认为，一门学科的核心素养必须同时满足以下三个特征（也可以说是“条件”或“辨别标准”）：其一，必须体现学科本质。真正处于学科核心位置的素养必然反映了学科的本质，这是学科核心素养基本的特征。其二，必须具有普适性意义。学科核心素养不是针对学科专业人才的特殊需要，而是适用于普遍情境和所有人的共同素养，因而必须具有普适性的意义。其三，必须承载不可替代的学科育人价值。某一学科的核心素养常常会在其他学科中也有表现，但本学科具有其他学科无法企及的培育优势（图1–1–2）。

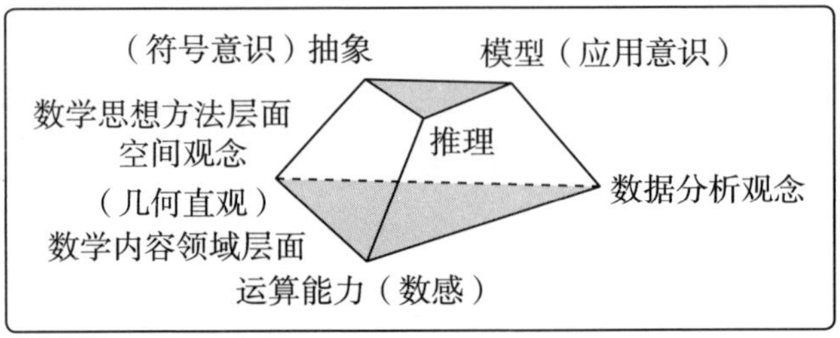

图1–1–2

其中抽象、推理和模型思想分别对应三种具有一般意义的能力，即抽象能力、推理能力和应用能力。

2. 马云鹏教授的观点

马云鹏教授认为，数学核心素养是数学学习者在学习数学或学习数学某一个领域所应达成的综合性能力，是数学的教与学过程中应当特别关注的基本素养。

参照《普通高中课程标准（2017年版）》提出的六个方面的数学学科核心素养和《义务教育课程标准（2011年版）》提出的十个核心概念，他指出，首先，反映数学基本思想的三个方面，即数学抽象、逻辑推理和数学建模，在义务教育阶段可以表述为初步的抽象能力、推理能力和模型思想。推理能力和模型思想是原来义务教育阶段就有的，可以保留。原来的数感、符号意识和空间观念分别与数的认识、符号的认识和图形的认识相对应，可以用初步的抽象能力来描述，体现数的抽象、符号的抽象和图形的抽象。其次，反映数学关键能力的三个方面，即直观想象、数学运算和数据分析，在义务教育阶段有与之对应的三个要素，即几何直观、运算能力、数据分析观念。在义务教育阶段，学生的想象能力还不够，用几何直观更贴切一些；数据分析观念和运算能力比数据分析和数学运算更具体和容易理解。

因此，马教授认为，义务教育阶段的数学学科核心素养可以确定为初步的抽象能力、推理能力、模型思想、运算能力、几何直观和数据分析观念。

3. 王永春教授的观点

王永春教授指出，各学科在制定本学科的核心素养时，不能完全从学科知识本位的角度考虑，不能只扫门前雪，应该站在“中国学生发展核心素养”的高境界思考问题，即每个学科应该承担更多的公共责任和义务。这样的学科核心素养才是有境界的、有内涵的、有担当的，否则各学科还有可能重蹈覆辙，在各自的小圈子里搞应试教育。中国学生的各学科核心素养应该站在“中国学生发展核心素养”的时代高度考虑，具有大局观、大视野，这样各学科核心素养的交集才会尽可能大，或者最大公约数尽可能大，从而全面落实中国学生发展核心素养。

据此，以王永春为首的研究者认为，小学数学核心素养是在理解数学核心概念、掌握和运用数学规律和关系的基础上形成的，具有可持续学习数学和交流、表达、解决现实世界实际问题的思想和能力。从小学生的年龄和认知特点、教师对核心素养的理解以及教学的可行性方面考虑，若把数学核心素养直接提炼成数学思想，对于学生和教师而言落实起来是有难度的，因此，专家们从数学认知、数学思想、个人发展三个维度构建小学数学核心素养。数学认知是基础，告诉我们核心素养从哪里来；数学思想是核心，告诉我们核心素养是什么；个人发展是关键，告诉我们数学思想要去哪里，怎么去。王永春教授对小学数学核心素养内涵的界定如图1–1–3所示。

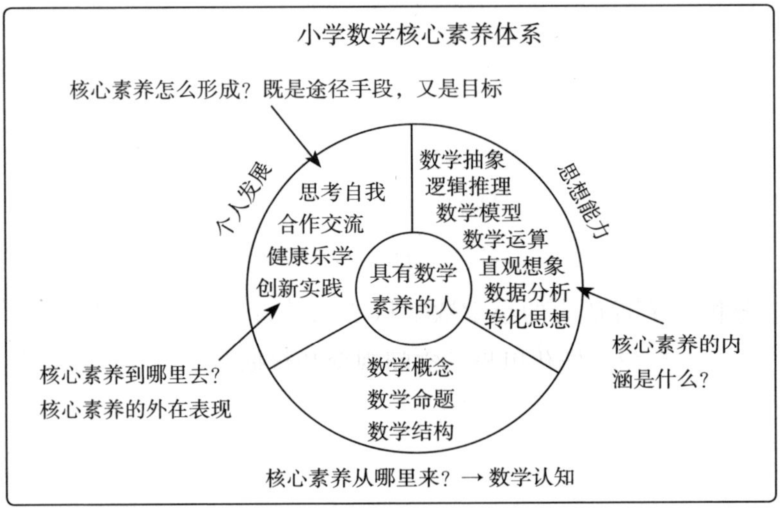

图1–1–3

三、笔者的观点

笔者对以上专家的观点进行了列表整理（表1–1–3）并进行了对比。

表1–1–3

马云鹏	抽象能力、推理能力、模型思想、运算能力、几何直观、数据分析观念
曹培英	抽象、推理、模型、运算能力、空间观念、数据分析观念
史宁中	数学抽象、逻辑推理、数学模型、运算能力、几何直观与空间想象、数据分析观念
王永春	数学抽象、逻辑推理、数学模型、数学运算、直观想象、数据分析、转化思想

通过对比，可以看出各位专家的认识都基于高中数学核心素养的六个关键能力提出了他们所认为的小学数学核心素养，这个思路笔者是非常认同的，因为高中阶段的学科素养不可能到了高中阶段才开始培养，它不是空中楼阁，需要义务教育阶段相应地去打基础，只不过学段不同，要求的程度不同而已。比如高中阶段核心素养之一的数学建模，在义务教育阶段是模型思想。模型思想不是严格意义上的建模，它是针对要解决的问题构造相应的数学模型，通过对数学模型的研究来解决实际问题的一种数学思想方法。重点是渗透思想方法，通过具体的教学内容引导学生从中感悟即可，与高中的数学建模要求程度是不一样，但又是数学建模这一核心素养的重要基础。

以上三位专家的观点相比有点不一样的应该是王永春教授，他增加了转化思想，笔者是比较认同的。转化思想在小学阶段的应用非常广泛，在各个领域和知识点的学习中几乎都有它的影子，对于后继的数学学习，甚至是解决其他非数学的问题都有它的价值和作用，因此，笔者认为有必要加上，这也为广大一线教师所认同。

综上分析，笔者认为的小学数学核心素养具体为抽象能力、推理能力、运算能力、模型思想、转化思想、空间观念和数据分析观念。其中抽象能力、推理能力、模型思想对应着三个最基本的思想：抽象思想、推理思想、模型思想。王永春教授在他的《小学数学与数学思想方法》一书中指出，参与2011年版课标撰写以及解读的专家学者认为，数学思想是有层次的，三个基本思想是较高层次的思想，它们分别对数学学科的建立、发展和应用起到了重要作用，并且认为由这三个基本思想演变、派生、发展出很多其他的较低层次的数学思想，这些数学思想的关系可表示如下：

基本思想
- 抽象思想
  - 符号化思想、分类思想、集合思想、对应思想
  - 有限与无限思想、变中有不变思想……
- 推理思想
  - 公理化思想、归纳思想、类比思想、演绎推理、划归思想
  - 变换思想、数形结合思想、代换思想、逐步逼近的思想……
- 模型思想
  - 简化思想、量化思想、方程思想、函数思想、优化思想
  - 随机思想、统计思想……

《义务教育数学课程标准（2011年版）解读》对抽象能力、推理能力、运算能力、模型思想、空间观念和数据分析观念有详细的解读，在此不再赘述。下面只对转化思想做一个简要解读。

布卢姆在《教育目标分类学》中明确指出，数学转化思想是“把问题元素从一种形式向另一种形式转化”，即把生疏问题转化为熟悉问题，把抽象问题转化为具体问题，把复杂问题转化为简单问题，把一般问题转化为特殊问题，把高层次问题转化为低层次问题，把未知条件转化为已知条件，把一个综合问题转化为几个基本问题，它包含了数学特有的数、式、形的相互转换。

小学阶段的转化思想更多地表现为化归思想，它是转化和归结的简称，即将一个问题由未知转化为已知，由难化易、由繁化简。关于这一点在后面的章节中几乎都有相关的例证，在此不再赘述。

第二节　问题链导学与数学核心素养培养

一、概念的界定

1. 问题链

问题链是指教师在一定的学习范围和主题内，围绕一定的目标，结合学科知识和学生的认知水平，精心设计的一组（一般在3个以上）具有一定层次结构与顺序的问题组，是一组有中心、有序列、相对独立而又相互关联的问题，既包含教师课前预设的问题，又包含教师在教学过程中根据学生的回答或发生的有关事件而跟进提出的有针对性、深入的系列问题。

2. 问题链导学

问题链导学是以问题为中心，以问题链为主线，在教师的引导下，学生通过独立思考、讨论、交流等形式，对数学问题进行思考、探索、求解、延伸和发展的教学方法，是激发学生的学习兴趣、主体意识和创新意识，培养“四能”以及思维能力、合作学习能力的一种有效的教学方法。

二、问题链导学与数学核心素养培养的关系

问题链导学与数学核心素养培养之间的关系，简而言之就是培养目标和培养途径和策略的关系。核心素养是培养的目标，问题链导学是培养的途径与策略。学生核心素养的养成不是教师讲授学生接受就能培养起来的，需要学生思维的积极和深度参与，而学生的思维源于问题，因此好的问题能充分展示学生思维的过程、产生思维的碰撞，直抵数学的本质。另外学生的思维往往是不系统的，而数学知识是有系统的知识结构，学生的认知也是有其规律的，因此设计的问题（含动态生成的）应该成链。

将问题探究引入课程改革中是当今世界基础教育改革的一个显著趋势。2011年版数学课程标准在总目标中明确提出了“四能”，也就是要培养学生发现问题、提出问题、分析问题与解决问题的能力，各版本教材的编写体现了运用问题串导学导教的特点，如人教版教材解决问题的教学设计了“图里有什么？怎样解答？解答正确吗？”等问题串，帮助学生掌握解决问题的基本步骤与方法。北师大版教材的编写更是以“情境+问题串”为其主要的编写特色，把教学内容的展开过程、学生的学习过程、教师的教学过程、课程目标的达成过程整合在一起，四位一体。

教学实践表明，以问题链理清教与学的基本脉络和思路，构造一节课的基本框架，使学生的认知过程和教学过程相统一，能较好地起到启学引思、导学导教的作用，从而使核心素养的培养得以实现。

三、问题链设计的一般策略

关于问题链设计所要遵循的原则、问题链设计的时机、问题链的分类及其相应的设计策略等，同行们已经有较多的论述，但较少从教师日常备课，当面对一节课时如何进行问题链设计这一角度进行研究，也就是如何完整设计一节课的问题链的相关策略研究较少，而这对于一线教师来说却是最为实用的，因为能与平时的备课相结合，操作性、可行性更强，从而更具推广的价值。设计一节课或某一个环节的问题链，一般要经历以下的过程。

1. 研读教材、了解学情，确定教学思路

无论采用何种形式、何种策略的备课，研读教材与了解学情都是非常重要的基础与前提，这是显而易见的，无须赘述。研读教材时，不仅要看到教材知识编排这根明线，还应深挖隐含其中的暗线，亦即知识之间的内在联系逻辑线、思维训练线和数学思想渗透线，从而从整体上、本质上理解、把握教材。这几根暗线是确定教学思路进而设计问题链的依据。如人教版六年级上册“用百分数解决问题”一课，备课时我们需要透过教材内容“理解所求百分率的意义、根据意义写出求百分率的公式并解答”挖掘隐含其中的暗线：求一个数是另一个数的几分之几→求一个数是另一个数的百分之几→求百分率。这条暗线既是知识内在联系的逻辑线，也是化归数学思想的渗透线。对明暗两条线进行有机整合，教学的基本思路也就清晰明确了。

2. 设计问题链框架，整体把握一节课的走向

框架之于建筑物，它的重要性是不言而喻的。同样，问题链框架对于一节课来说也是至关重要的，它决定着一节课的设计与实施是否科学、合理与高效。问题链就是教学思路的进一步教学化设计，更具体，可操作性更强。问题链的设计一般遵循整体到局部的原则，先设计能统整全课或新授部分的主问题链，然后在主问题链下面再设计子问题链。笔者与所带团队多采用横向和纵向相结合的问题链框架构成形式，横向是主链，纵向是子链。

（1）预设核心问题，形成问题链的主链

所谓核心问题，就是依据教学的主要思路，紧扣教学的目标与重难点而提出来的，能够统整全课或某一教学环节，具有较大思考空间，能激发学生探究欲望的问题。核心问题是问题链中最关键的问题，一节课可以有一个或多个核心问题，每一个核心问题都能构建起课堂的一个教学板块，具有“一问抵多问”的效果。把几个核心问题按照一定的逻辑关系进行排序，就形成了一节课或某一环节的问题链主链了。

一位教师在教学人教版五年级《平行四边形的面积》一课时，根据自己的教学思路设计了以下三个核心问题：

问题1：平行四边形的面积跟谁有关？

问题2：底和高有怎样的关系？

问题3：怎样验证这种关系？

这三个问题是基于几何计算公式推导的课型特点与执教教师与众不同的教学思路而设计的，体现问题的发现、猜想与验证的过程，层层递进。问题1是问题2的基础，问题2承上启下，既进一步验证了问题1中“平行四边形的面积跟它的底及底边上的高有直接关系”这一猜想，同时也引出了新的猜想：是否所有的平行四边形的面积都等于底乘高？这样又自然地转到了问题3的探究。每一个问题都有较大的思考空间。

（2）预设子问题链，构建问题链框架

如前所述，核心问题是引领学生的思考与活动方向的，具有较大的思考空间，问题的起始状态和目标状态有一定的差距，学生解决问题时往往需要将核心问题拆解成更细小的子问题，通过一系列子问题的解决，最终完成核心问题的解决。能否将问题进行有效的拆解，是问题解决的重要环节。

《平行四边形的面积》一课，执教老师对每一个核心问题精心预设了子问题链，从而构建出比较完整的问题链框架。（图1–2–1）

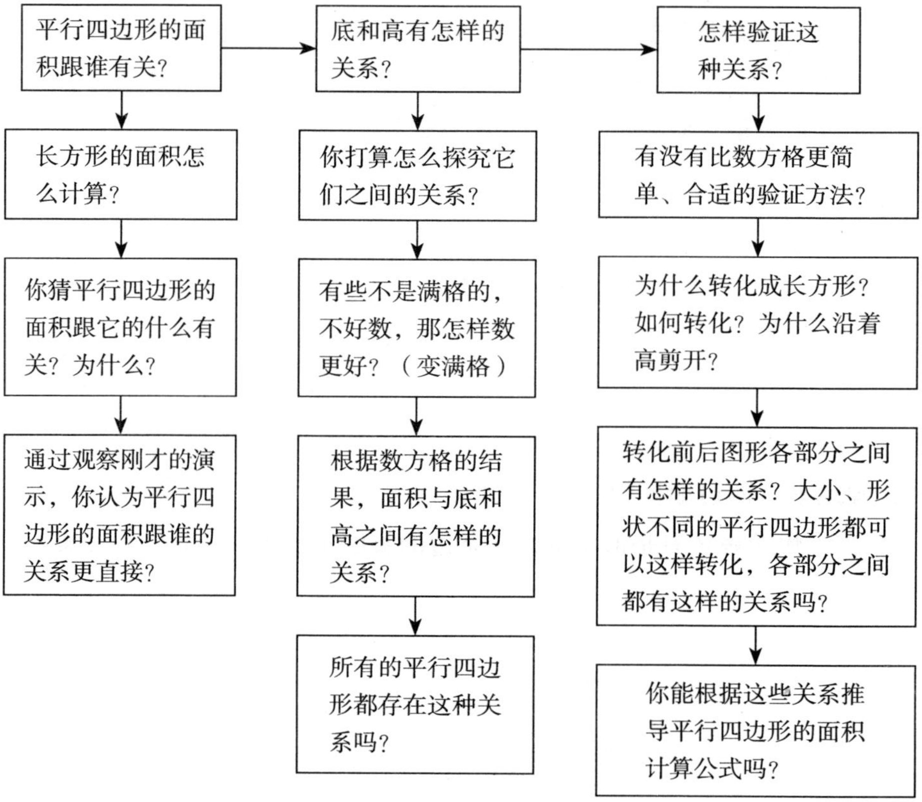

图1–2–1

上面的问题链框架采用的是横向和纵向相结合的结构，横向是主链，纵向是子链。

（3）问题链的分析与教学化设计

初步构建问题链框架后，还需对它进行分析与完善，看看它的逻辑结构是否与问题解决过程的逻辑结构及学科体系逻辑结构相一致，问题本身的设计是否科学、合理，在内容上是否环环相扣，在目标上是否步步深入等。以上平行四边形面积的问题链结构比较合理，体现了“观察—猜想—实验—推导”的过程，符合几何图形计算公式推导的教学规律。教学中不断产生猜想，验证猜想后马上又引发下一个猜想，几个来回，让学生经历更真实、合理、完整的推导过程。

另外要真正发挥一个好的问题链的功能与作用，还需对设计好的问题链进行教学化设计，主要包括情境设计和活动设计。再如人教版五年级上册第六单元多边形的面积中的《平行四边形的面积》一课，在探索平行四边形的面积跟谁有关的时候，预设了这样的一个活动（图1-2-2）：固定底边，把可活动的平行四边形学具往上拉（虚线部分），由此直观地感受到斜边和底边上的高越来越长，面积越大，平行四边形的面积跟斜边、底边上的高都有关系（另一条边做底边也是同样的效果）。

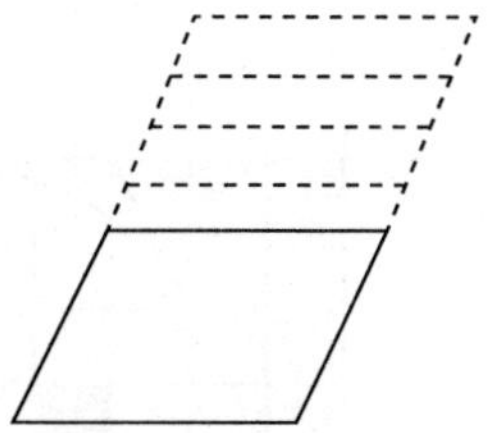

图1-2-2

在思考“平行四边形的面积既跟底边上的高有关，也跟斜边有关，那到底跟谁的关系最直接？”这个问题时，教师预设以下情境（图1-2-3）：固定平行四边形框架水平方向的底边，然后把框架慢慢拉扁（只是形状变，四条边的长度不变），让学生观察底边上的高和斜边以及面积的变化情况。由此直观地观察到，斜边的长短一直没有发生改变，而高越来越短，面积也越来越小，由此说明平行四边形的面积跟这条底边上的高有更直接的关系。

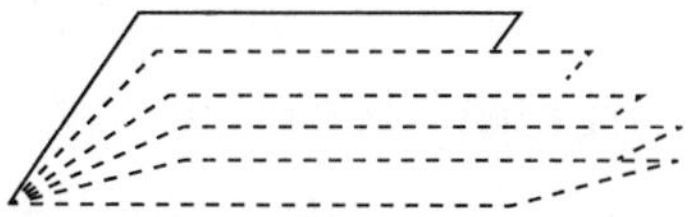

图1-2-3

在验证了第一轮的猜想后，又引出了下一个要研究的问题：“平行四边形的面积跟它的底和高有怎样的关系？”这样自然而然地转入第二个核心问题的探究。

第二个核心问题探究面积跟底和高的关系。先让学生提出解决问题的思路，引出需要量出底和高，还要知道面积，那怎样才能知道面积是多少呢？由此引出课题，依据面积测量的本质含义：“一个图形包含有几个单位面积，它的面积就是几”，自然引出优化了的工具——方格图。（图1-2-4）

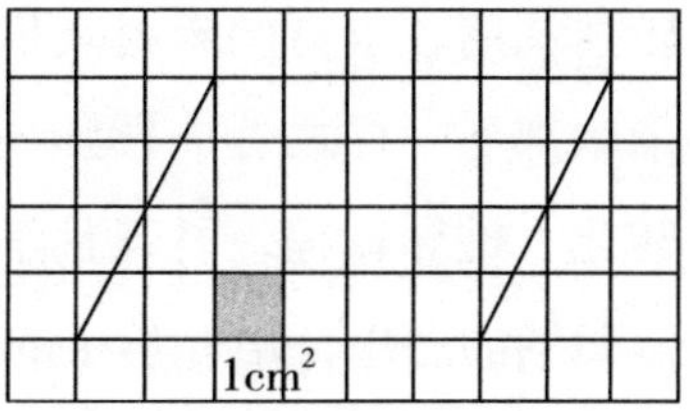

图1-2-4

在学生数面积有些困难时，提出："有些不满格，不好数，那怎样才更好数呢？"很快学生就发现变得好数的方法（图1-2-5、图1-2-6），数出底、高、面积后，学生马上就发现了它们之间的关系。

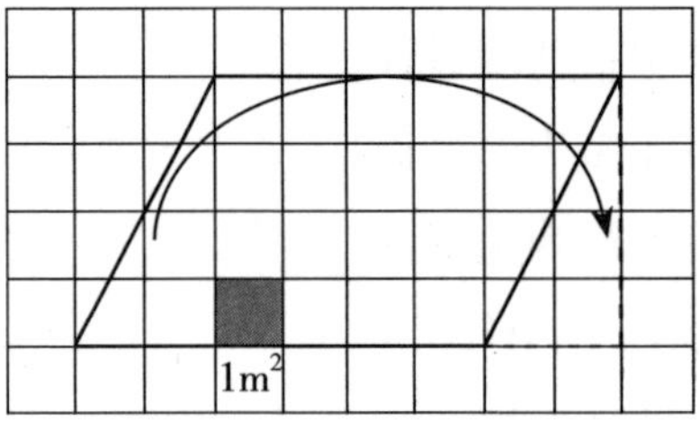

图1-2-5

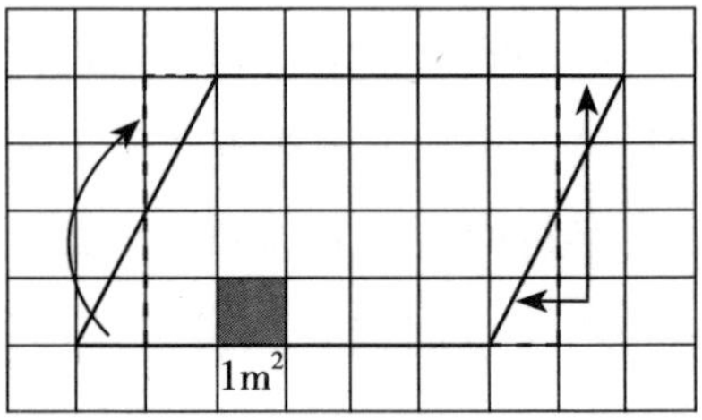

图1-2-6

这里，教师没有强调书中"不满一格按半格计算"的方法，原因有二：一是这种方法有一定的局限性，如果平行四边形的四个顶点不在格点上，数出来的面积跟实际的面积不相等，每一届都有学生对"不满一格按半格计算"的方法抱怀疑的态度。当然，对不规则图形的面积进行估计又另当别论，因为不需要知道精确的结果。二是促使学生把不满格变成满格再数，为后一环节用转化的思想推导公式做了铺垫，学生从中很容易就得到启发，聚焦到"转化"这一关键点上。

总的来说，第二个核心问题的问题链既进一步验证了之前的"平行四边形的面积跟它的底及底边上的高有直接关系"这一猜想，同时也引出了新的猜想：是否所有的平行四边形的面积都等于底乘高？这样又自然地转到了第三个核心问题的探究中。

第三个核心问题的问题链与以往的教学大致相同，稍有不同的是，这里比较强调用较丰富的素材来推导、验证公式，除了各小组的平行四边形的大小、形状都不一样之外，教师还要求学生想象其他大小、形状不同的平行四边形的转化、推导过程，既强化学生对推导方法的记忆，又较好地渗透了转化、不完全归纳的思想，培养学生的空间想象力。

问题链的教学化设计使问题链更具可操作性与策略性，活动与情境的设计有效性决定着问题链的实效性。

四、问题链设计时应注意的问题

1. 要处理好预设与生成的关系，重视学生问题意识的培养

学生“四能”的培养，首先是发现和提出问题能力的培养。因此，问题链中的问题，不只是教师预设的问题，还应该包括教学过程中生成的问题，生成的问题也不应只是教师根据学生的反馈而调整或新增的问题，更应该包括学生在学习过程中产生疑问而提出的问题，这样的教学才能真正把学生的问题意识培养落到实处。这就更需要教师的精心预设（在哪里学生有可能出现疑问，在哪里又需要引导学生发现和提出问题等），同时还要预设好如何根据学生的情况进行引导，如何追问等，以保证在充分生成的基础上紧扣教学目标和重难点进行教学，不致偏离主题。要处理好预设与生成的关系，需要教师有教学的机智，而这种机智除了跟教师的专业知识和教学经验有关，还跟预设的程度有关。可以这样说，绝大部分的精彩生成都是基于充分的预设的。

2. 应关注“四度”，即难度、跨度、梯度、开放度

问题链的设计关键是问题的设计，设计的问题需要有一定的挑战性，也就是要有一定的难度，这个难度的把握需要基于教学的目标和学生的学情，要置于学生的最近发展区，以他们“跳一跳可以摘到果子”为标准。同时也要考虑问题与问题之间要有一定的跨度，从问题1到问题2，需要学生在学习或解决问题的过程中生成、补充一些问题，以使学习和问题解决更顺利。至于问题之间的梯度，一般都是由浅入深，逐步深入的。问题的开放性可以培养学生思维的广度和灵活度，我们可以结合教学内容创设情境，设计开放性的问题，让学生多维思考，多策略解决。当然所有的设计都要把握好度，不能超出学生的能力范围。

总的来说，设计问题时建议先给学生一个大问题，这个大问题同时也是某环节甚至某节课的核心问题，有一定的难度和开放度，然后让学生思考，尝试解决，在学生百思不得法时，再适当引导，分解生成一串小问题去解决。当然这一串小问题需要有一定的梯度和跨度，也需要有精心的预设。

第三节 小学数学课型解读

本书的书名为“基于课型特点的小学数学核心素养培养和教学问题链设计”，其中的课型指的是什么？下面对小学数学教学的课型做一个简要的说明。

小学数学课如果按照教学环节的结构特点来划分，一般可以分为新授课、练习课、复习课、讲评课和实践课等；如果按照教学内容所属的数学知识板块来分，可以分为概念教学、计算教学、解决问题教学（狭义的）、图形与几何教学、统计与概率教学、数学广角等课型。当然这里的概念教学与其他的课型有包含的关系，因为在“数与代数”“图形与几何”“统计与概率”的领域里都有概念，但是考虑到概念教学有其独特的教学特点和规律，因此把它从各知识领域的教学中抽离出来，单独进行研究。

本书中的课型指的是按照教学内容所属的数学知识板块来划分的，因为本书重点阐述的是基于课型特点的数学核心素养的培养和问题链设计，而按内容划分的课型，更能体现数学核心素养的培养和问题链设计的规律。因为通常某一个核心素养都会以某一类教学内容为主要依托和载体，比如空间观念主要以“图形与几何”的内容为载体，数据分析观念主要以“统计与概率”的内容为载体，抽象能力主要以概念教学为载体，模型思想主要以解决问题教学为载体等。当然，每一个数学核心素养都广泛地体现在不同的知识领域的教学中，在不同的课型教学中，它们的培养策略是不同的。

本书第二章到第六章会详细阐述不同课型教学的核心素养培养点及其培养策略，以及问题链设计的策略与方法，因此在此不再赘述。

第二章

在解决问题教学中培养核心素养

张奠宙教授说过，应用题教学的本质是数学建模。模型思想是解决问题教学中需要重点培养的一个核心素养。

模型思想在解决问题教学中的渗透主要是指教师引导学生从数量关系的角度认识和描述所要解决的问题，培养学生从不同的问题情境中找出同一结构关系的数量模型的思维习惯和数学观念。

模型思想的培养过程同时也是抽象能力、推理能力、几何直观能力培养的过程和化归等思想渗透的过程。

第一节　教学的特点与规律

一、对解决问题教学的界定

在现在的教学研究中，“问题解决”和“解决问题”都作为专有名词来使用，解决问题是2001年《全日制义务教育数学课程标准（实验稿）》首次将其作为课程四大目标之一提出来的，2011年课标修订后，把总目标之一的解决问题修改为问题解决，至于为何这样修改，《义务教育数学课程标准（2011年版）》以及相应的课标解读都没有解释。解决问题、问题解决及以前的应用题，这三者之间有什么联系与区别？不少专家尝试对三者的内涵，尤其是对解决问题和问题解决的内涵做界定。

那么，解决问题是不是就是原来的应用题，还是只是名称改变了而已？肯定不是。首先是价值取向不同。解决问题是作为课程四大目标之一被提出来的，以发展问题意识、应用意识、探索能力、合作与交流能力、掌握基本的学习策略为主要的价值取向。而传统意义上的应用题教学更多的是立足于解题。其次是范畴不同。原来的应用题主要指运用四则运算的意义或几何计算公式通过运算去解决的实际问题，在教师的话语系统里面，更多的是指运用四则运算的意义通过运算去解决的问题，而解决问题既包含原来应用题的全部内容，还包括其他领域的内容，它是渗透到“图形与几何”“统计与概率”等各领域知识的学习中去的。最后，呈现的方式不同。传统的应用题大多都是概括化、标准化的数学问题，以纯文字的形式呈现为主，是对现实问题进行抽象与提炼，加工后而形成的问题。而解决问题大多数以现实情境图的形式呈现，相对开放，夹杂着非数学或与解决问题无关的信息，需要学生从情境中根据需要收集和整理信息，形成数学问题，也就是强化了从实际问题中提炼出数学问题这一过程的训练。

周玉仁教授在《从“应用题”到“解决问题”》一文中指出，“解决问题”中的问题，是初次见面的“新”问题，解决问题的策略也是新的，具体说来，是无法从已掌握的知识或经验中直接找出现成的方法以达到解决问题的目的，至少要利用已有的知识、技能、方法进行复杂的加工。它是一种学生克服各种障碍的探究活动。问题一旦解决，通过解决问题的过程所获得的方法、途径、策略又可以作为学生认知结构中的一个组成部分，变为已知的策略、方法。也就是说，再用这种方法、策略去解决其他问题，就不再是解决问题，而是一般的练习作业了。

对于问题解决内涵的界定，现在比较趋同的观点是：将问题解决视为一种高级形式的学习，它是一种以问题为目标定向，以思考为内涵的探索活动。具体地说，是指学生面临新的问题情境，发现它与主客观需要有矛盾但又缺乏现成对策时所引起的探究解决问题的方法的学习心理活动。

曹培英教授在《小学数学问题解决的教学研究（一）》一文中指出，问题解决对所要解决的问题有一定的要求，综合各家的研究，比较趋同的是以下三个：一是初次遇到的新问题；二是克服障碍的探究活动；三是能生成新的知识。

通常，小学数学课本中新的学习课题，以及首次出现的例题和练习题，大多符合以上要求，因此，问题解决的外延很广，除了运用各领域的知识解决实际问题的教学外，还包括计算法则、几何求积公式推导等的教学。曹培英教授还举了“速度”和“垂直于平行”两个概念教学的例子，说明概念教学也可以纳入问题解决的范畴。问题解决的外延分类，曹培英教授用了以下的结构图表示（图2–1–1）。

- 问题解决
  - 获取数学知识的问题解决
  - 应用数学知识的问题解决
    - 数学问题解决
    - 现实问题解决

图2–1–1

两相比较可得，问题解决与解决问题对要解决的问题的要求是一致的，都是要通过探究的方式去解决新的问题。但是从外延上看，在现在的小学数学教学环境下，解决问题在小学阶段更多的是指“应用数学知识去解决问题”，而且绝大部分都是解决现实的简单问题，因此外延比问题解决要小。

由此，我们对解决问题、问题解决和应用题之间的联系与区别有了一个大致的认识。那么，本章中的解决问题教学重点研究哪些内容呢？从传承与发展的角度考虑，本章主要研究“数与代数”领域的解决问题，也就是与原来应用题相对应那部分的解决问题，毕竟“数与代数”领域的解决问题还是占了大多数，而且教学更具规律性，从而有较强的研究价值，另外教材的编排、教学的功能和要求已经有了很大的变化，需要在继承的基础上发扬和改进。

二、解决问题教学的特点与规律

现在的解决问题教学吸取2011年课标中的应用题教学过于强调解题技巧，弱化数学化，而2001年实验版课标又过于强调情境，弱化数量关系训练的教训，批判地继承，把两者较好地整合起来，其实就是重视了解决问题的两个转化：第一个转化是从纷繁的现实情境中收集整理有用的数学信息，形成数学问题，也就是把生活问题转化为数学问题；第二个转化，通过对数学问题的分析，提炼数量关系，从而建立数学求解模型来解决问题，也就是把数学问题转化为数学模型。

2011年版课标和2001年实验版课标中都提到教材应当根据课程内容设计运用数学知识解决问题的活动。这样的活动应体现“问题情境—建立模型—求解验证”的过程，这个过程要有利于理解和掌握相关的知识技能，感悟数学思想、积累活动经验；要有利于提高发现和提出问题的能力、分析和解决问题的能力，增强应用意识和创新意识。

“问题情境—建立模型—求解验证”就是解决问题教学的一般过程和规律，上面提到的两个转化整合在这个过程中可用下图表示（图2–1–2）。

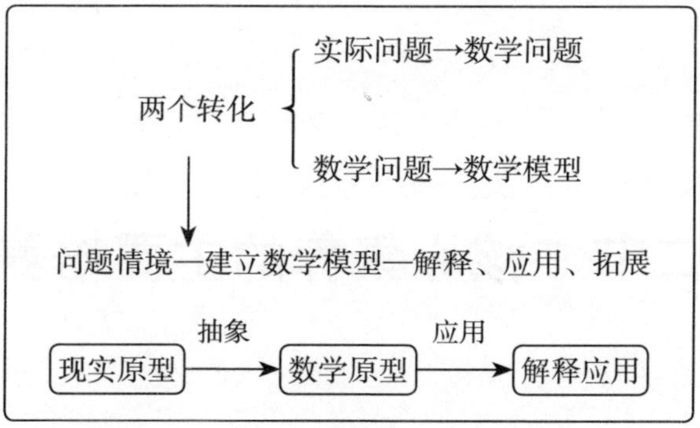

图2–1–2

从图2–1–2中可以看出，2011年版课标的教学侧重于第二个转化，而实验版课标的教学侧重于第一个转化，现在是两个转化都重视，这是实现“四能”培养的重要过程。现在各版本的教材都重视问题解决的过程与方法，如人教版2013年修订版教材，所有的解决问题例题都采用了“阅读与理解”“分析与解答”“回顾与反思”呈现解决问题的步骤，力求把解决问题的过程完整地呈现出来。而一、二年级考虑到学生的年龄特点，以口语化而又简洁的语言“图里有什么”“怎样解答”“解答正确吗”来表达。

其中的“阅读与理解”并不完全等同于以往应用题教学的审题环节，这个环节比较重视信息的收集和整理，把现实问题转化为数学问题。“分析与解答”环节仍然以分析法与综合法为主，但是修订版教材在解决问题策略多样化方面丰富了很多，增加了不少运用列表、画图等非列式计算的策略解决问题的例题。“回顾与反思”环节是以往的教学中相对不够重视的环节，有些教师甚至直接忽略，现在是作为必备的环节进行教学。另外，这一环节的功能不只是检验结果是否正确，还有很重要的一个功能，就是通过回顾与反思，提炼总结解决问题的方法与步骤，这是非常重要的一环，是更有效地帮助学生迁移运用方法解决其他的问题，达到举一反三、触类旁通的重要一环。

第二节　核心素养的主要培养点

根据上一节提到的解决问题教学的特点与规律，小学阶段的解决问题教学，其核心素养培养点可以说几乎囊括了第一章所提到的核心素养，因为在解决问题的过程中需要运算，需要分析数量关系等的逻辑推理过程，需要抽象概括，需要借助几何直观的手段，而且通常需要运用转化的思想把较复杂的问题转化为简单的问题来解决，等等。而当中最主要的核心素养培养点当数模型思想，其次就是逻辑推理和几何直观等，因为逻辑推理和几何直观都是为了分析数量关系，而分析数量关系就是要构建解决问题的数学模型，因此模型思想渗透的过程同时也是几何直观和逻辑推理能力培养的过程。

一、模型思想

模型思想是解决问题教学中最重要的一个培养点。张奠宙教授说过，应用题教学的本质是数学建模，他用图2-2-1进行了说明。

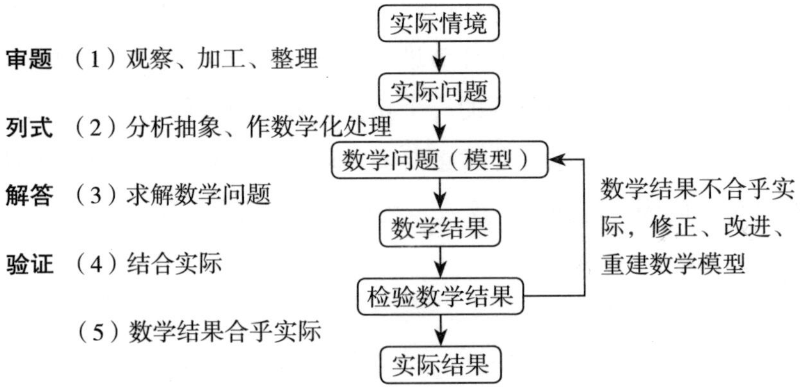

图2-2-1

的确，“问题情境—建立数学模型—求解验证”的过程就是“现实原型—数学模型—应用模型”的过程（图2-2-2）。

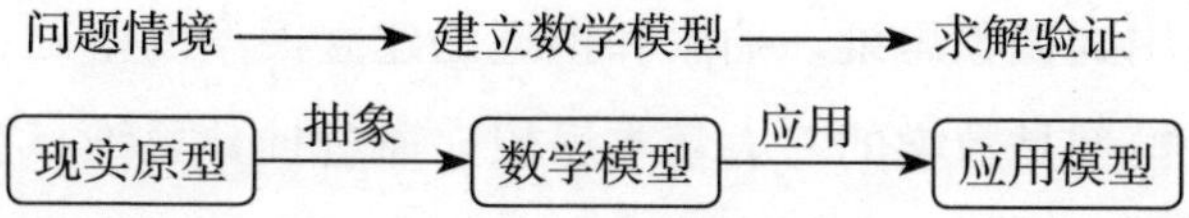

图2-2-2

这个跟弗赖登塔尔的“水平数学化”的观点是一致的（图2-2-3）。

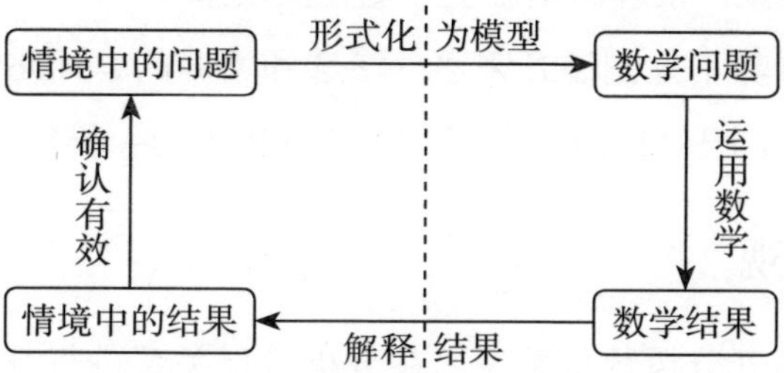

图2-2-3

二、推理能力

对数量关系进行分析的过程就是一个推理的过程。如用综合法对下面的问题进行数量关系分析，经历如下一个推理过程：

例：买2千克苹果和1千克梨共花了24.6元。梨每千克7.8元，苹果每千克多少钱？

分析推理过程（图2-2-4）：

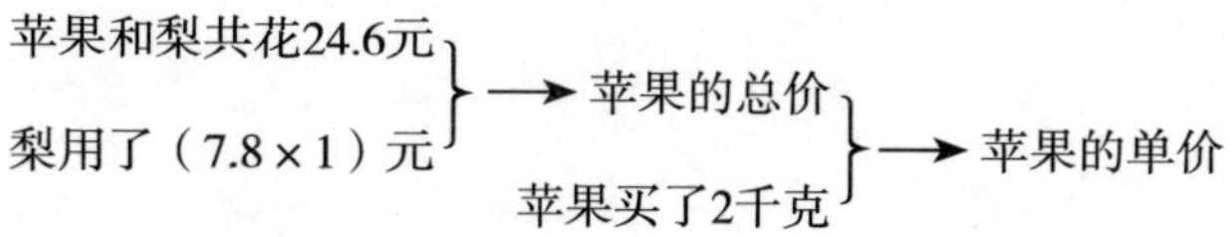

图2-2-4

分析数量关系的策略与方法详见本章第3节的内容。

三、抽象能力

把生活问题转化为数学问题，需要用到抽象思维，从数学问题中提炼出数学模型，也需要用到抽象思维。抽象和推理是建立模型的基础，课标明确指出，抽象、推理、模型是数学的三大基本思想，通过抽象思维，在现实生活中得到数学的概念和运算法则，通过推理得到数学的发展，通过模型建立数学与外部世界的联系。由此可以理解，为什么模型思想是唯一一个以“思想”指称的核心概念，因为模型思想是数学三大基本思想的最顶端，建模必须以抽象和推理为基础，在抽象、推理的基础上才能建立模型。

因此这三大素养不是割裂开来逐一渗透和培养的，而是一个整体，在模型思想的渗透过程中，已经同时培养了学生的抽象能力、推理能力。

四、几何直观

解决问题离不开分析数量关系，在分析数量关系进行逻辑推理的过程中，通常要借助几何图形（含线段图）、实物图形等直观手段去帮助学生理解数量关系。

第三节　教学的策略与方法

如前文所说的，模型思想渗透的过程同时也是几何直观、数学抽象和逻辑推理能力培养的过程，因此下面的模型思想渗透的策略同时也体现了几何直观和数学抽象、逻辑推理能力的培养。

一、建模与用模的教学策略与方法

模型思想在解决问题教学中的渗透主要是指教师引导学生从数量关系的角度认识和描述所要解决的问题，培养学生从不同的问题情境中找出同一结构关系的数量模型的思维习惯和数学观念。

模型思想，从动静两个角度来看建模思想与模型应用思想。建模和用模就是解决问题教学中渗透模型思想的两个基本任务，也是解决问题课堂教学的两大教学环节。当然，在小学阶段一般不强调严格意义上的建模，但是要体现对数量关系的抽象与提炼，重视数量关系的拓展与应用。

解决问题教学尤其是新授课的教学中建模的过程一般经历“解决例题，感知具体模型→丰富例证，抽象一般模型”的过程，体现从“一题一模”到“多题一模”，从具体模型到一般化模型的不断抽象概括过程。前者浓墨重彩、在点上突破，后者对比沟通、在面上抽象（图2–3–1）。

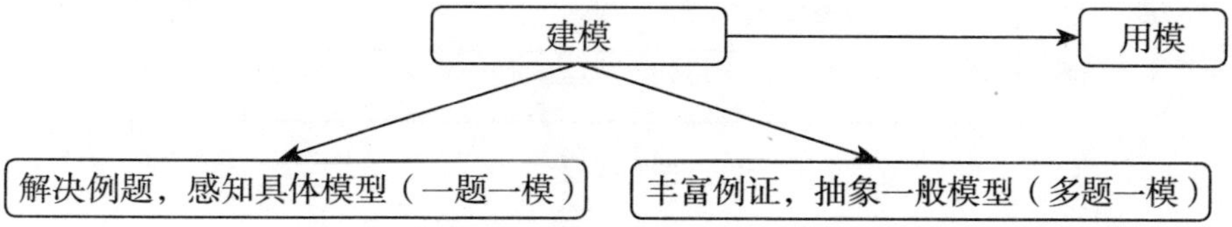

图2–3–1

下面以人民教育出版社2013年修订版教材六年级上册第三单元　分数除法中的“工程问题”和五年级上册第五单元　简易方程中的“用方程解决相遇问题”两节课为例，谈谈这几个过程的教学策略与方法。

1. 解决例题，感知具体模型

“工程问题”一课，解决例题这一环节经历了“实际情境→数学问题→建立模型”的过程。模型的建立是基于数学关系分析的，由于题目只给出了两队单独修的天数，要求两队合修的天数，学生感觉条件不充分，这时教师顺势而问：你们认为还差什么条件？为什么？引导学生分析数量关系，得出“总长÷（总长÷甲队修的天数+总长÷乙队修的天数）=两队合修的天数”。由此明确，需要知道跑道的总长，但是总长没有告知，怎么办？引导学生进行假设，可是因为教师以往反复强调不能捏造数据，而现在大家假设的总长都不一样，学生心里并不踏实，怎么办？那就计算一下看看结果是否一样吧。在学生尝试假设跑道总长度并计算验证后，引导提出问题“为什么跑道长度改变了，而合修的天数却不变呢？”在学生充分思考交流的基础上，借助线段图（图2-3-2）的动态呈现，通过观察对比，理解：虽然跑道的总长在变，每天修的长度也在变，但是两队单独修的天数不变，所以每天修的长度分别是全长的$\frac{1}{10}$、$\frac{1}{15}$，每天合修的都是全长的$\frac{1}{6}$，所以都是6天修完。

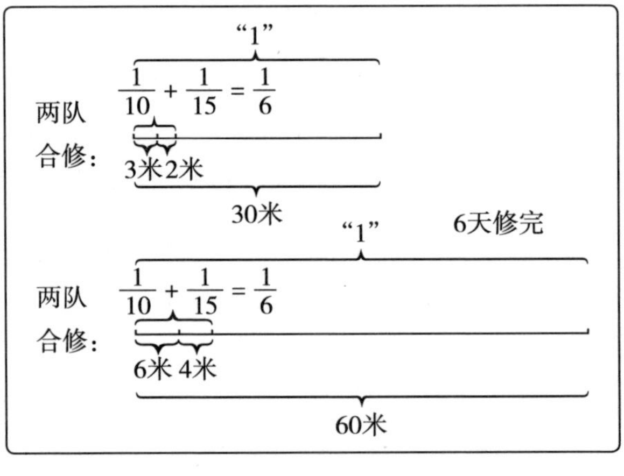

图2-3-2

另外，把总长假设为单位“1”和假设为具体数量的两种解决方法整合在一个线段图上（图2–3–3），整数思维与分数思维清晰对照，再次强化学生对数量关系模型的理解。到此，解决例题的具体模型已经初步建立。

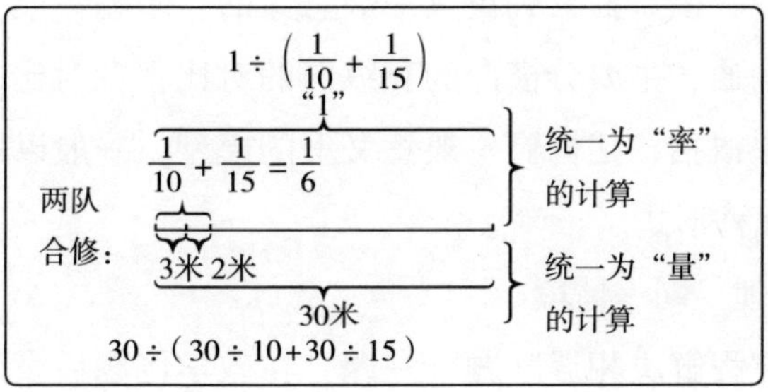

图2–3–3

2. 丰富例证，抽象一般模型

学习完例题，学生完成书上的两道练习题，评讲订正后把例题和这两道题集中放在一页PPT里面（图2–3–4）。

例：修一条跑道，一队单独修10天完成，二队单修做15天完成。两队合修，多少天完成？

$$1\div\left(\frac{1}{10}+\frac{1}{15}\right)$$

1. 运一批货物，只用小货车6次能运完，只用大货车3次能运完。两车合运，多少次能运完？

$$1\div\left(\frac{1}{6}+\frac{1}{3}\right)$$

2. 一个水库有两个泄洪口，只开A口，8小时完成任务，只开B口，6小时完成任务。两个泄洪口同时开，几小时完成任务？

图2–3–4

让学生观察比较：有什么共同的地方？谁能用简洁的语言概括地说一说你的发现？引导学生从题目的结构特征和解决问题的方法两方面进行观察抽象，概括出：无论是一条跑道的长度，还是一批货物的总重量、一个水库的总水量等都可以看作单位"1"，都可以用几分之一来表示每次、每天、每小时等完成的量。用形如“$1\div(\frac{1}{A}+\frac{1}{B})$”的方法进行列式解答。由此建构起解决工程问题的基本模型。

如何从“一题一模”抽象到更具一般意义的“多题一模”？比较常用且有效的方法是对比沟通，主要分横向的和纵向的对比，在对比中发现本质上相同的地方，通过抽象概括，建构更一般意义上的模型。一般以题组设计的形式呈现，通常有以下几种形式。

（1）同一事理，同一情境

例如，“用方程解决相遇问题”一课，在教学例题后设计了这样一组练习（图2–3–5）。

（1）两列火车相距570千米的两地同时开出。甲车每小时行110千米，乙车每小时行80千米。经过几个小时两车相遇？

$110x+80x=570$　　　　（$10+80$）$x=570$

（2）两列火车相距570千米的两地同时开出。经过3个小时两车相遇。乙车每小时行80千米。甲车每小时行多少千米？

$3x+80\times3=570$　　　　（$x+80$）$\times3=570$

（3）两列火车相距570千米的两地同时开出。经过3个小时两车相遇。甲车每小时行110千米。乙车每小时行多少千米？

$110\times3+3x=570$　　　　（$110+x$）$\times3=570$

（4）两列火车从两地同时开出，经过3小时两车相遇。甲车每小时行110千米。乙车每小时行80千米。两地相距多少千米？

$110\times3+80\times3=570$　　　　（$110+80$）$\times3=570$

甲车行的路程 + 乙车行的路程 = 总路程　　　　两车每小时行的路程之和 × 小时数 = 总路程

图2–3–5

讲的是同一件事情、同样的情境，只是改变了已知与所求，从而体会到一个等量关系可以解决同一情境下的不同问题，把同一情境下的所有变式“一网打尽”，以不变应万变，万变不离其宗；感受到用方程解决问题的优越性，从中学生能强烈地感受到模型的强大，感悟模型思想。

（2）相似事理，异化情境

又如“用方程解决相遇问题”一课，设计了一组练习，既有相向、相背的直线运动，又有环形跑道背向的运动，都是小林和小云同时出发骑行，但是情境异化了，不再完全是相向或相遇，打破学生固有的“同时、相向、相遇”的定式思维，通过背向、不相遇、环形跑道这些素材让学生再次感受到，解决问题要抓住本质——“共同走完了一段路”，从而使原来的等量关系模型顺利拓展、应用。

（3）不同事理，不同情境

再如“用方程解决相遇问题”一课，把相遇问题跟教材例3的购物问题“苹果和梨各2千克，共花10.4元，梨每千克2.8元，苹果每千克多少元”以及挖隧道等问题对比；“工程问题”一课，把各种情境下的工程问题如运货问题、水池进水问题、加工零件问题等进行横向对比，通过对比，沟通内在的联系，凸显本质相同的地方，从而抽象概括出更具普遍适用性的模型。

3. 应用模型，解决实际问题

从实际问题到数学模型，需要经历数学化的过程，而应用模型解决其他实际问题，同样也需要经历数学化的过程，这是因为，当学生面对实际问题时，需要先对实际问题进行一定的数学抽象，发现其结构特征符合某一类模型的特点，然后再运用该模型去解决问题。因此，牢固掌握数学模型的基本数量关系和题目的结构特征是关键，这样才能达到解决一题就可以解决具有相同或相似特征、结构的一类题的目的。

二、学生模型意识的培养策略

在小学数学教学中，教师要积极主动地带领学生亲身经历去粗取精、凸显内涵、数学抽象、生成模型的过程。在探索、获得解题策略的过程中，也同时获得建构数学模型和解决实际问题的思想、程序与方法，而这对学生的发展来说，意义远大于仅仅获得某些数学知识。另外，在高年级还可以结合具体的教学内容对建模方法进行有机教学。如以下话语系统，不仅教师在教学时要经常用到，也应该让学生在解决问题的过程中养成这种思考的习惯。

（1）有哪些共同点？

（2）这些共同点带来什么规律（这些不同导致了什么差异）？

（3）你得到了什么启示或结论？

（4）能否用简洁的方式表述结论？

（5）这个结论是否能推广到其他同类问题中？

模型思想的形成不是一蹴而就的，只有在教学过程中反复、长期地渗透，才能让学生实现感性到理性的飞跃。

三、数量关系的分析：一步是基础，两步是关键

小学阶段“数与代数”领域的解决问题，分析的过程其实就是一种不断化归的过程：把较复杂的两步或以上计算的问题不断化归为几个一步计算的简单问题，最终得解。例如，解决“3千克苹果16.5元，桃子的单价是苹果单价的1.5倍，桃子每千克多少元？”这个问题，通过分析，最终转化为解决“苹果单价×1.5”“苹果总价÷3”这两个有关联的一步计算的问题，用到了“一倍量×倍数=几倍量”“总价÷数量=单价”这两个基本的数量关系。由此说明以下两点：一是一步计算的数量关系非常重要，再复杂的问题都必须以最基本的数量关系为基础；二是分析的方法同样很重要，如果没有掌握分析数量关系的方法，那么即使基本数量关系掌握得很牢固也是徒然。基本数量关系相当于一件衣服的各个部分的布料，或是一部机器的零部件，分析方法就相当于把布料或零部件按一定的结构关系组装起来的技术。布料或零部件、结构技术两者缺一不可。

正因为有以上认识，所以“一步是基础，两步是关键”是这几十年以来我国解决问题教学的重要经验和行之有效的策略。

1. 一步是基础，夯实基本数量关系

基本数量关系在小学一共有11种（图2–3–6）。

加减法

- 部分与整体关系
  - 求总数
  - 求部分数
- 差比关系
  - 求相差数
  - 求较小数
  - 求较大数

乘除法

- 份总关系
  - 求总数
  - 求每份数
  - 求份数
- 倍比关系
  - 求倍数
  - 求几倍数
  - 求一倍数

图2–3–6

虽然不同的版本教学内容的安排不同，但是这11种基本数量关系都是安排在第一学段进行教学的，尤其是安排在一、二年级进行教学。

每一种基本数量关系中都有不同的变式，但是万变不离其宗，只要真正理解掌握了基本的数量关系，就可以以不变应万变。这11种数量关系实则是基于四则运算的意义建构起来的，如差比关系中求较大数，就是把跟较小数同样多的部分和相差的部分合起来，这其实就是运用了加法的意义，倍比关系的也是同样的道理。所以对四则运算意义的教学一定要重视，它是“数与代数”领域解决问题的重要基础。

认识了四则运算的意义后，在实际的应用中要不断强化。例如，一年级用加法解决问题，通过变换不同的情境、事理和呈现的方式引导学生感悟：不管是动态地加入还是静态的两部分，不管有没有“一共”的字眼（还原题求原来多少就没有“一共”的字眼），最终都是要把两部分合起来求总数，所以都用加法计算。在变式的基础上要善于引导学生进行观察、对比和归纳，坚持训练，学生慢慢就学会透过表象看到数量关系的本质了。

在每一次进行解决问题练习时，建议都找一到两道题让学生分析数量关系（图2-3-7）。

1. 小明家养灰兔8只，养白兔4只。小明家一共多少只兔？
   就是求把8和4合起来是多少，用加法计算。
2. 小明家养白兔9只，灰兔5只。白兔比灰兔多多少只？
   （白兔：8；灰兔：5）
   就是求8比5多多少，用减法计算。
3. 每只小猫钓4条鱼，6只小猫能钓几条鱼？
   就是求6个4相加的和是多少，用乘法计算。
4. 同学们去划船，每条船坐4人，24人要租几条船？
   就是求24里面有几个4，用除法计算。
5. 花园里种了8棵桃树，种梨树的棵树是桃树的5倍，花园里种了多少棵梨树？
   （种梨树的棵树：?；桃树的：8）
   就是求8的5倍是多少，用乘法计算。

图2-3-7

另外，从一年级开始，教师就要有意识地渗透数量关系式，如上面的第1题，学生分析后明确为什么用加法计算并列式后，教师可以让学生说说算式中每一部分表示的意思，然后板书如下：

8　+　4　=　12

灰兔只数+白兔只数=总只数

长期坚持训练，久而久之，数量关系就会逐渐在学生的脑海里生根发芽。

2. 两步是关键，掌握分析数量关系的方法

从解决一步计算的简单问题到解决两步计算的稍复杂的问题，涉及的是分析数量关系的技术与方法，是以后解决更复杂问题的方法基础，必须予以重视，打好这个基础。

两步计算的问题各版本基本都是安排在二年级进行教学的，由于二年级的学生逆推的能力还不强，这个阶段适合用综合法来分析数量关系。所谓综合法，就是从条件出发，根据相关联的两个条件推出一个结果，然后把推出来的这个结果当作已知条件，跟题目中的另一个条件一起推出另一个结果，这样一步步顺推，最后解决问题。它是从“已知”看“可知”，逐步推向“未知”，由因导果的思考方法。

分析数量关系的过程实则是一个推理的过程，要解决两步计算的问题，关键是找到中间问题，这个中间问题是隐含的，需要分析推理出来，就好像破案一样。在教学时，我们可以创设一个破案的情境，让学生在“破案”的同时学习分析数量关系的方法，使学习变得更有趣，使方法更易于学生掌握。例如，同学们，小侦探柯南破案可厉害了，知道他破案为什么这么厉害吗？是的，他想方设法收集线索，然后分析线索之间的关系，看看能发现什么……这样一步一步地分析和推理，最后找出狡猾的凶手。在数学的世界里也有一些狡猾的家伙，它们会用隐身术，你们能像柯南那样去破案吗？

接着后面分两层进行教学：第一层，用图文的形式给出两个信息，让学生找到隐含的数量（就好像破案中的线索或者犯罪嫌疑人），其实就是根据条件提问题的训练。第二层，给出三个信息，注意不要给出问题（图2-3-8）。

图2-3-8

让学生根据这三个信息尽量多地找到隐含的数量，如：①第一组买面包要用27元；②第二组买面包要用18元；③第一组比第二组多买3个面包；④第一组和第二组一共买了15个面包；⑤第一组比第二组多花9元；⑥两个组一共要花45元。

在学生汇报了用直接的两个条件推出的隐含数量（上面的①～④）后，教师要重点引导学生运用找到的那些隐含的数量与另一个直接告知的数量进一步推出另一个隐含的数量（上面的⑤和⑥）。如学生找到“第一组比第二组多买3个面包”和“第一组和第二组一共买了15个面包”这两个隐含的数量后，可以和“每个面包3元”一起推出“第一组比第二组多花9元”和“两个组一共要花45元”这两个隐含的数量。另外还可以引导学生通过对两个第一轮找到的隐含数量的分析推出新的隐含数量，如利用上面的隐含数量①和②，可以推出更深一层的隐含数量⑤和⑥。

当学生充分参与，积极思考，找到所有的隐含数量之后，教师再出示要求的问题，也就是“罪犯”——“第二组比第一组多花多少钱？”或“两个组一共要花多少钱？”告诉学生，刚才通过找信息之间、隐含数量与信息之间以及隐含数量之间的关系，他们已经找到罪犯了，帮警察叔叔破了案，真了不起，是聪明的“小柯南”。这样的处理定能激发学生探究的热情，而且把抽象的综合法寓于“破案”的情境中，让学生感悟有趣的推理，初步知道利用信息之间的关系找隐含的数量（中间问题），利用这个隐含的数量（中间问题）和题中的信息就能解决问题。

以上两层教学，第二层是重点，通过“破案”的情境使综合法的引入变得自然有趣，由此学生也能很好地感受综合法的价值。

四、理清数量关系的训练序列，使教学无缝衔接

由于解决问题的教学内容采用分散编排的形式，融入“数与代数”“空间与图形”“统计与概率”“实践与综合应用”四大领域的学习，这一变化给教师的教学实践带来了新的挑战。因为有不少学校习惯把教师固定在某一年部任教，这些教师中又有不少是没有对其他年部的教材进行认真研读的，这就使得他们对小学教材中解决问题的教学缺乏整体而清晰的认知。即使有部分教师一至六年级的新教材全都教过，但是解决问题的内容编排比较分散，例题与练习的编排又不像旧教材那样对应，因此客观上也加重了教师整理和把握教材的难度。另外，不少教师缺乏必要的反思意识和整理教材的意识，因此他们也普遍对解决问题内容的编排、每一年段的教学要求感到困惑。这种认知的不清晰和困惑导致教学的不到位或者越位，教学缺乏循序渐进性和系统性。

因此，有必要对全册教材的解决问题内容进行整理（主要是“数与代数”部分），理清编排的顺序和规律，将之编写成教材序列表，并提出科学有效的教学建议，以帮助教师更好地把握教材、明确教学要求，从而提高解决问题教学的质量。具体做到：①体系清——主要包括哪些内容，是按照怎样的顺序组织的？②特点明——教材的题材、呈现方式是怎样的？③目标准——不同阶段的教学到底要达到怎样的要求？理清教材内容的编排体系、呈现方式和把握各年级的目标要求及教学方法，如一、二年级可以整理成如下（表2-3-1）解决问题教材序列表（以人教版为例）。

表2-3-1

册数	内容及呈现形式		教学建议	数量关系训练安排
一年级上册	5以内加减法	加、减法的意义（主要以添上或者去掉的动态的情境图出现，没有任何文字和符号的信息）	1. 通过情境图或实物的演示，配以教师的手势，让学生初步感知把两部分合起来用加法算（做两手合拢的手势），从总数里面去掉一部分用减法算（做“去掉”的手势）。 2. 教学生用三句话表述图意（都是陈述句）。 3. 教材暂不要求学生列出加法或减法的算式，重点还是放在理解含义和计算上	1. 重点训练学生能根据加减法的含义解决问题，能结合具体的情境说出为什么用加法或减法算。

续 表

册数	内容及呈现形式		教学建议	数量关系训练安排
一年级上册	6～10的加减法	求总数或部分数情境图中出现了数字、“？”和第一次出现“图里有什么”“怎样解答”“解答正确吗”这三个解决问题的基本步骤； 由图逐步过渡到“图+文”的形式	1. 表述图意的那三句话，第三句改成问句，形成数学问题的雏形。 2. 初步知道解决问题的三个基本步骤。 3. 教会学生分清条件和问题（告诉我们什么、求什么），求出来的数写在等号的后面。 4. 教材已逐步要求学生看图列出算式，教学时要求学生结合加法和减法的含义说出为什么用加法或减法算。（格式：求……，就是把……和……合起来，用加法算；求……，就是从……里面去掉……，用减法算） 5. 学生列减法算式时很容易出现用大数减小数的情况，要强调是从总数里面去掉	2. 初步渗透数量关系式：如蓝皮球个数+红皮球个数=总共的个数等（让学生说出算式中每一个数表示的意义，自然引出，不作为重点，有意识渗透即可）
	20以内的进位加法	求总数或部分数［去掉了大括号，条件或问题用文字表示，图文形式。侧重静态的情境图（计算的结果开始带单位名称）］	1. 让学生初步明确简单问题的基本结构：两个已知条件和一个问题。 2. 培养初步的审题和分析的习惯：讲一件什么事，题目告诉我们什么？要求什么？用什么方法计算？说出选择算法的依据。 3. 让学生经历初步的观察分析、收集信息等过程，获得问题的解决方法。 4. 计算结果后面带单位，但不作为学生填写的要求。 5. 第98页例6，“求原来有多少个”的问题要通过画图、实物演示等理解，就是把两部分合起来的问题，另外可以改编成10以内的求领走了多少个的问题	3. 初步感悟：“部分数+部分数=总数；总数-部分数=另一部分数”（仅限于结合具体的情境意会，不需板书和死记）
一年级下册	20以内的退位减法	根据给出的两个信息提问题；根据问题和其中一个条件补另一个条件（以情境图为背景）	1. 让学生进一步明确，两个条件可以解决一个问题，解决一个问题必须知道两个条件。 2. 要强化提问题的训练，因为这个是解答较复杂问题中提中间问题的重要基础。 3. 结合具体情境渗透（学生意会）：知道两个部分数可以求总数，知道总数和其中一个部分数可以求另一部分数	继续加强加减法含义在解决实际问题中的应用训练

续 表

册数	内容及呈现形式		教学建议	数量关系训练安排
二年级上册	100以内的加法和减法（一）	1. 求两数相差多少的问题。 2. 练习中出现了连加（把三部分合起来）、连减的解决问题的内容	求两数相差多少的问题的教学： 1. 要教会学生审题：谁跟谁比，谁多谁少，并在关键处标出已知与所求。例如： 求 18 比 6 多多少 红花比黄花(多)多少朵 大 小 2. 通过直观教学，让学生理解算理。（转化成求部分数） 3. 通过一定量的练习，最后抽象概括出数量关系：求两数相差多少，用减法计算。（学生意会即可，不用死记）	1. 渗透加减法的结构关系（总数与部分数之间的关系），便于学生提问题和填条件
二年级上册	100以内的加法和减法（二）	“求比一个数多（少）几的数”的问题（个别题目已完全以文字形式出现）	要求与上同。 1. 要教会学生审题：谁跟谁比，谁多谁少，并跟着老师在关键句上做标记。 ? 比 6 多 12 红花比黄花(多)12朵 大 小 2. 通过直观教学，让学生理解算理。（转化成求总数或求部分数） 3. 通过一定量的练习，最后抽象概括出数量关系：求比一个数多几的数用加法，求比一个数少几的数用减法（学生意会即可，不用死记）	2. 落实“求两数相差关系”问题数量关系的训练。例如，通过分析关键句，得出：求几比几多（少）几用减法，求比几多（少）几用加（减）法

小学阶段“数与代数”领域的解决问题，数量关系分析方法的渗透总体安排如图2-3-9所示。

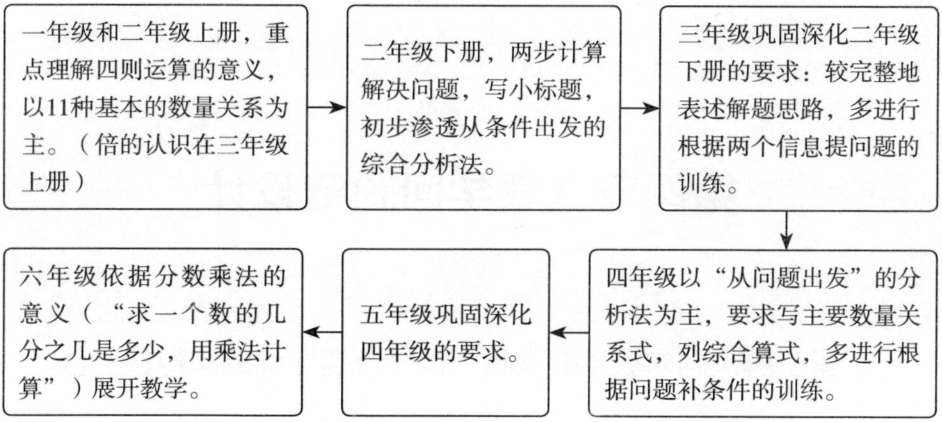
一年级和二年级上册，重点理解四则运算的意义，以11种基本的数量关系为主。（倍的认识在三年级上册）
二年级下册，两步计算解决问题，写小标题，初步渗透从条件出发的综合分析法。
三年级巩固深化二年级下册的要求：较完整地表述解题思路，多进行根据两个信息提问题的训练。
四年级以“从问题出发”的分析法为主，要求写主要数量关系式，列综合算式，多进行根据问题补条件的训练。
五年级巩固深化四年级的要求。
六年级依据分数乘法的意义（“求一个数的几分之几是多少，用乘法计算”）展开教学。

图2-3-9

第四节　教学问题链设计

一、基于解决问题教学的本质，设计统整全课的问题链主链

前文已经阐述了解决问题教学的本质是数学建模，也指出了在解决问题新授课的教学中，建模过程一般经历“解决例题，感知具体模型→丰富例证，抽象一般模型”的过程，也就是要基于“具体模型→一般化模型→运用模型”这一教学的本质来进行问题链的设计。

所谓问题链主链，是指把几个能够统整全课或某一教学环节、具有较大思考空间的核心问题按照一定的逻辑关系进行排序所形成的问题链。要设计问题链主链，首先，要研读教材，不仅要看到知识编排这根明线，还要深挖隐含其中的思维训练线和数学思想渗透线，从本质上、整体上理解、把握教材；其次，要了解学情，基于教材与学情，依据教学内容的数学本质及教与学的规律，确定教学的主要思路，再对教学思路进行问题化的设计，从各主要环节中凝练出核心问题，从而形成问题链的主链。解决问题新授课教学的问题链主链设计流程如图2-4-1所示。

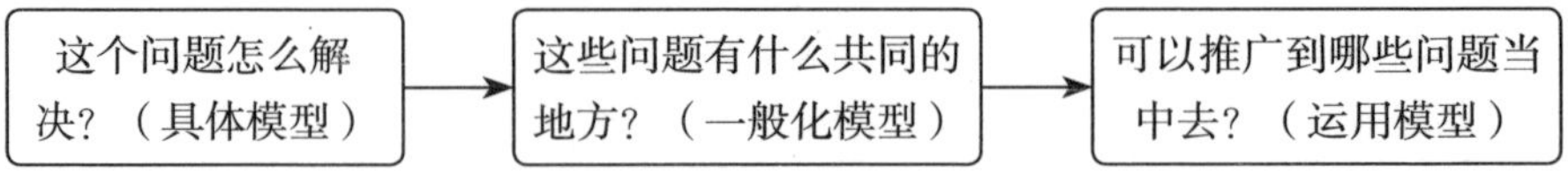

图2-4-1

二、遵循解决问题教学的一般规律，设计问题链的子链

主链中的问题都是教学中的核心问题，具有较大的思考空间，学生在解决的过程中往往需要把较大的问题逐步拆解成一个个小问题，通过小问题的解

决，最终解决核心问题。

（一）“解决例题，感知具体模型”教学环节的问题链设计

“解决例题，感知具体模型”教学环节对应的是上述问题链主链中的第一个核心问题——“这个问题怎么解决”，是一个大问题、大环节，在解决问题的过程中需要进行拆解。人教版修订教材对这一环节做了大调整，设计了三大步骤来体现解决问题的基本过程与方法。三至六年级是阅读与理解、分析与解答、回顾与反思，一、二年级则用问题链的形式呈现：“知道了什么？→怎样解答？→解答正确吗？”实际上，三至六年级的三个步骤对应的也是这样的三个问题，只是内涵更丰富而已。

1.“阅读与理解”环节的问题链设计

小学生在解决问题的过程中要实现两个转化：第一个是从纷杂的实际问题中筛选出有用信息，从而抽象成数学问题；第二个是根据已抽象出来的数学问题，全面分析其中的数量关系，探索出解决问题的方法并求解，必要时回顾反思解决问题的过程。解决问题的教学是培养学生“四能”的重要载体，第一个转化对应的是发现与提出问题，第二个转化对应的是分析与解决问题。也就是说，“阅读与理解”环节的任务不仅是传统意义上的审题，还应作为提高学生发现和提出问题能力的培养点。虽然教材受篇幅所限，呈现出来的已经是比较数学化的问题，但是在教学中，教师需要对教材进行灵活的处理，通过创设情境、动态依次呈现信息等方式，创造机会让学生经历发现和提出问题的过程。

该环节的问题链设计如图2–4–2所示。

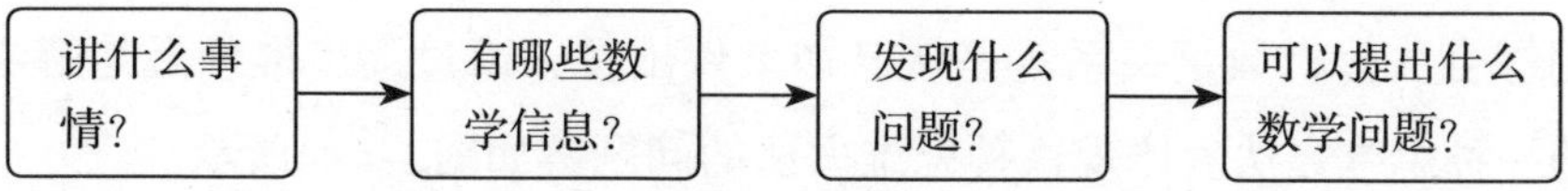

图2–4–2

2.“分析与解答”环节的问题链设计

“分析与解答”这一环节的任务是实现第二个转化，对应的是分析与解决问题。分析数量关系最常用和通用的方法是分析法和综合法。小学高年级，解决问题逐步从算术法过渡到方程法，列方程解决问题关键是学会找等量关系的

方法。

（1）用分析法分析数量关系的问题链设计

这里的分析法是指从问题出发，一步一步倒推回去，寻求结论成立的充分条件，直到找到明显成立的条件为止的一种思维方法。学生掌握了分析的一般方法，就可以推一及万了。体现这种思维方法的问题链如图2-4-3所示。

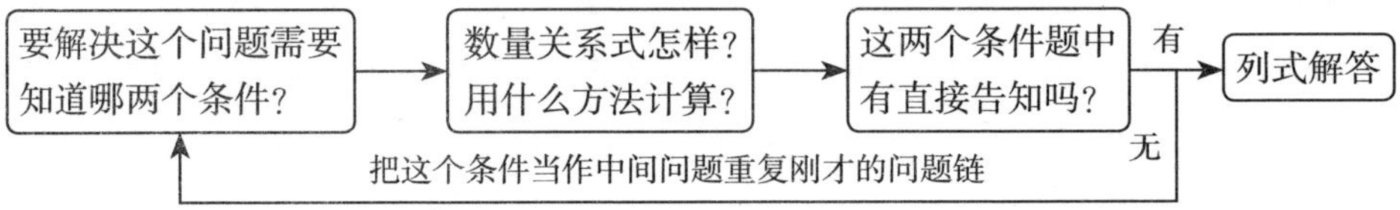

图2-4-3

例：买2千克苹果和1千克梨共花了24.6元。梨每千克7.8元，苹果每千克多少钱？

根据以上问题链进行分析，过程可以简要记录如下：

苹果的总价 ÷ 苹果的数量 = 苹果的单价

买两种水果的总价 − 梨的总价　　2

24.6 − 7.8

可再精简一些：

苹果的总价 ÷ 苹果的数量 = 苹果的单价

24.6 − 7.8　　2

应用上面的问题链再使用以上的记录方法，既突显了主要的数量关系，又使解题思路更清晰，一目了然。

（2）用综合法分析数量关系的问题链设计

用综合法分析数量关系，是从已知条件出发，通过逐步推理最终解决所求问题的一种思维方法。体现这种思维方法的问题链如图2-4-4所示。

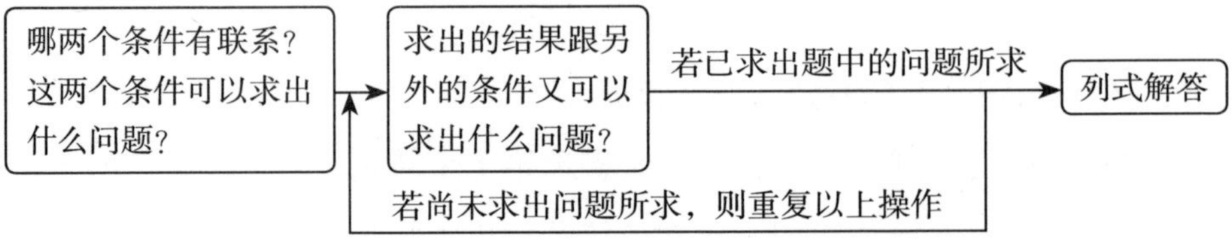

图2-4-4

仍以上面的解决问题为例，运用综合法的分析过程可以记录如下：

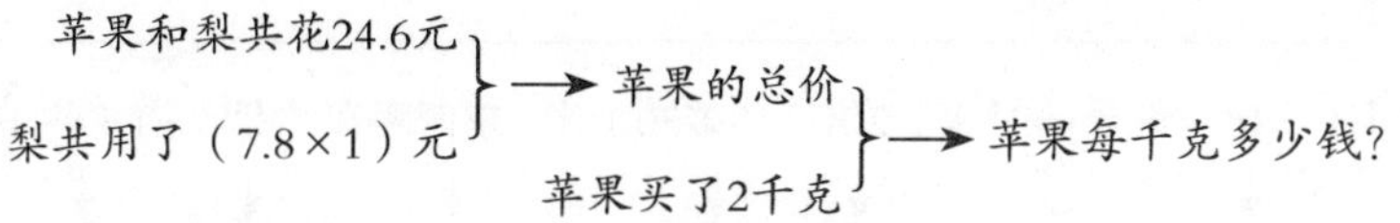

（3）找等量关系的方法的问题链设计

到了高年级，随着代数思维的发展，越来越多的问题都转向用方程的方法来解决。列方程解决问题，找等量关系是重点和难点。虽然不同的应用问题等量关系有所不同，但是找等量关系的方法却有很多相同的地方。对于那些普遍都比较适用的方法，本书简称为“通用法”。除“通用法”外，小学阶段用得比较多的还有“直译法”和“找不变量法”。教师要引导学生掌握这些方法的问题链设计，如下：

①“通用法”的问题链设计。

所谓“通用法”，就是相对普遍适用的方法，其问题链设计如图2–4–5所示。

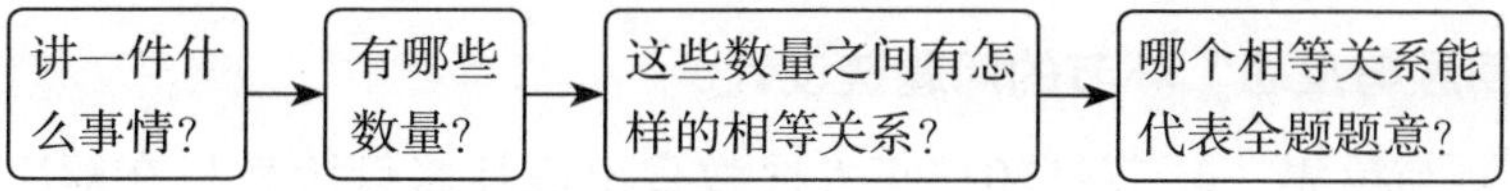

图2–4–5

对于某一些问题的等量关系分析，不一定要把上面的问题链走完，其实知道了“讲一件什么事情？”即可找到等量关系，如前面的那道题，讲的是买两种水果所用的钱的事情，根据这个马上就可以写出等量关系“苹果总价+梨的总价=两种水果的总价”，至于是已知什么求什么，完全不影响。当然，把题中的苹果数量、苹果单价、梨的数量、梨的单价、两种水果总价全部找出来之后，再从中找代表全题意思的等量关系也是可以的，这就是“通用法”问题链的完整运用。

②“直译法”的问题链设计。

所谓“直译法”，是指把题中的文字表达直接翻译成等量关系式的方法，题中的“多”就是“+”，“少”就是“–”，不用转换，直接按照意思改写。

“直译法”对于题中有表示两个数量之间差比、倍比等关系的句子时（简称“关键句”），特别适用（图2–4–6）。

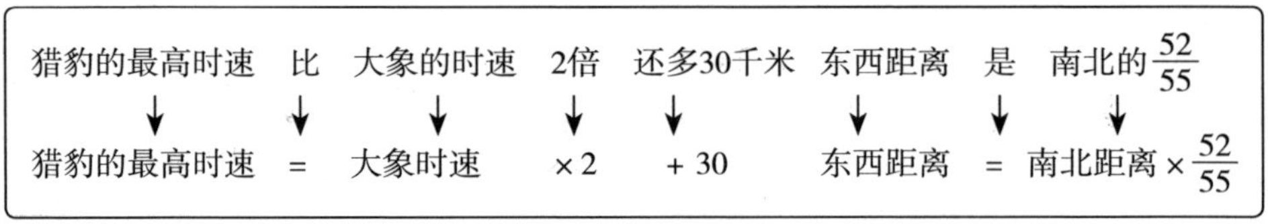

图2–4–6

“直译法”可用问题链进行导学，如图2–4–7所示。

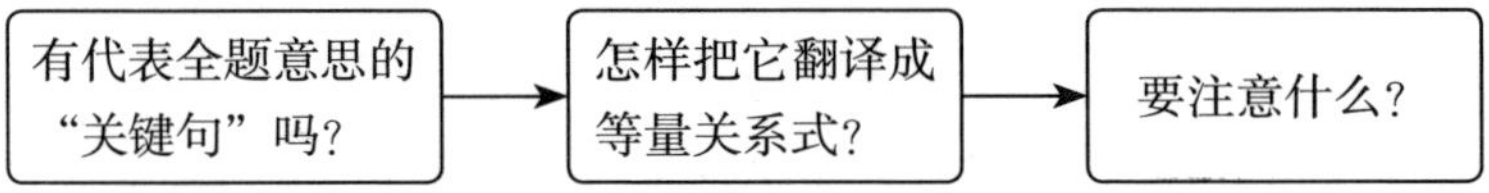

图2–4–7

“直译法”对于小学阶段五、六年级的学习，尤其是对于找六年级的分数、百分数乘除法应用问题的等量关系尤为适用，是最常用的方法。

找等量关系的方法还有很多，如找不变量法、直接应用公式法等，在此不再赘述。

3.“回顾与反思”环节的问题链设计

“回顾与反思”环节是2013年人民教育出版社修订版教材在解决问题教材编排上的一大亮点，所承载的任务和发挥的功能比以往的“检验”丰富很多，不只是对结果进行检验，还要对解决问题的全过程进行回顾，从中总结解题的思路、步骤与方法，感悟数学思想。对结果进行检验，不是简单地对计算过程进行验算，而是把结果当作已知代入原来的问题中，与其他的信息一起进行运算，看得到的结果是否与原题的其中一个信息相符。这种检验的方法实则又经历了一次编题和解题的过程，教学时也可以顺势形成题组，强化数量关系模型，如本章第三节中列方程解决相遇问题的那个题组。

该环节也可以通过问题链进行导学，如图2–4–8所示。

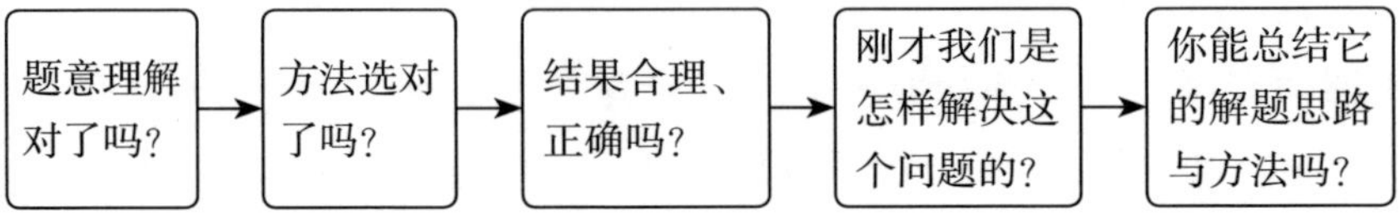

图2–4–8

（二）“丰富例证，抽象一般模型”教学环节的问题链设计

前面的例题教学建立的只是具体的模型，如何从具体的模型抽象出更具一般意义的模型？常用且有效的方法是对比、沟通。在对比中发现本质上相同的地方，加以抽象和概括，从而建构一般意义上的模型。例如，六年级上册工程问题的教学，例题教学之后对应做两道题，然后把三道题放到同一页PPT里面，引导学生对比观察，抽象概括出更具一般意义的模型。

这个环节一般可用以下问题链进行导学：①有什么相同的地方？（引导学生从题目的结构特点及解决问题的方法两个方面去进行对比）②你能用简洁、概括的语言说一说你的发现吗？③你的发现可以推广到其他同类问题中吗？

把以上各个环节的问题链整合起来，就形成图2-4-9所示的问题链框架的形式，横向是主链，纵向是子链。

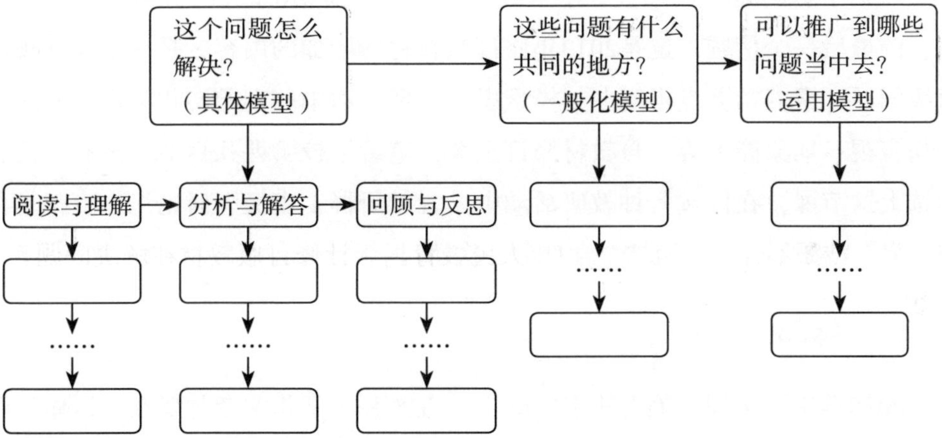

图2-4-9

一节课的问题链框架是主要教学思路的体现，是对教学思路的进一步教学化设计，体现不同课型、不同教学内容基本的教与学的规律，更具体、可操作性更强。整体观视角下的问题链设计，从宏观入手，逐步过渡到微观，对学生思维的引导是不断具体化的。当然，教学有法，教无定法。本节所总结的问题链只代表小学阶段解决问题教学的最基本的规律，在具体的教学实践中可以灵活变通。

第五节　教学的案例与经验

如何让学生“喝”得更有营养

——对“喝牛奶问题”一课的深度研读与思考

“喝牛奶问题”是人教版小学数学五年级下册第6单元《分数的加法和减法》的最后一个例题，也是2013年修订版教材新增加的内容，是一个非常规的解决问题，素养培养点丰富，如模型思想，把生活中的问题转化为数学问题、几何直观、抽象能力等。自教材修订至今，笔者下校听课几百节，没有一位教师选上这节课，在区域各种教研活动中（含教研群）也极少讨论，一直都是相安无事、波澜不惊，直至这个学期的一次研讨。

一、缘起

2018学年下学期，笔者所在区的宝玉直实验小学张戈老师要在全区做“明珠杯”获奖教师课例展示，展示前的一周，临时调整了上课的内容，选上“喝牛奶问题”。题目为“一杯纯牛奶，乐乐喝了半杯后，觉得有些凉，就兑满了热水。他又喝了半杯，就出去玩了。乐乐一共喝了多少杯纯牛奶？多少杯水？”教师用书里说，在以往这常作为数学爱好者研究的智力题，可想而知是有一定理解难度的。

研课过程中，在对教材内容的理解以及对教学重点的把握上，教师的意见分成了两派：一派（下称A派）认为，重点是解决喝了多少纯奶和多少水这一问题，哪个方法简便、学生容易理解，就应该用哪种。他们认为，只要引导学生明确：第二次喝的那一杯混合牛奶里面有一半是纯奶，一半是水，画图时先把水和纯奶分离开来，然后再平均分成两份，那么第二次喝了多少水和多少纯奶，已经一目了然（图2–5–1），无须转化提炼出“求第二次喝了多少纯牛奶就是求$\frac{1}{2}$杯纯牛奶的一半是多少杯”的问题。这种方法（下称“方法一”）非常直观、容易理解，即使改变一下情境，也同样适用、好用（图2–5–2）（第一次喝了$\frac{1}{2}$杯纯牛奶，兑满水，第二次喝了$\frac{1}{2}$杯）。

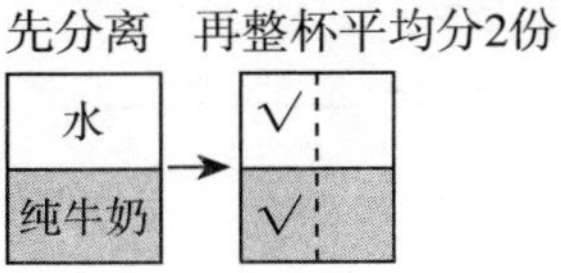

图2–5–1

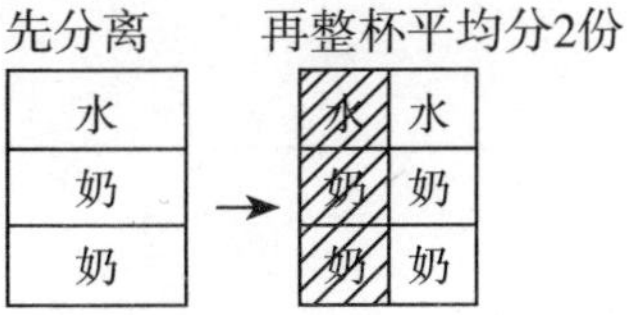

图2–5–2

另一派（下称B派）则认为，不反对这节课的重点是借助画图策略解决喝了多少纯奶和多少水的问题，但是这节课的定位不止于此，教师用书明确指出：解决这一问题，最关键的是要知道第二次喝了一杯奶的几分之几，也就是解决“$\frac{1}{2}$杯纯牛奶的一半是多少”的问题，为后面理解分数乘法的意义和解决问题积累一定的方法和经验。因此，本课的教学重点首先是要把问题提炼转化成“求$\frac{1}{2}$杯纯牛奶的一半是多少杯”的数学问题，然后再通过画图的策略求得$\frac{1}{2}$的$\frac{1}{2}$是多少。

B派认为，画图应该是这样的（图2–5–3），也就是先分纯牛奶，再看纯牛奶的一半是整杯的几分之几。而A派是奶和水分离后直接整杯平均分。

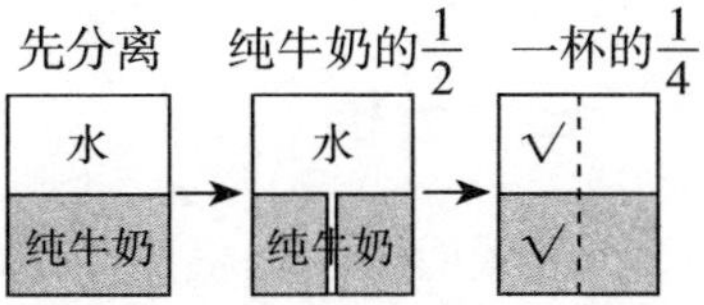

图2–5–3

无疑，从教师教学用书的角度看，B派的观点更符合要求，但是A派教师从教材中又找到了“例证”（图2–5–4），他们认为第二次喝的$\frac{1}{2}$杯混合牛奶中，一半是水，一半是纯牛奶，通过画图，很容易就求出第二次各喝了多少纯牛奶和水（图2–5–5），教材的这一思路（下称“方法二”）也没有转化为

“求$\frac{1}{2}$杯纯牛奶的一半是多少杯”的问题。

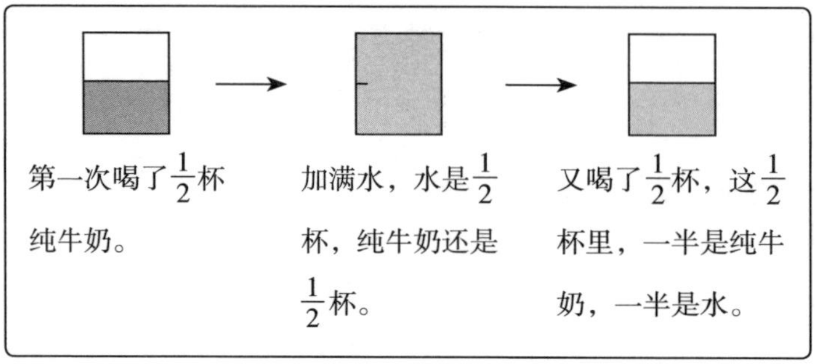

图2–5–4

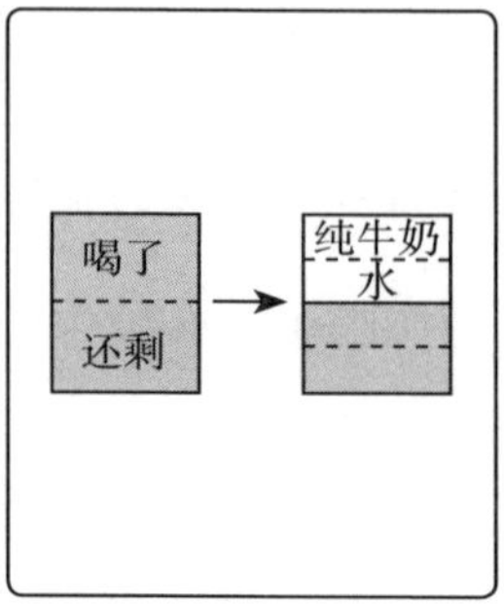

图2–5–5

B派教师马上反驳，教材明显是以图2–5–6的思路为主的（下称“方法三”），图2–5–5只是中间的分析过程而已。他们还专门提醒A派教师分辨颜色，图2–5–6的绿色是深一点的，与图2–5–5的浅绿色不同，这里表示的是$\frac{1}{2}$杯纯牛奶，因此教材的编写意图很明显，就是把问题转化为“求$\frac{1}{2}$杯纯牛奶的一半是多少杯”，然后再画图解决。

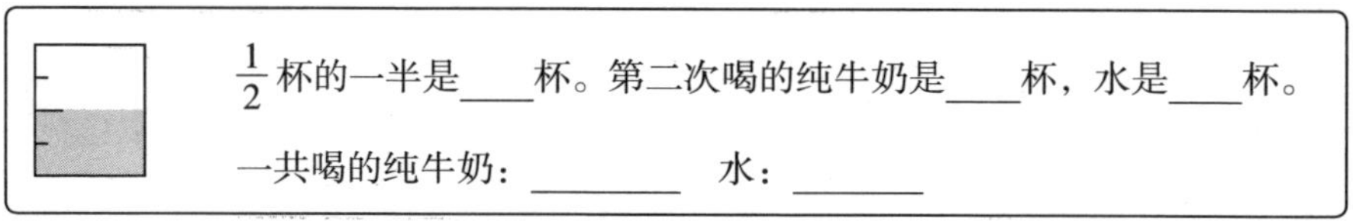

图2–5–6

二、分析

两派的争论归根到底是教学的定位问题，是不是一定要把问题转化为“求$\frac{1}{2}$杯纯牛奶的一半是多少杯”再解答？教学的重点是否只是体会用画图的策略解决问题？

首先，我们先对上面三种方法进行一个对比和分析。

1. 方法一和方法三

方法三把问题转化为“求$\frac{1}{2}$杯纯牛奶的一半是多少杯”，这个思路更具迁移性和规律性，也更具思维训练的含量，对后继的学习更有利。因为形如“求$\frac{1}{2}$的$\frac{1}{2}$是多少”的数量关系，虽然目前只能通过画图求得结果（这个画图同时为六年级学习分数乘法的算理做铺垫），但是到了六年级，学生学习了分数乘法后就可以摆脱画图，直接运用分数乘法的意义和计算来解决了，而方法一却不具有这种“进化”，即使学生学习了分数乘法，因为没有提炼出求谁的几分之几的数量关系，还是需要画图来解决。由此，笔者认为，方法三比方法一更具有教学的价值，通俗地说，方法三比方法一更具有“营养价值”（图2–5–7）。

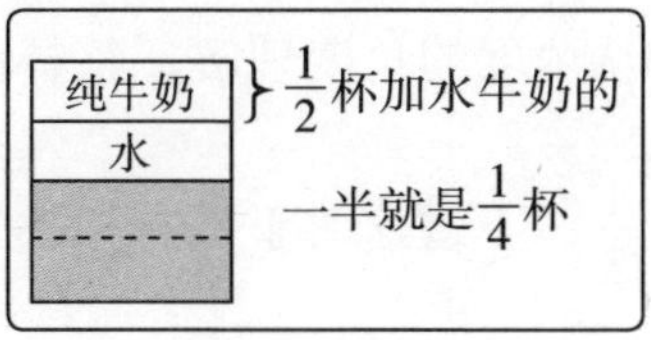

图2–5–7

2. 方法二和方法三

A派教师认为方法二的思路是直接通过画图求出结果，不需要转化为“求$\frac{1}{2}$杯纯牛奶的一半是多少杯”。没错，的确不需要，但问题是那个画图是基于“求$\frac{1}{2}$杯加水牛奶的一半是多少杯”这样的数量关系的，而无论是“求$\frac{1}{2}$杯纯牛奶的一半是多少杯”还是“求$\frac{1}{2}$杯加水牛奶的一半是多少杯”，最终还是转化为“求$\frac{1}{2}$的$\frac{1}{2}$是多少”的问题，因此，方法二不是不需要提炼数量关系，而是A派教师略过了提炼这一步而已。上面的分析更突显了提炼数量关系的需要，这也是教材的编写意图。

那么方法二和方法三，孰轻孰重？我们试着换一个情境：第一次喝了$\frac{1}{3}$杯，加满水后第二次喝了$\frac{1}{2}$杯。方法二的数量关系是“求$\frac{1}{2}$杯混合奶的$\frac{1}{3}$是多少”，而方法三的数量关系是“求$\frac{1}{3}$杯纯牛奶的$\frac{1}{2}$是多少”。两种方法的单位“1”不同，但它们都是从信息中直接提取，难度没有区别。那么对$\frac{1}{3}$和$\frac{1}{2}$这两个分率的理解，哪个更难一些？方法二中，学生对$\frac{1}{3}$这个分率的理解来源于生活经验的朴素认识，剩下$\frac{1}{3}$杯纯牛奶，兑满水后，整杯混合奶中的纯奶和水的比就是1∶2，所以喝的$\frac{1}{2}$杯混合奶里面有1份是纯奶，2份是水，也就是$\frac{1}{2}$杯混合奶中有$\frac{1}{3}$是纯奶，所以是求$\frac{1}{2}$杯混合奶的$\frac{1}{3}$是多少杯的问题；或者从浓度的角度理解，整杯混合奶的浓度是$\frac{1}{3}$，所以喝的半杯混合奶的浓度也是$\frac{1}{3}$，不过这对于没有相关知识基础的五年级学生来说，理解起来会比较困难。方法三中，对$\frac{1}{2}$这个分率的理解同样也来源于生活经验的朴素认识，兑满水后，$\frac{1}{3}$杯的纯牛奶就均匀地分布在整杯混合奶当中，也就是有一半的纯牛奶分布在上半杯中，喝了半杯混合奶，就喝了原来剩下纯牛奶量的$\frac{1}{2}$，所以是“求$\frac{1}{3}$杯纯牛奶的$\frac{1}{2}$是多少”的问题。通过对比，在数量关系的理解上，方法三相对于方法二会简单一些，不过优势并不是很明显，以下分析会更突显方法三的优势。

如果兑入的水不是至满杯的，第二次喝了混合奶的一半（不是半杯），那么方法二的思路就不通了，而方法三仍然是“求$\frac{1}{3}$杯纯牛奶的$\frac{1}{2}$是多少”。再者，方法三对于多次兑水的情境，解答更有优势，更具迁移性和规律性（当然，这个不在教学的范围内，只是对两种方法的“营养价值”做讨论）。求多次兑水后一共喝了多少纯牛奶，可以用图2-5-8来表示。

假设乐乐喝半杯后兑满水再继续喝半杯，这样喝下去，那么他第一次、第二次、第三次……第n次喝的纯牛奶可用图2-5-8表示（大正方形表示一杯纯牛奶）：

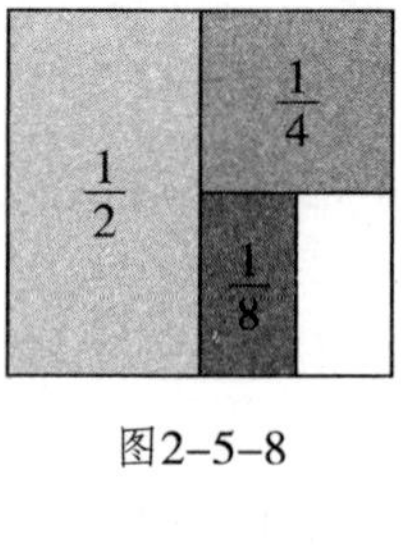

图2-5-8

也就是可以用$\frac{1}{2}+\frac{1}{4}+\frac{1}{8}+\cdots$来计算一共喝了多少杯纯牛奶，至于喝了多少杯水，虽然不能从图中直观看出，但是已经求出了每次喝的纯牛奶，那么喝了多少水还难求出吗？只要把每次喝的量减去纯牛奶的量即可。

这种表示方法换作其他非每次喝半杯的情境，同样适用，如：一杯纯牛奶，乐乐喝了$\frac{1}{3}$杯后，觉得有些凉，就兑满了热水，他又喝了半杯，再兑满水，又喝了$\frac{1}{4}$杯，就出去玩了。乐乐一共喝了多少杯纯牛奶？可用图2–5–9表示三次一共喝的纯牛奶。

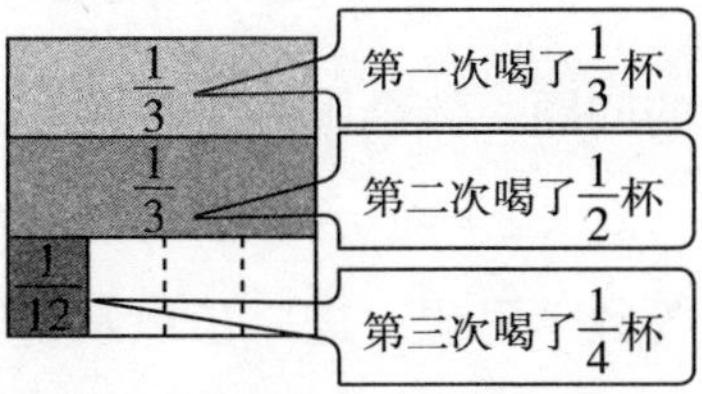

图2–5–9

进一步，教师们翻看了该例题后的教材，发现没有安排任何一道对应的练习题，由此教师们认识到，这一课最重点的并不是让学生掌握这类问题的具体解题方法，而是让学生经历问题解决的过程，体会画图解决问题的策略，进一步发展“四能”，感悟变中有不变、数形结合及模型等思想，并为六年级学习分数乘法的意义与算理做铺垫。也就是说，本例题的教学，重点不只在知识技能层面上，更在数学素养培养的层面上。从这个角度理解，方法三更符合教材对教学的定位。

通过对三种方法的比较与分析，孰轻孰重，教师们心里已经有了答案。是的，方法三对于学生的素养培养来说更有“营养价值”。而且，无论是哪一种方法，都可以引导学生提炼形如“求$\frac{1}{2}$杯纯牛奶的$\frac{1}{2}$是多少”的数量关系。

至于A派教师所认为的，方法三学生很难理解，一节课下来不少学生还是蒙的，所以建议以方法一为主，我们要理性、正确地进行分析和归因。自己的教学效果不好，就可以调整教学的要求，降低教学的定位吗？不可否认，方法一的确更直观、更能让学生理解，但这不能成为不进行数量关系分析，不做更进一步的思维训练和后继教学渗透的理由。教学效果不好，需要有正确的归因，除了教学内容有难度外，是否需要反思自己的教学？会不会是设计得不够好、教学策略运用得不够恰当、引导得不够到位等原因造成的？

三、建议

1. 设目标

经过了分析与思辨，教师统一了认识，重新确立了以下教学目标：

（1）能通过对情境的分析，把要解决的问题转化为形如“求$\frac{1}{2}$的$\frac{1}{2}$是$\frac{1}{4}$”的问题，体会画图策略在理解问题、分析解决问题中的作用。

（2）经历问题解决的全过程，感悟“变中找不变”“数形结合”“模型”等数学思想，进一步积累数学活动经验。

（3）感受数学知识与生活的联系，体会解决问题过程中的乐趣。

2. 聚焦难点

教师都反映学生学起来有困难，那么究竟难在哪里？如何针对难点设计有效的策略？为此笔者又指导教师开展前测和访谈，收集整理学生的情况并做分析。初步确定了学生的三个学习难点：

（1）第二次喝的那杯加水牛奶是水和奶的混合物，这对学生理解题意和分析问题产生了较大的干扰，他们不懂得分离开来进行分析与画图。如前测中有些学生将“纯牛奶”和“含有牛奶成分的饮品”均理解为“牛奶”，因此喝的水和纯牛奶均为$\frac{1}{2}$（图2–5–10）；或理解为纯牛奶可能是固态酸奶，与水不融合，所以第二次喝的全是水（图2–5–11）；或认为兑水后的既不是纯牛奶也不是水，所以第二次喝的纯牛奶和水均为0（图2–5–12）。

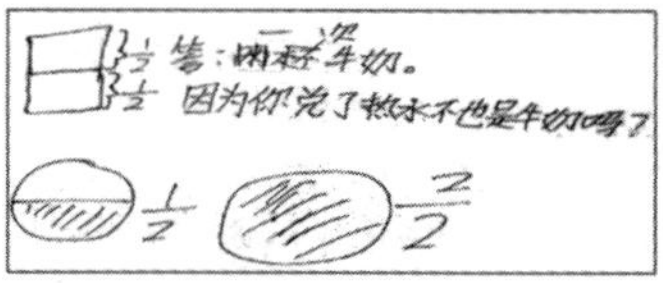

图2–5–10

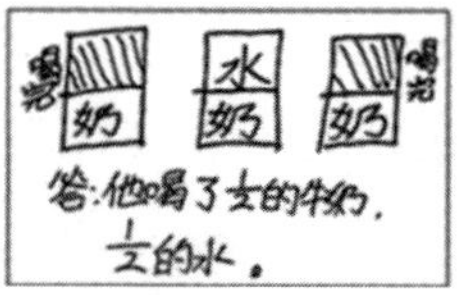

通过访谈确认学生的理解是：第二次喝的是上面的半杯水。

图2–5–11

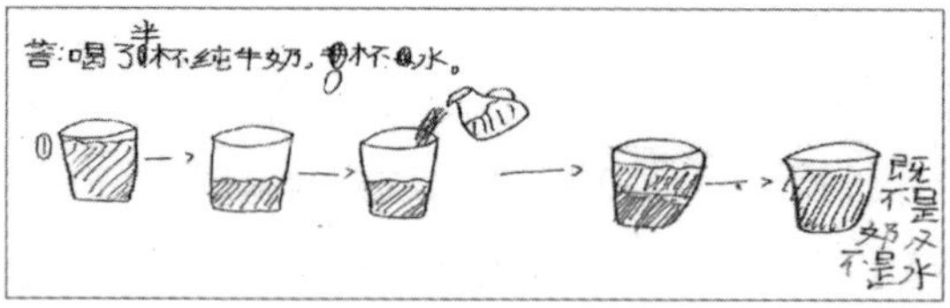

图2–5–12

（2）做对的学生，大多数是从纯牛奶和水的份数比这个角度来理解的，极少学生从“第二次喝的纯牛奶是原来剩下纯牛奶的一半”这个角度去思考

（图2–5–13）。因此，要渗透数量关系，需要想办法引导学生。

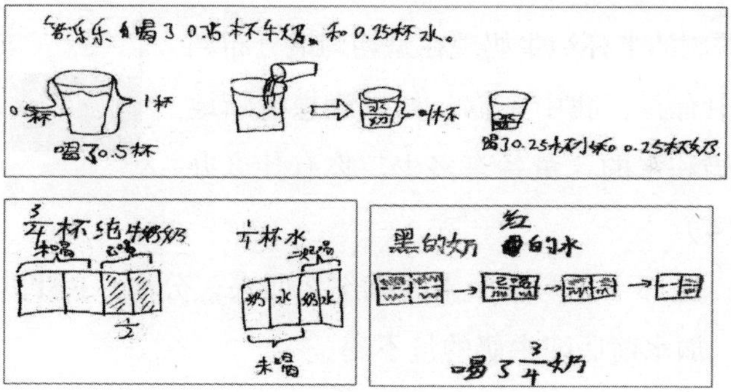

图2–5–13

（3）有些学生已经知道了第二次喝了多少杯纯牛奶，但是不懂得用画图的方式表达，复杂的问题情境干扰了他们画图。这一点是教师最为纠结的，明明是要通过画图来帮助解决问题，结果画图却成了学生学习的难点。在前测中，有一半的学生都不会用画图的方法表达的。

3. 优化策略

针对学生学习的难点，提出以下几点教学建议。

（1）排除干扰，抓住“不变”

针对学生被加水后混合奶的表象所干扰，不能把纯牛奶和水先分离再做进一步分析的问题，建议用以下方法进行突破：

第二次喝的是纯牛奶和水的混合物，因为是液体，混合起来感觉还是一杯奶（实物演示，混合奶与原来的纯奶没什么大的区别，颜色也区分不大），对学生理解“不变”和“分离”有较大的干扰，因此，建议在例题教学前做如下铺垫：

出示一杯黄色的细沙，倒掉一半之后，加入绿色的细沙至满杯，然后充分混合。问：这杯混合沙里面有多少黄色的、多少绿色的？为什么？结合沙的构成学生不难回答，由此体会“不变”和“分离”。

教学例题时，可以考虑换一个情境，如第一次喝了半杯纯咖啡，然后兑满牛奶，再喝半杯。这样，兑了奶的咖啡颜色与纯咖啡有明显的区分。不过下文还是要用教材的情境进行分析。

问题导引：（指着加水后的那杯混合奶）这一杯里都是纯牛奶吗？只有多少纯牛奶？你怎么知道只有半杯？第一次喝剩的半杯纯牛奶现在是均匀地分布到整杯中了，你中有我，我中有你，如果我想清晰地看到里面纯牛奶和水的含量各有多少，你有什么办法？（图2–5–14）

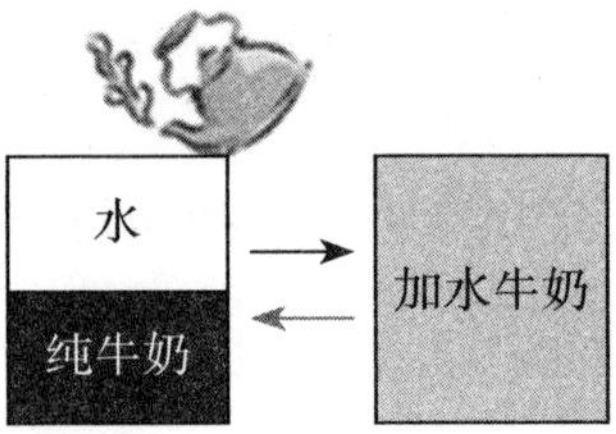

图2–5–14

引导主旨：这杯“奶”怎么来的就怎么回去，分离。PPT出示图2–5–14，帮助学生理解：加水前后纯牛奶的量不变。

（2）基于学情，顺势引导

学生的学习难点之二是理解方法三，也就是把喝牛奶问题转化为“求$\frac{1}{2}$杯纯牛奶的$\frac{1}{2}$是多少”的问题，可以用下面的方法进行突破。

问题导引：第二次喝了半杯加水的牛奶，究竟里面含有多少纯牛奶呢？请独立思考，用你喜欢的方式表达出来。

学生的情况归纳起来主要有四种：方法一、方法二、方法三、思路混乱的。表征的方式主要有文字、画图、画图+文字。而画图表征方式比较丰富，有圆柱、圆形、长方形、线段图、倒梯形（常见杯子的形状）、长方体（盒装奶形状）等，可以引导对比，感受用长方形表征既直观又比较简单。

分类评讲时重点引导方法二和方法三：

首先是方法三，让用这种方法的学生说说自己的想法，然后重点引导：为什么第二次喝的半杯混合奶中含有的纯牛奶是原来剩下的半杯纯牛奶的一半？结合实物、图示及借助导入时的沙子图多元表征，帮助学生理解：就如同混合沙那样，剩下的半杯黄沙均匀地分布在整杯混合沙子中，也就是有一半的黄沙掺杂到了上半杯中，倒掉半杯，那么倒掉的黄沙就是剩下半杯黄沙的一半。同样的道理，第一次喝剩的半杯纯牛奶均匀地分布在整杯混合奶中，也就是有一半纯牛奶分布在上半杯，喝掉混合奶的一半，这一半含有的纯牛奶量就是原来纯牛奶的一半。所以求第二次喝了多少杯纯牛奶，就是“求$\frac{1}{2}$杯纯牛奶的$\frac{1}{2}$是多少”，画图得出是$\frac{1}{4}$杯。

在此基础上，再引导学生理解方法二：

先让学生说说自己的想法，学生的思路基本上都是：因为这杯混合奶是由半杯纯牛奶和半杯水混合而成的，所以喝的半杯混合奶中一半是纯牛奶一半是水，因此第二次喝的纯牛奶是$\frac{1}{4}$杯。

师：（指图2–5–15）为什么在剩下的半杯那里画一条横线？

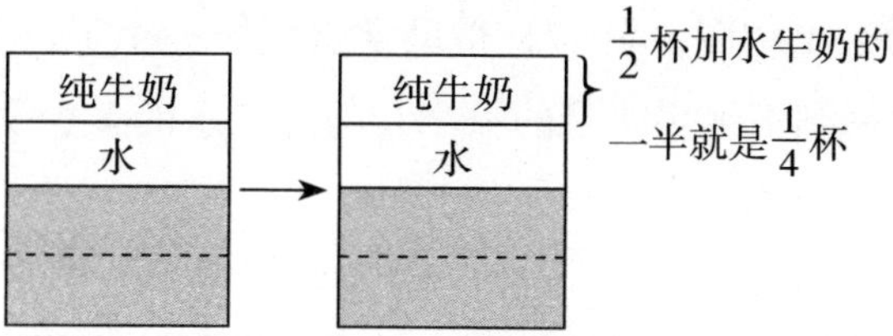

图2–5–15

生：因为这样才能清楚地看到喝掉的纯牛奶是整杯的$\frac{1}{4}$呀。

师：（结合图2–5–15）也就是求$\frac{1}{2}$杯混合奶的$\frac{1}{2}$是多少杯。

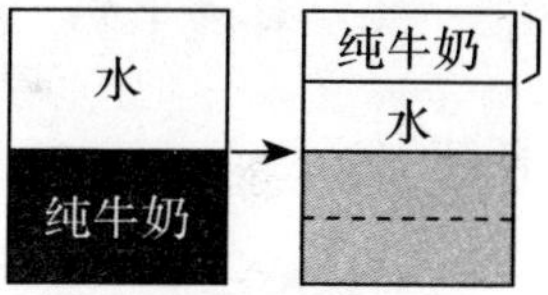

图2–5–16

继续引导：（结合图2–5–16）第二次喝掉的$\frac{1}{4}$杯纯牛奶是从哪里来的？占了原来剩下纯牛奶的几分之几？为什么是$\frac{1}{2}$？也就是说，我们也可以转化为求$\frac{1}{2}$杯纯牛奶的$\frac{1}{2}$是多少杯的问题。

（3）题组强化，突破难点

虽然例题教学时已经充分运用各种直观表征的手段引导学生理解方法三的数量关系，但是毕竟有理解的难度，因此需要在练习中加以强化和突破。设计以下的练习：

① 出示例题中的那杯兑水后的混合奶，提问：

如果我喝掉$\frac{1}{3}$杯，那么喝掉的纯牛奶的量是原来剩下纯牛奶的几分之几？$\frac{1}{4}$杯呢？$\frac{1}{5}$、$\frac{2}{5}$、$\frac{5}{8}$杯呢？发现什么规律了？

小结：喝几分之几杯混合奶，所喝的纯牛奶的量就是上一次剩下纯牛奶的量的几分之几。

② 小宇、小辉、亮亮各有$\frac{1}{3}$杯纯牛奶，他们三人分别兑入不同量的水后，各喝了一半。谁喝的纯牛奶多？

待学生回答后，出示图2–5–17，帮助学生理解：小宇、小辉、亮亮所喝的纯牛奶的量都是原来剩下纯牛奶量的一半，与加入水的多少没有关系。

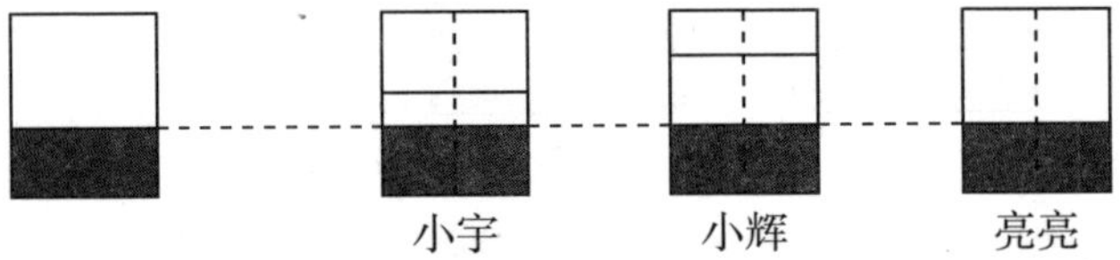

图2–5–17

③ 一杯纯牛奶，先喝掉了半杯，兑入一些水，再喝掉$\frac{1}{3}$，第二次喝了多少杯纯牛奶？

一杯纯牛奶，先喝掉$\frac{1}{3}$杯，兑入一些水，再喝掉一半，第二次喝了多少杯纯牛奶？

④ 一杯纯牛奶，先喝掉$\frac{1}{2}$，然后兑满水，再喝掉$\frac{1}{2}$，又兑满水，再喝掉$\frac{1}{2}$，又兑满了水，然后全部喝完了，一共喝了多少杯牛奶，多少杯水？

说明：前面三道练习题既相对独立又相互联系，形成题组，可有效地帮助学生进一步理解方法三的思路，突破教学的难点。第4题主要是培养学生灵活解决问题的能力，让学生再次感悟“变中有不变”的思想，学会排除干扰，透过表象看本质。

“模型思想”评价题的分析与教学建议

——以人教版六年级上册解决问题教学为例

在某次六年级上学期期末检测中，有几道解决问题的题的答题情况引起了笔者的注意，因为是期末的检测题，又是放在完整解答题里面的，所以分值都相对大一些，也通常不会太难，稍难一点的都放在分值相对小的填空题、选择题那里。这几道题主要考查的是模型思想中的“用模”，数量关系都是基本或常见的，没有超出平常的教学范围，只是简单变换了情境和呈现的形式而已，也就是说，好比一个人虽然穿上了不同的马甲，但人还是那个人。本来以为答题情况良好，结果有点出乎意料，具体分析如下。

一、具体题目的诊断与分析

（1）根据条件，把问题和相对应的算式连接起来：

实际用水比计划节约20%

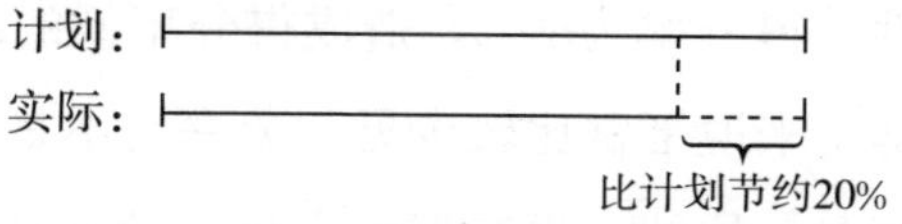

① 实际用水18吨，计划用水多少吨？	18 ×（1–20%）
② 计划用水18吨，实际用水多少吨？	18 ÷ 20%
③ 计划用水18吨，实际比计划节约了多少吨？	18 ÷（1–20%）
④ 实际比计划节约用水18吨，计划用水多少吨？	18 × 20%

该题考点主要有两个：一是分数乘法和除法的数量关系的应用（单位“1”的量 × 分率=分率对应量，知单位“1”用乘法，求单位“1”用除法）；二是考查率和量的对应关系。整道题的得分率在71%左右，相对较低。原因有多个：一是部分学生尚不能正确掌握相关的数量关系，乘和除混淆，如18 ÷ 20%与18 × 20%刚好混了；二是量与率的对应搞错，如18 ÷ 20%与18 ÷（1–20%）混

了；三是各小题的数量都是18，容易受到干扰。

在平时要充分利用线段图的直观性进行教学，如果学生能借助题中的线段图，在图上简单标上条件和问题，那么量与率的对应就一目了然了。可惜的是，在回收的答卷中，能利用这个线段图的学生并不多，说明平时的教学是有所缺失的。另外，要教给学生如何抓住分率关系句进行数量关系分析的方法，如：

实际用水比<u>计划</u>节约20%⟶计划用水量×（1−20%）= 实际用水量
（计划：“1”）

实际用水比<u>计划</u>节约20%⟶计划用水量×20% = 实际比计划节约的用水量
（计划：“1”）

然后把每一题的已知与所求在分析出来的数量关系式上标注，马上就可以找到解决问题的方法了。

（2）只列式不计算。为庆祝中华人民共和国成立七十周年，红缨小学精心布置了一个半径3米的圆形花坛，其中$\frac{1}{4}$的面积摆了黄菊花，$\frac{2}{5}$的面积摆了红菊花，摆红菊花和黄菊花的面积一共是多少平方米？

该题的考点是圆的面积计算与分数乘法的数量关系的综合运用，有一定的综合性，得分率为69%。造成得分率低的原因主要有以下四个：①新题型，对本届学生来说平常比较少见，分率句不是完整常规的那种表述，对于那些靠死记硬背和模仿的，没有理解内化、没有真正掌握分析数量关系方法的学生来说，一看到就傻眼，因此从他们写出来的算式可以他们的看出思维是混乱的；②求两部分面积之和，部分学生用了乘法，如$3.14\times3^2\times\frac{1}{4}\times\frac{2}{5}$；③圆的面积与周长的计算搞混，有部分学生列式为$2\times3.14\times3\times(\frac{1}{4}+\frac{2}{5})$，数量关系是清晰的，但是单位“1”变成了圆的周长；④书写方面不够清晰和规范，如：

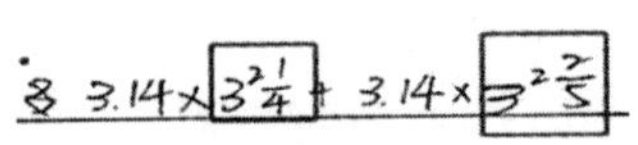

建议：平时重视数量关系的分析，多设计一些综合运用的练习。（详见后面第二大点的教学建议，在此不重复讲解。）

（3）我国高速铁路建设发展迅猛，到2018年末营业里程约达到2.9万千米，居世界第一，约占世界高速铁路营业总里程数的$\frac{2}{3}$。世界高速铁路营业总里程数约是多少万千米？

这道题的得分率是69%，比较低。如果从数量关系来看，这道题其实就是一步计算的简单分数除法应用问题，但是因为置于这样的情境中，阅读的难度比平常的解决问题稍大，与学生平常常见的题不同，因此有部分学生受外在的干扰，不能提炼出数量关系，列式为$2.9\div(1-\frac{2}{3})$。另外因为单位“1”是小数，且2.9和分母2不能一眼看出把分母约成1，与平常的练习题有点不一样，因此对部分学生的列式和计算造成了干扰。由此也进一步说明，学生的数学阅读能力弱、数学化的能力较弱，学生不能紧扣数量关系去进行分析（相关的教学建议详见后面第二大点的教学建议，在此不重复讲解）。

（4）某文具店第一季度平均每月销售额为6万元，其中一月、二月和三月的销售额之比是3∶4∶2。这个文具店三月份的销售额是多少万元？

这道题得分率是53%，主要的错因是把分配的总数搞错，直接用$6\times\frac{2}{3+4+2}$或$6\div(3+4+2)\times2$来计算的比较多。由此可见，学生是基本掌握按比分配的数量关系结构的。表面上看，学生好像只是审题的习惯和能力不强导致了错误，把6误以为是三个月的总数，但深究起来却未必是这样，不排除有些学生只是记得$a\times\frac{2}{n+m}$这样的结构，而题中刚好有一个具体的量和一个比，再没别的数，因此直接用$6\times\frac{2}{3+4+2}$进行解答。也就是说，这部分学生根本没有掌握按比分配的数量关系，只记得其形，却不知其神。按比分配的问题转化为分数乘法来解决，分数乘法讲究的是对应，表示的是三月份销售额占第一季度三个月销售总额的几分之几，是以整个季度三个月的总量为单位“1”的，那么相乘的那个量就必须是三个月的总量，由于不是真正理解掌握这个数量关系，题中的“平均每月”“其中”等字眼学生都会视而不见，使这些字眼沦为无用信息，当中也包含有部分学生不清楚一个季度有几个月的情况。另外，也不排除有些学生是掌握了这个数量关系的，却没有沉下心来细看题目，接收到6和3∶4∶2这两个强刺激后，迫不及待地就进行解答了。还有些学生见到与平常不太一样的题目就心慌，不知所措，乱了阵脚，列出的算式完全没有逻辑。也有一些学生见到“平均每月”不管三七二十一就来个除法——$6 \div 3$。类似上述种种错误无不显示学生解决问题时的脆弱，没能把握住数量关系的本质，以不变应万变（相关的教学建议详见后面第二大点的教学建议，在此不重复讲解）。

二、教学建议

针对前面诊断分析中发现的问题，以及平时在教学调研中了解到的一些情况，提出以下教学建议。

1. 抓本质，重方法

（1）抓住本质，以不变应万变

从上面的分析中不难看出，同样的概念、同样的数量关系，只是变换了一下事理和情境，变换了表述和呈现的方式，学生就束手无策，显得比较脆弱。究其原因，是没有把握住数学的本质。就如前面对按比分配那道题的分析，学生审题不清只是表面的原因，归根到底是基本数量关系不清。

我们平时的教学，切记不要以题论题，把学生带进题海，任其沉浮。题海无边，唯抓住数学的本质才能到达彼岸。我们要做的是想办法引导学生学会从纷繁多变的题海中抓住数学的本质，而变式练习和题组训练是非常有效的方法。例如求百分率，以求合格率为例，可以设计以下题组：

① 已知产品总数和合格产品数，求合格率；

② 已知产品总数和不合格产品数，求合格率；

③ 已知合格产品数和不合格产品数，求合格率；

④ 已知合格产品数以及不合格产品数与合格产品数的关系，求合格率。

……

学生做完后，引导学生对比观察，发现：无论怎么变，都万变不离其宗，都是用“$\frac{\text{合格产品数}}{\text{产品总数}} \times 100\%$”（也可用“1减不合格率”算出）这个数量关系解决。当条件不直接告知时，通过题中的信息求出即可。

以上题组就是变式练习。所谓变式，一般是指通过变更对象的非本质特征以突出对象的本质特征的表现形式，多用于概念教学，但是该方法同样适用于其他知识类型的教学，如上面的题组，变换的是已知的信息，但是问题不变，也就是基本数量关系不变，把握住这个数量关系，就是抓住了本质。

上述变式是同一情境下变换已知条件，还可以变换问题，如本次测试第六部分的第1题连线题，通过对比，突显量与率的对应，更加明晰，已知单位“1”和求单位“1”的不同方法。

（2）重在方法，处变不惊

学生一遇到新的情境、新的表述就心慌、不知所措，另外一个重要的原因就是没有很好地掌握分析问题的方法，不能把分析问题的方法用于不同的情境中。如只列式不计算第1小题，如果学生掌握了常规的分析应用问题的方法，那么列式就不难（图2-5-18）：

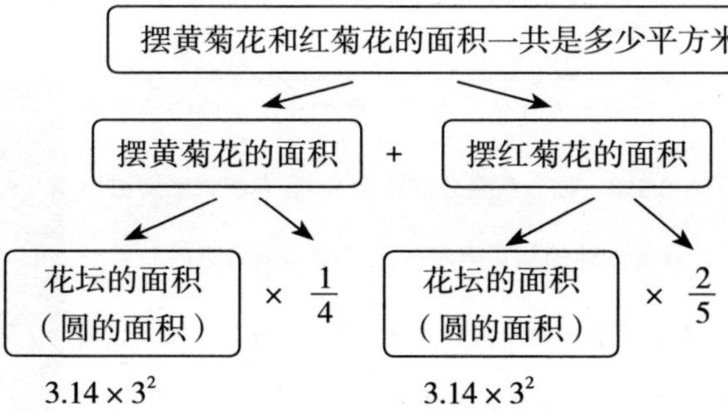

图2-5-18

用数学的方法进行理性的分析，就可以透过具体的情境看到数学的本质，这其实就是数学化的过程，也是现在所提倡的数学核心素养。核心素养是指向未来的，是作为社会公民所必备的关键能力和品格。在以后解决问题时，没有人像教科书和测试那样，帮学生把纷繁的信息加以过滤和提炼，然后呈现结构良好的信息和问题给你，而需要学生自己理性分析和抽象，把情境加以数学化。因此，掌握方法、学会抽象显得尤为重要。

六年级上册的解决问题基本都是分数、百分数乘除法问题，线段图是分析数量关系的有效手段，可以充分发挥线段图的直观作用。例如连线题，题目已经给出线段图，就可以在线段图上标上已知信息和问题，再根据对应关系和分数乘除法的数量关系找到对应的算式。列式解答的第1题，只要画个线段图的草图，就不会出现“$2.9\div(1-\frac{2}{3})$”或“$2.9\times(1-\frac{2}{3})$”类的列式了。另外，分析分率句也是有效找到解决问题的重要方法，需要在平时的教学中落实，让学生掌握。

相信大家还记得红遍网络的一道2019年高考数学题，断臂维纳斯有多高（图2–5–19）。这一题难倒了一大批考生，实则用小学六年级的数学知识就能解决，究其原因：一是阅读量大，学生阅读理解能力差（当然题中一些表述前后不相同也增加了理解的难度，如“腿长”和“肚脐至足底的长度”的长短关系，“头顶至咽喉”和“头顶至脖子下端”的长短关系）；二是学生数学化的意识和能力弱，不能从中提炼、简化有用的数学信息。如果在图上简单标上题目的条件，然后进行理性分析，那么数量关系就显而易见了。由此可见，从小学就应该重视方法的教学以及能力的培养。

古希腊时期，人们认为最美人体的头顶至肚脐的长度与肚脐至足底的长度比是$\frac{\sqrt{5}-1}{2}$（$\frac{\sqrt{5}-1}{2}\approx0.618$，称为黄金分割比例），著名的“断臂维纳斯”便是如此。此外，最美人体的头顶至咽喉的长度与咽喉至肚脐的长度之比也是$\frac{\sqrt{5}-1}{2}$。若某人满足上述两个黄金分割比例，且腿长 105cm，头顶至脖子下端的长度为 26cm，则其身高可能是（　　）。

A.165cm　B.175cm　C.185cm　D.190cm

图2–5–19

2. 系统整理、形成网络

一个小节、一个单元、一册书学完后，需要进行系统的整理，沟通知识之间的联系，形成知识和方法的网络，而不是把书上和复习册上的题做完就完成任务了。结构的、系统的知识才易被记忆、被检索、提取和迁移。例如六年级上册的解决问题内容，就可以对主要的数量关系进行归类和整理，分数、百分数乘除法应用问题，一般可以归为三大类：

第一大类是部分与整体关系的（可以拓展到三个部分量的情况），分为两种：一种是求分率对应量和求单位“1”的四种情况（表2–5–1）；另一种是求百分率的，有各种变式。

表2–5–1

项目	量和率对应	量和率不对应
知单位“1”	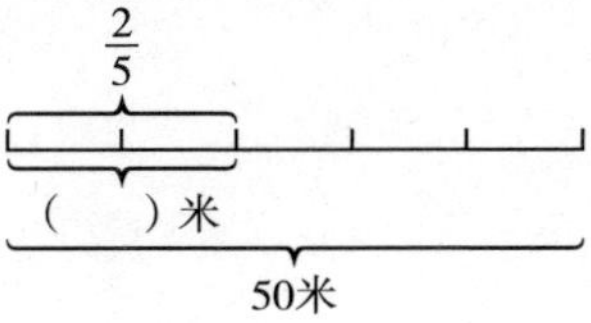	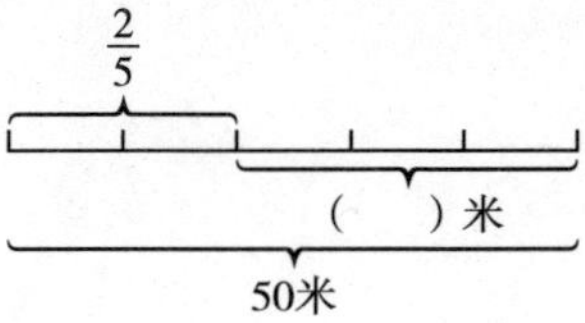
求单位“1”	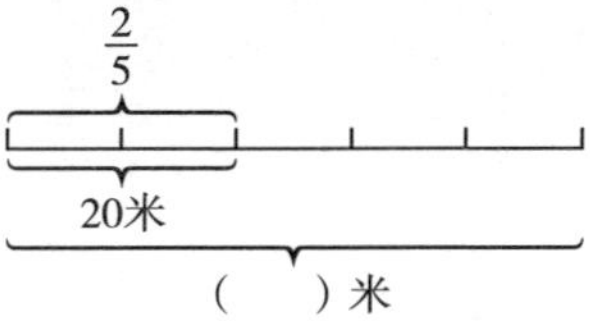	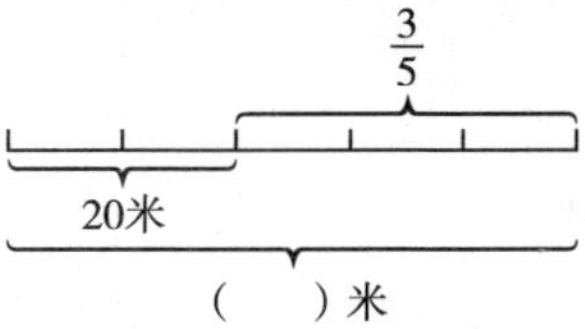

第二大类是两个并列的量做比较的，同样也分为两种：一种是求分率对应量和求单位“1”的四种情况，如上面第一大部分的第1题连线题；另一种就是求增加或减少百分之几（增长幅度）的情况，也有各种变式，如：

（1）已知男女生人数，求男生比女生多百分之几？或女生比男生少百分之几？

（2）已知“男生32人，比女生多8人”，求男生比女生多百分之几？或求女生比男生少百分之几？

（3）已知女生24人，比男生少8人，求男生比女生多百分之几？或求女生比男生少百分之几？

……

第二大类，通过化归，其实就是第一大类。

第三大类是把其他的如按比分配问题、工程问题、整数数量关系迁移到分数领域的问题等归为一大类。

每一大类，都可以通过题组和变式练习的形式，把所学的数量关系“一网打尽”。

第三章

在概念教学中培养核心素养

数学的大厦是建立在概念之上的，学生在学习和解决问题中出现这样那样的问题，追根溯源总会归结到概念不清上。概念不清，那么判断就不明，继而推理也不灵。概念之于数学学习的重要性是不言而喻的。

概念教学的核心素养培养点主要是抽象能力，还有模型思想、推理能力、符号意识和分类思想等。

“有什么共同的地方？”是概念教学中的核心问题。

第一节　教学的特点与规律

一、概念的含义及其意义

何为概念？《现代汉语词典》的解释：思维的基本形式之一，反映客观事物的一般的、本质的特征。人类在认识过程中把所感觉到的事物的共同特点抽出来，加以概括，就成为概念。根据数学学科的性质，可以得到：数学概念是反映一类事物在数量关系和空间形式方面本质属性的思维形式，它是排除一类对象物理属性以后的抽象，反映了一类对象在数与形方面内在的、固有的属性。

对概念的学习其实质是对一类对象关于数量关系与空间形式的本质属性进行抽象概括的过程，也是舍弃事物非本质属性的过程。

思维的基本形式是概念、判断和推理。判断是指认识概念与概念之间的联系，推理是由一个或几个相互联系的已知判断推出合乎逻辑的新判断。简单地说，判断是概念之间的关系，推理是判断之间的关系。由此可见，概念是思维基本形式中最基本的一种。人民教育出版社王永春老师指出：如果概念不清，那么判断就不明，继而推理也不灵。学生只有建立正确的数学概念，才能学好数学。因此概念的重要性不言而喻。

二、概念的基本特征

概念具有两个基本特征，即概念的内涵和外延。概念的内涵就是指它的含义，即概念所反映的对象所特有的属性。例如，“由三条线段围成的图形（每相邻两条线段的端点相连）叫作三角形”。其中，“三条线段”“围成”“平面图形”就是概念“三角形”的本质属性。概念的外延是指它所反映的事物对象的范围，即具有概念所反映的属性的事物或对象。例如，三角形包括锐角三角形、直角三角形和钝角三角形或非等腰三角形和等腰三角形（等边三角形）等，这就是从外延的角度说明“三角形”的概念。只有明确了概念的内涵和外延，才真正地形成一个概念，也才能进一步利用概念来进行判断和推理。

三、小学生概念学习的基本形式

小学生学习概念主要有两种基本形式，分别是概念形成与概念同化。概念形成是指从大量的具体例子出发，以学生的感性经验为基础，形成表象，进而以归纳的方式抽象出事物的本质属性，提出各种假设加以验证，从而获得概念的一种概念学习的形式。概念同化是指用定义的方式直接向学习者揭示概念的关键特征，学习者利用认知结构中原有的有关概念来同化新概念，从而获得概念的一种概念学习的形式。概念形成主要依靠对具体事物的抽象，而概念同化主要依靠新旧知识的联系。

由于小学生以形象思维为主，即使到了高年级，也是逐步过渡到初步的抽象思维，因此，概念的学习绝大多数都采用概念形成的形式，即使是在以概念同化为主的学习中，往往也会结合概念形成的过程，提供一些典型例子，帮助学生理解和同化。例如，认识了四边形后，认识平行四边形和梯形，仍然是结合概念形成的过程，通过具体的例子帮助学生认识概念的本质属性。

四、小学数学概念下定义的方式

在小学数学教材中的概念表现形式主要有描述式和定义式。所谓定义式，是用简明而完整的语言揭示概念的内涵或外延的方法，具体的做法是用原有的概念说明要定义的新概念。所谓描述式，是用一些具体、生动的语言对概念进行描述。与定义式不同，描述式一般借助学生通过感知所建立的表象，选取有代表性的特例做参照物而建立。例如，像……这样的数，都是分数；上图中这些物体的形状都是圆柱体，简称圆柱。

小学阶段，由于数学概念的抽象性与学生思维的形象性相互矛盾，大部分概念都是采用描述式给出的。小学数学概念呈现出两大特点：一是数学概念的阶段性，如同样是认识分数，到了五年级，虽然还是描述式的定义，但是进一步抽象和凝练成“把这个整体平均分成若干份，这样的一份或几份都可以用分数来表示”；到了中学，会以更形式化的方式呈现分数的概念。二是数学概念的直观性，这个是由概念的抽象性与学生思维的形象性决定的。在进行数学概念教学时，我们必须注意充分领会教材的这两个特点。

五、小学数学概念教学的基本规律

小学数学概念分布在各个知识领域中，但是教学的基本规律是一致的，只是不同类型的内容相应的一些策略与方法不同而已。概念教学的一般过程为概念的引入—概念的形成—概念的巩固与应用。其中概念的形成环节一般经历“具体感知—形成表象—抽象特征—形成概念”的过程，也就是经历“形象—表象—抽象”的过程。（图3–1–1）

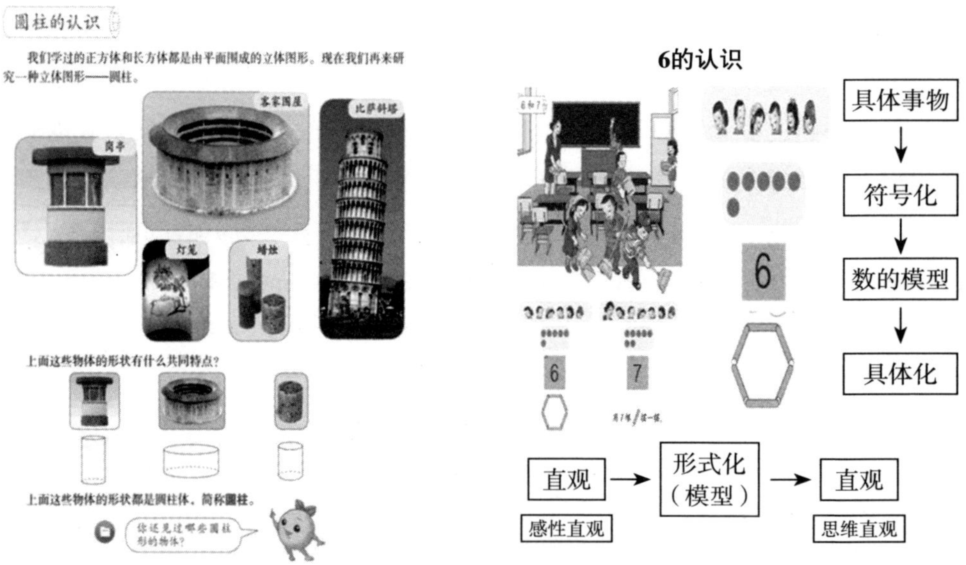

图3–1–1

各个环节的教学要求及相关策略详见本章的第三节。

第二节　核心素养的主要培养点

概念教学核心素养的主要素养培养点有抽象能力、符号意识、分类思想、推理能力、模型思想等。

一、抽象能力

抽象能力是概念教学中最主要的核心素养培养点，没有之一，这是由概念的含义所决定的。因为对概念的学习过程其实质是对一类对象关于数量关系与空间形式的本质属性进行抽象概括的过程，也是舍弃事物非本质属性的过程。抽象表现为对符号的抽象、对数的抽象（数感）和对图形的抽象。

史宁中教授认为抽象有三个阶段：简约阶段、符号阶段和普适阶段。在此基础上孔凡哲教授赋予抽象更具体的表达，他认为抽象表现为以下四个层次：实物层面的抽象、半符号层面的抽象、符号层面的抽象、形式化层面的抽象。荷兰数学家弗赖登塔尔提出了数学化的教学原则，其中的水平数学化就是对现实世界的抽象与概括。小学数学概念教学是学生抽象能力培养的重要载体。

二、符号意识

概念教学会经历一个符号化的阶段，这个和史宁中教授所认为的抽象三个阶段中的“符号阶段”是一致的。符号阶段就是把抽象的对象进行符号化的过程，因此概念教学也是学生符号意识培养的重要载体。

三、分类思想

对概念的学习表现为对同类对象的本质属性与非本质属性的区分，这样学生才能够形成自己头脑中的数学概念的关系与结构。分类思想作为抽象思想的下位概念，在概念教学中也是一个重要的培养点。小学数学的不少概念的引出都是由分类开始的，如四边形的认识、数的整除、锐角直角和钝角三角形等概念。在分类时，学生必须对各种不同的对象的特征进行抽象，才能发现它们内在相同的地方，从而进行分类。另外每学完一个概念都要不断地给其分类和归类，形成概念网络。

四、推理能力

推理分为合情推理和演绎推理两种，其中合情推理包括归纳推理和类比推理，归纳推理包括完全归纳推理和不完全归纳推理。由于小学生以具体形象思维为主，相应地，小学数学的概念教学较多采用的是不完全归纳推理：从有代表性的一些例子或实物中抽象出本质属性从而形成概念。类比推理也有其运用，如从商不变规律类比得到分数的基本性质以及比的基本性质等。另外，概念教学也需要用到演绎推理。演绎推理的基本形式就是三段论，如判断一些式子是否是方程，就需要依据方程的概念，经历三段论的逻辑推理过程：含有未知数的等式是方程（$2x+3y=100$既是等式又含有未知数，所以$2x+3y=100$是方程）。所以说，概念教学也是培养学生推理能力的重要载体。

五、模型思想

广义的概念也是数学模型，如数的模型、几何形体的模型等。概念的形成和应用的过程也是一个建模、用模的过程。

第三节　教学的策略与方法

教育心理学认为，概念的形成过程是一个提出假设和检验假设的过程，对于如何促进学生掌握概念提出了以下几个方法：①以感性材料作为概念掌握的基础；②合理地利用过去的知识经验；③充分利用“变式”；④正确运用语言表达；⑤形成正确的概念体系，并应用于实践。

一、提供全面和有代表性的感知素材

如本章第一节所述，小学阶段学生学习概念大多采用概念形成的形式，这种形式的学习一般要经历“具体感知—形成表象—抽象特征—形成概念”的过程，也就是经历“形象—表象—抽象”的过程。感知的材料是形成表象的基础，也是进行抽象的依据。学生感知的素材是否丰富、全面和有代表性将直接影响概念的形成和学生对概念的正确理解。如人教版二年级上册《角的初步认识》（图3–3–1），教材呈现的素材虽然只有三个，但很有代表性：从实物中抽象出来的三个角分别是锐角、直角和钝角，而且角开口的方向考虑了变式，有开口向右的，也有向下的，假如钝角的开口向左就更好。又如人教版五年级上册“循环小数的认识”，教材提供了5.333…，1.5555…，7.14545…三道计算题的结果，目的就是凸显概念的本质属性：小数部分、个位或十位，也就是某一位起，一个数字或几个数字依次不断重复。如果再进一步完善，可以增加一个三个数字重复出现的数，或是从小数

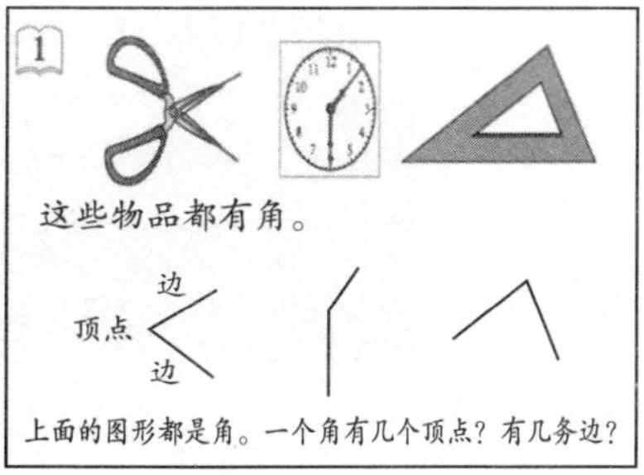

图3–3–1

部分第三位开始才循环的数。

虽然教材的编排意图十分明显，但是对于没有这方面认识或没有认真研读教材的教师来说，他们是看不出其中的所以然的，只能照本宣科。这种不知其所以然会影响学生对概念的正确和深入的理解。如人教版六年级上册“百分数的意义”，安排了三个素材（图3–3–2）：素材1是安装程序格式化的进度条，素材2是羊毛外套各成分所占的百分比，素材3是某品牌汽车销量增长的百分比。不少教师在教学时只是让学生说说里面每个百分数表示的意思，然后再引导学生发现共同的地方（“都表示一个数是另一个数的百分之几”），并抽象出百分数的含义，这样就完事了。虽然他们的教学符合概念教学的基本规律，但是却没有很好地理解教材提供这三个素材的意图，因此学生对百分数的理解只是浅层的、不全面的。教材的三个素材都是有代表性的，素材1、2里的百分数表示的是部分与整体的关系，因此都只能小于或者等于100%。素材1里面的百分数分子是整数，素材2里面的是小数，还包含了100%。素材3的百分数表示的是两个并列关系的量之间的百分比关系，因此可以大于100%，也可以小于或等于100%。教师首先要读懂教材的编写意图，想一想为什么提供这些素材，它们分别有什么代表性，然后在学生具体理解每个百分数的含义时，引导学生了解百分数含义中两种不同的情况（部分与整体的关系、两个并列关系的量之间的关系），以及数据的特点（百分号前的数可以大于、等于或小于100，分母固定是100，百分号前的数有可能是小数）。

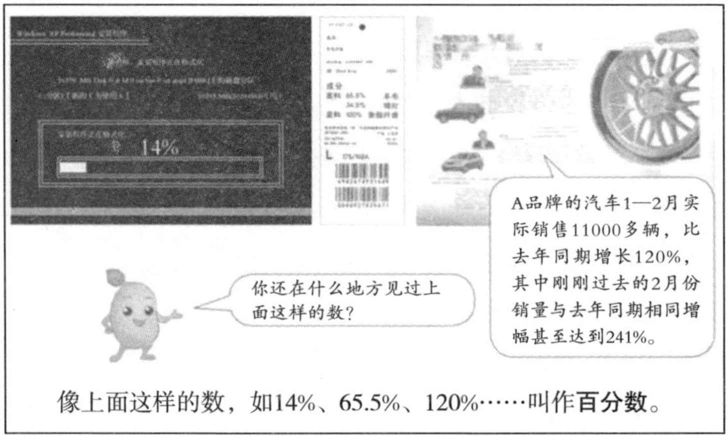

图3–3–2

教师掌握了概念教学的基本规律，才能读懂教材，才能引导学生正确理解概念。也就是说，在“具体感知”这一环节，教师必须明确该概念的外延应该包含哪些情况，然后提供可感知的素材尽可能地满足这些情况。即使有时候教材因现实情境或学生已有认知的制约不一定提供全面，但是作为教师，可以在教学中适当补充，使学生对概念的理解更准确。如人教版六年级上册《扇形》这一课（图3–3–3）。

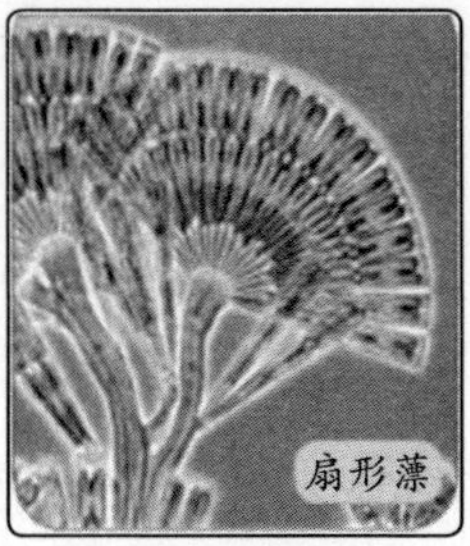

图3–3–3

从教材实物图中抽象出来的扇形都是小于180° 的，教材呈现的弧也是小于180° 的弧，很明显，教材只要求学生对扇形有一个很初步的认识：都是圆心角在180° 以内的扇形。这主要与学生之前认识的角基本都小于等于180° 有关（比180° 大的只认识了周角），因为大于180° ，学生不懂得如何表达它的圆心角。虽然教材只是这样安排，但是从扇形含义（“一条弧和经过这条弧两端的两条半径所围成的图形叫作扇形”）理解的角度考虑，提供的素材还是可以适度拓展的，可以充分借助学生的生活经验，如右图的扇子（图3–3–4），虽然圆心角大于180° ，但是学生不难理解，它的形状是扇形，也可以设计“剪扇形”的操作活动，适时指出：剪出来小的那一块的形状是扇形，剩下大的那一块形状也是扇形。这样，学生就不会片面地认为，圆心角只有小于或等于180° 的才是扇形。关键是这样的处理学生理解难度不大，至于这个扇形的圆心角是多少度，完全可以不讲。

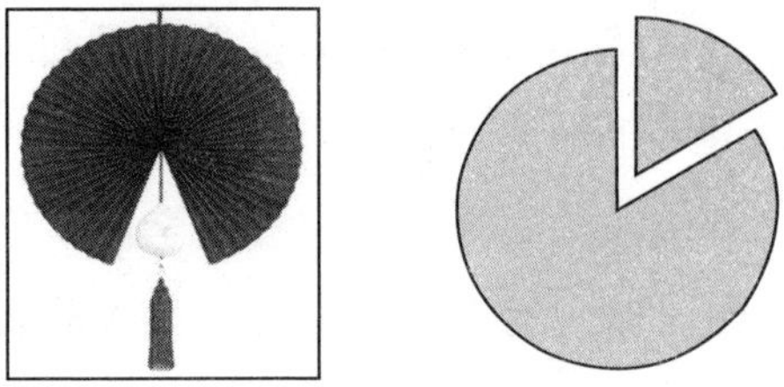

图3-3-4

有时候，要根据学生的学情适当补充一些可感知的素材，提高学生抽象概括的能力，让学生的思维真正发生。如《5的认识》一课，除了教材提供的5个大小差不多的南瓜和玉米这两个可感知的素材外，还建议增加以下素材：2个苹果、3个梨画在一起；1个巨人、4个小朋友画在一起；5朵品种、大小、颜色不同的花画在一起；1个苹果、1个雪梨、1个小朋友、1朵花、1件衣服画在一起。为什么呢？引用顾志能老师《核心素养，一步之遥》一文中的一段话（个别地方有删改）：

幼儿的点物数数一定是经历了家长、教师很多次的引导，经历了很多次不同物品的点数。因此，幼儿建立的10以内数的概念，原本就已经是经历了抽象的过程，是抽象的产物——舍弃计数对象的品种、形状、色彩等非本质属性，留下本质属性，即其中的数量。正是因为幼儿已经多次经历过了，所以在一年级的课堂上再引导学生进行如此抽象时，学生的学习积极性自然不会太高，学习中思维的绽放、学习后思维的提升，自然也就较难实现了。数学的课堂，一旦思维两个字不能充分体现，学生的发展，或核心素养的培养，往往就得不到真正落实。

我们可以明显地感受到，增加的素材让学生产生了认知冲突，引发了学生思维的碰撞。学生之前接触过的认数情境一般都是数相同物品的数量，当面临不一样的物体时，非本质属性差异显著，就会引发认知的冲突，这样的冲突和挑战才会引发学生真正思考，从而让学生认识到“5”这个数的概念最本质的意义。

感知的素材全面而有代表性，体现的是不完全归纳的思想，我们不可能把例子穷尽，但是也不能一个例子就得到一个概念或者规律，这样是不科学的。

要使这种抽象概括比较科学，需要从概念的外延中选取有代表性的素材作为感知的素材，需要适当设置一些具有思维挑战性的素材，以此引发学生的思考，凸显概念的本质属性。

二、善用核心问题，引导学生经历抽象的过程

现代教育理念下的课堂教学提倡学生在问题的引领下进行探究性的学习，在基于学情的前提下，设计的问题探究空间要适当增大，首先要设计一个能统领某个环节或某个活动的核心问题。那么在概念形成的环节，核心问题是什么呢？这是由概念教学的特点决定的，前文已经讲过，数学概念是排除一类对象物理属性以后对数与形方面内在的、固有的属性的抽象，那么怎样的一个问题可以引领学生透过形象和表象发现本质呢？以下是概念教学的核心问题：

这些……有什么共同的地方？（有什么不同？）

这个问题既简单又非常实用，如前面提到的《5的认识》的感知素材，把它们都放在同一页PPT里面，然后提问：每一个作品画的东西各不相同，但是它们有什么相同的地方呢？这一个问题迫使学生从数量的角度找内在相同的地方：数量都是5。又如《圆柱的认识》一课，虽然教材没有对圆柱下定义，但是需要发现圆柱的特征，这个教学的过程也遵循概念教学的规律，可以设计这样的提问：这些圆柱高的、矮的、大的、小的、胖的、瘦的、竖着摆的、横着放的，都不太一样，但是有什么相同的地方呢？用这个问题引导学生从圆柱的结构角度发现共同点，从而总结出圆柱的特征：上下两个大小相同的圆形底面、曲面上下粗细一样。

三、合理运用学生的已有经验

学生已有的经验包括学习经验和生活经验两方面。学习概念前，学生可能已经有前概念，也就是学生并不一定就是零基础的：一方面，在生活中可能已经有一些感性经验的积累；另一方面，也可能已经有一定的学习经验。如认识“速度”，学生对“运动”“快慢”已经有所认识，“运动”“快慢”等就是学生认识“速度”的前概念。又如二年级学生初步认识角，他们在生活中已经有“角”的感性认识，只不过不是数学中的准确认识和表达，有时候甚至是

错误的认识，如圆桌角在生活中也叫“角”，角是尖尖的等。也就是说，一些已有的经验对新概念的学习有积极的作用，有些则会产生干扰，所以说要“合理”利用。教学前要了解学生的前概念，有针对性地进行引导及矫正错误的认识。

以1～10各数的认识为例，每一个数都是一个概念——数概念，数概念的教学是有规律的，因此，在学习了前面1～8各数的认识之后再来认识9，我们就可以充分合理地利用学生认识数的经验，如数的分解组成，学生已经积累了有序进行操作和分解的过程：每次都从物品中移一个学具到右边，从而得到一组组成，直至左边为1，又或是左边的学具与右边的相等或刚好多1时，就停止操作，然后把之前所得的组成左右两个数交换。这些经验就是认识“9”的基础，教学时完全可以放手让学生迁移运用前面的经验，自主地找出9的所有组成。又如认识平行四边形，学生已经有四边形这个概念的基础，对生活中的平行四边形也有丰富的认识，教学时就可以充分合理地运用这些已有认识和经验，帮助学生掌握概念。

四、用好变式和反例，完善概念认识

对概念的学习表现为对概念的肯定例证与否定例证的判别，而变式是概念的肯定例证，反例是概念的否定例证。变式是指保持概念的本质属性不变，改变非本质属性，从而突显本质属性的一种表现形式。变式所呈现的感知材料虽然各不相同，但都是概念的正例。概念的变式分为标准变式和非标准变式两种，如认识长方形，如图3-3-5中的①就是标准形式，可以改变大小和形状，如图3-3-5中的②③就是非标准变式。标准变式有利于学生对概念的准确把握，但也容易限制学生的思维，人为地缩小概念的外延；非标准变式从概念非本质特征的变换中，更加容易凸显概念的本质特征。在概念的形成过程中，要充分利用两种形式的变式，让学生逐步舍去概念的非本质属性，提炼出本质属性，从而形成对概念的正确认知。非标准变式的素材要充分考虑非本质属性的各个方面和学生前概念中的误区，如学生对角的初步印象都是尖尖的、窄窄的，那么我们呈现的感知素材不能只是度数比较小的锐角，还需要呈现更大的锐角以及呈现直角和钝角，钝角大到几乎到180°；学生习惯性觉得角的开口是向左边的，那么我们呈现的素材就需要有开口向右、向上和向下的情况，等等，以使本质属性在不同的正例素材中得以凸显。

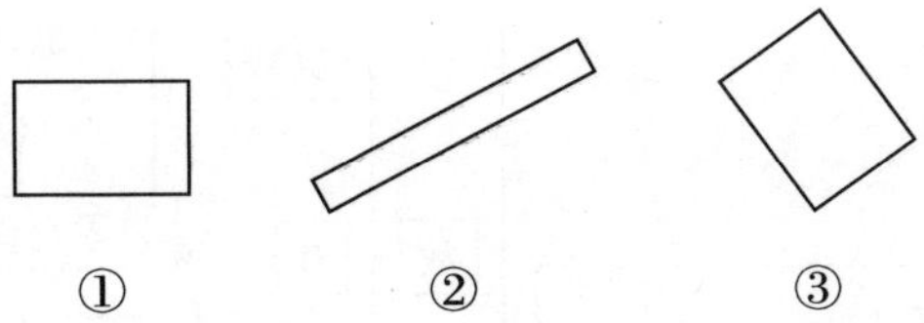

图3-3-5

反例，顾名思义就是错误的例子，不属于概念的外延集合，但与概念对象有某些共同的非本质属性，似是而非、容易混淆。反例是帮助学生进一步掌握概念内涵的有效手段：一方面可以帮助学生更准确地把握概念的本质特征，排除无关特征的干扰；另一方面可以帮助学生建立相关概念之间的联系。如认识质数，学生很容易把质数和奇数混淆，这时可以举出一个反例“2”，2是质数但不是奇数，由此强化学生对质数本质特征的把握，也沟通了质数与奇数的联系。又如，认识圆时，出示一个球，因为在生活中我们习惯了说球是圆的，生活中的“圆的”跟数学中的几何图形“圆”肯定就不是一回事，通过这些反例，能强化学生对数学图形“圆”是一个平面图形的认知。

五、对比沟通，形成概念体系

概念体系是由一系列相互联系的概念组成的整体。喻平老师指出：形成数学概念体系对数学概念的理解、保持和运用有促进作用。数学概念体系的功能不小于各概念功能之和，掌握数学概念体系的意义远大于掌握零散数学概念的意义。的确，概念体系的形成反过来能促进学生对各数学概念的进一步理解，因为概念体系的形成是基于学生对各概念之间的关系分析、综合、概括的，只有深刻地理解才能发现概念之间的联系和区别。另外，结构化的概念体系更能帮助学生有效识记和保持概念，即使一时遗忘，也可以通过结构中的其他概念重新回忆起来。再者，具有结构性的概念体系，各个概念在概念体系中有确定的位置，在运用时更容易从这个结构中提取有用成分，也使概念更容易迁移。

数学概念体系的形式主要有从属和并列两种。我们整理出来的概念关系结构图通常都是从属和并列两种形式综合起来的情况（图3-3-6）。

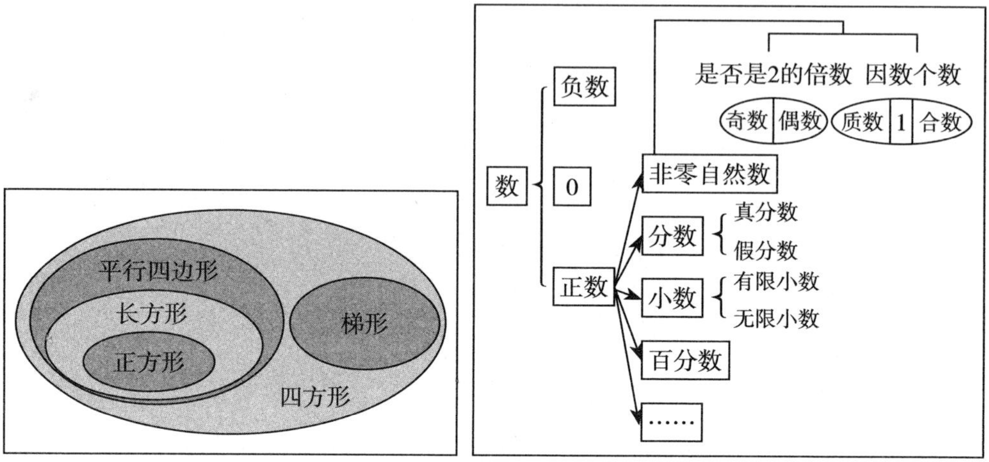

图3-3-6

第四节　教学问题链设计

一、概念教学问题链的基本链

从广义的角度讲，概念也是模型，因此概念教学中“概念的形成”环节的教学规律与数学建模的教学规律有很多相似的地方。在呈现了较为全面和有代表性的素材后，引导学生观察对比各素材，以核心问题“有什么共同的地方？”引导学生透过表象找到这些素材本质相同的地方，也就是找到概念的本质属性，从而形成概念。

概念教学的主要环节为概念的形成、概念的巩固、概念的深化。概念的巩固通常是通过变式练习强化学生对概念的内涵和外延的认识。概念的深化主要是通过与相关概念的比较，明晰概念间的联系与区别，拓展概念体系；另外是通过概念的运用，从而深化对概念的理解。依据概念教学的这几个主要环节，可以设计概念新授课教学的问题链基本模型，如下：

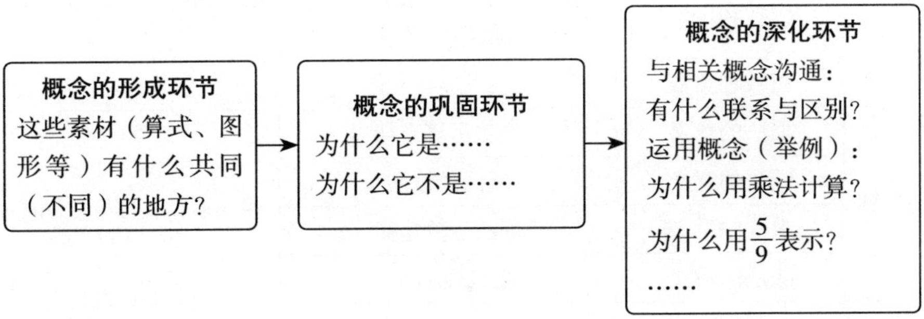

二、概念教学问题链设计举例

无论是哪个领域的概念，教学都有其共同的规律，因此都可以运用上面的基本链设计教学的问题链，但是由于不同领域的知识又有其不同的教学特点，因此问题链的设计也会有所不同。下面先对小学阶段的数学概念（或类概念）进行整理。

需要说明的是，小学阶段很多概念不是以下面定义的方式出现的，有一些连描述式的定义都没有，但仍然需要引导学生抽象其特征、把握其基本的要素。

1. 小学阶段要学习的数学概念

（1）“数与代数”领域（表3–4–1）

表3–4–1

<table>
<tr><td rowspan="13">数的认识</td><td>1～5各数的认识</td><td colspan="2" rowspan="7">数的基数的含义、序数含义，数的认、读、写，数的顺序，数的大小比较，数的组成</td></tr>
<tr><td>6～10各数的认识</td></tr>
<tr><td>20以内数的认识</td></tr>
<tr><td>100以内数的认识</td></tr>
<tr><td>1000以内数的认识</td></tr>
<tr><td>万以内数的认识</td></tr>
<tr><td>大数的认识</td></tr>
<tr><td>小数的认识</td><td colspan="2">小数的意义、性质、小数点移动规律，循环小数、有限小数、无限小数</td></tr>
<tr><td>分数的认识</td><td colspan="2">分数的意义、单位“1”、分数单位、分数的基本性质、约分、通分</td></tr>
<tr><td>百分数的认识</td><td colspan="2">百分数的意义</td></tr>
<tr><td>因数和倍数</td><td colspan="2">因数、倍数、质数、合数、奇数、偶数、公因数、最大公因数、公倍数、最小公倍数</td></tr>
<tr><td>正数和负数</td><td colspan="2">—</td></tr>
<tr><td rowspan="4">数的运算</td><td>加法的意义</td><td>加法运算定律</td><td rowspan="4">四则运算各部分之间的关系</td></tr>
<tr><td>减法的意义</td><td>减法的性质</td></tr>
<tr><td>乘法的意义</td><td>乘法运算定律</td></tr>
<tr><td>除法的意义</td><td>除法的性质</td></tr>
<tr><td rowspan="3">式与方程</td><td>比的意义</td><td colspan="2">比的基本性质、各部分名称、化简比</td></tr>
<tr><td>比例的意义</td><td colspan="2">比例的基本性质、比例尺、正比例、反比例</td></tr>
<tr><td>方程的意义</td><td colspan="2">等式的基本性质</td></tr>
</table>

（2）“图形与几何”领域（表3–4–2）

表3–4–2

<table>
<tr><td rowspan="11">图形的认识</td><td rowspan="2">平面图形</td><td>线</td><td colspan="3">线段、射线、直线、平行、垂直</td></tr>
<tr><td>角</td><td colspan="3">锐角、直角、钝角、平角、周角</td></tr>
<tr><td colspan="2" rowspan="7">封闭图形</td><td rowspan="3">三角形</td><td>三角形的分类：
锐角三角形、直角三角形、钝角三角形、等腰三角形、等边三角形</td><td rowspan="7">周长
面积</td></tr>
<tr><td>三角形内角和</td></tr>
<tr><td>三角形三边关系</td></tr>
<tr><td rowspan="3">四边形</td><td>长、正方形</td></tr>
<tr><td>平行四边形</td></tr>
<tr><td>梯形</td></tr>
<tr><td>圆
扇形</td><td>圆心、半径、直径、弧、圆心角</td></tr>
<tr><td rowspan="2">立体图形</td><td>长方体
正方体</td><td colspan="2">棱、面、顶点、长、宽、高</td><td rowspan="2">表面积
体积
容积</td></tr>
<tr><td>圆柱
圆锥</td><td colspan="2">底面、侧面、高</td></tr>
<tr><td rowspan="4">图形的运动</td><td colspan="5">图形的旋转</td></tr>
<tr><td colspan="5">图形的平移</td></tr>
<tr><td colspan="5">轴对称图形</td></tr>
<tr><td colspan="5">图形的放大与缩小</td></tr>
<tr><td rowspan="4">图形的测量</td><td colspan="5">长度单位：毫米、厘米、分米、米、千米</td></tr>
<tr><td colspan="5">面积单位：平方厘米、平方分米、平方米、公顷、平方千米</td></tr>
<tr><td colspan="5">体积单位：立方厘米、立方分米、立方米</td></tr>
<tr><td colspan="5">容积单位：毫升、升</td></tr>
<tr><td>图形的位置</td><td colspan="5">数对、前、后、左、右、上、下、
东、南、西、北、东南、西南、西北、东北</td></tr>
</table>

（3）“统计与概率”领域

“统计与概率”领域的概念比较少，基本上就是统计表（单、复式）、条形统计图（单、复式）、折线统计图（单、复式）、扇形统计图等。

2. 问题链设计举例

由于小学阶段的概念分布在各个知识领域，因此问题链的设计会在相应的章节进行举例，这里主要讲“数与代数”领域中的数的概念教学问题链的设计。

数的认识按照教学的规律来分，一般分成两种：一种是有位值的，如万以内数的认识，再往上就是大数的认识；另一种是没有位值的，如分数的认识、百分数的认识，或是由数的分类而产生的数，如正数和负数、循环小数、有限小数和无限小数、质数、合数、奇数、偶数等。其中，小数的认识也属于有位值的，只不过教学的规律与分数的认识比较一致，所以放到第二种情况中。

（1）位值制的数的概念教学问题链的设计

有位值的数的概念的教学，人教版的安排如下：1～5各数的认识—6～10各数的认识—20以内数的认识—100以内数的认识—1000以内数的认识—万以内数的认识—大数的认识。教学的基本结构是：数的基数含义、序数含义，数的认、读、写，数的顺序，数的大小比较，数的组成。其中10以内数的认识和20以内数的认识是重要的基础，因为每一个数位上的数都只是0～9的数，然后20以内数的认识是首次出现个位和十位，是认识位值的起始课，意义重大，其他的数位可以以此类推。

先来说说10以内数的认识，数的基数含义是教学的重点，一般是通过数数来体现的。由于是数数，而且并不以下定义的方式呈现，关键是很多教师都没有把数看作一个概念，因此教学时经常就只是数数，数完就告诉学生用哪个数表示，因此基本没有体现概念教学的特点。

体现数的概念教学特点的问题链设计如下（以人教版《7的认识》为例）：“数一数图中有几个人？→图中还有数量是7的物品吗？→你能拿出数量是7的物品吗？（教师预设好一组不同物品组成数量是7的集合）→这里每组之间的物品都不相同，但是有什么相同的地方？→（出示7个小圆点）可以用这7个小圆点来表示吗？→可以用哪个数表示？→你能用‘7’来说句话吗？”这样的问题链体现了概念教学“具体—抽象—具体”的教学过程，其中抽象的过程又从“实物层面的抽象”到“符号层面的抽象”再到“形式化层面的抽象”，课型特点明显。

在认识20以内各数之后的“数的认识”的教学要体现迁移和转化的思想

的运用。如“满十进一”的迁移运用到百位、千位、万位……十亿位等。然后数数也是运用转化的思想，如从489数到495，可以设计这样的问题链：“同学们，从89数到95，你会数吗？→那你能从489数到495吗？→有什么相同的地方？→用这样的方法，你能从299数出后面的5个数吗？”到万以内数的数数时，直接迁移千以内数的数数方法，以此类推（图3–4–1）。

10以内数的认识
↓
11～20各数的认识
↓
100以内数的认识
↓
1000以内数的认识
↓
10000以内数的认识
↓
大数的认识

图3–4–1

（2）其他数的概念教学问题链的设计

小数、分数和百分数的认识，教学规律基本相似，都是经历了“为什么”“是什么”“有什么不同”的教学过程，因此问题链的设计大致相同。下面是《分数的意义》和《百分数的意义》两节课的问题链设计举例。

①《分数的意义》问题链设计（图3–4–2）：

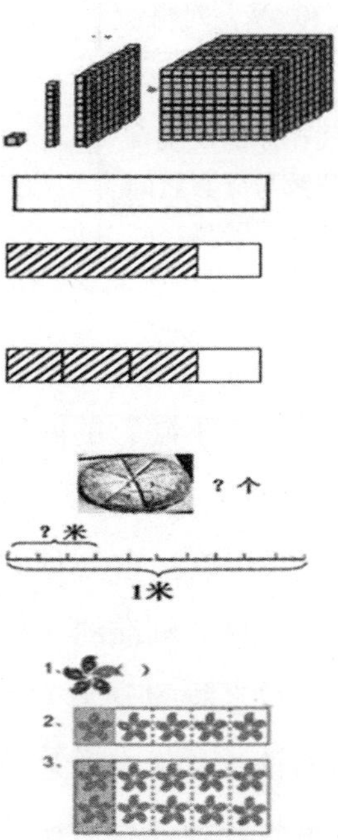

数比较少的数量我们可以怎样数？当数目越来越多的时候呢？（十个十个、一百一百，一千一千……地数）
↓
一张长方形纸片，可以用几来表示？
↓
涂色部分能用1表示吗？能用刚才的计数单位来数出它是多少吗？原来学的计数单位不合适，怎么办？
↓
你能试着创造一个比“1”小的计数单位，来数出它是多少吗？
↓
我们是怎样“创造”出$\frac{1}{4}$来数出这个数的？你能用这样的方法创造出一个单位来数这两部分吗？
↓
如果把1米长的线段平均分成100分、1000份、n份呢？1份是几分之几米？
↓
这里的涂色部分、都可以用$\frac{1}{5}$来表示吗？为什么？同样都是$\frac{1}{5}$，表示的具体数目一样吗？在这里，表示的是什么？（部分与整体的关系；引出单位“1”）

回顾刚才每个分数产生的过程，有什么共同的地方？你能说说什么是分数吗？

图3–4–2

由于在本章的第五节有《分数的意义》这节课相关的案例，在此不再赘述。

②《百分数的意义》问题链设计（图3-4-3）：

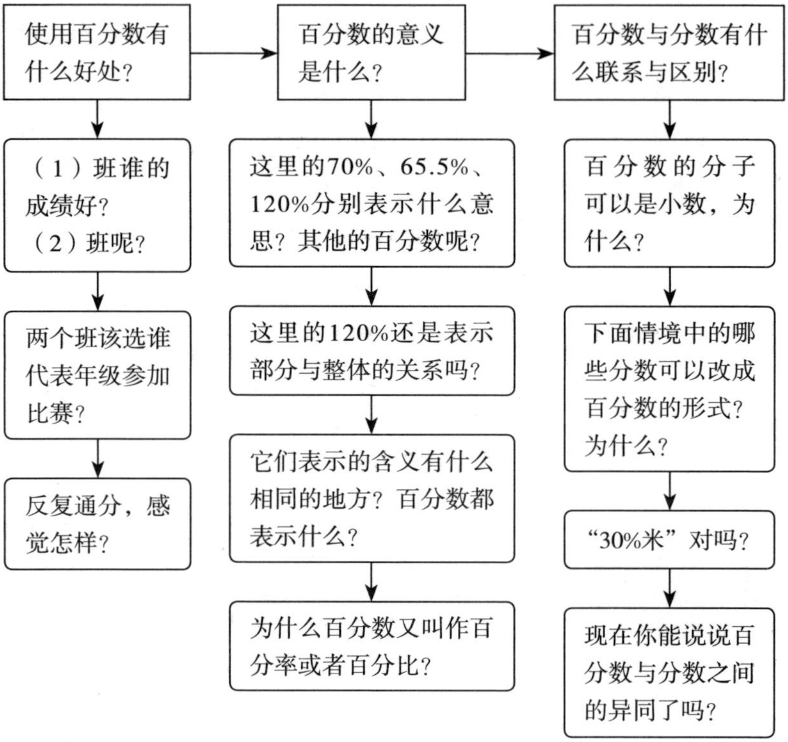

图3-4-3

最上面的是主链解决的是“为什么”“是什么”“有什么不同”的问题。可以由课题引出：我们已经学过分数，（指着“分数”前面的“百”字）为什么还要学习百分数呢？使用百分数有什么好处？什么是百分数？它与分数有什么不同？然后通过情境“（1）班谁的投篮成绩好？”“两个班谁的成绩更好？”引入，让学生初步感受百分数的含义（“表示两个数之间的分率关系”及分母固定为100的好处）。然后通过对情境中百分数的解读（详见本章第三节第一大点的相关内容），抽象概括百分数的意义，然后再与分数进行对比，让学生感受百分数的特殊之处：因为只表示分率，分母固定是100，分子可以是小数，不能带单位名称等。

第五节　教学案例与经验

有其形，更应有其实

——《分数的基本性质》教研一得

《分数的基本性质》是一节经典老课，很多教师上公开课或迎检课时都喜欢选这个内容。在某段时间下校调研时笔者就听了好几节，设计虽各有千秋，但是问题也很集中和突出，下面这位教师的教学就很有代表性（用的是人教版的教材）。

片段教学实录：

在学生完成教材例1的操作、观察与发现后，初步得出：$\frac{1}{2}$的分子和分母同时乘以2或4，分数的大小不变。$\frac{4}{8}$的分子和分母同时除以2或4，分数的大小不变。

师：你还能举出这样的例子吗？（学生独立思考写出例子，并汇报）

生1：$\frac{1}{3}=\frac{2}{6}=\frac{3}{9}$。$\frac{1}{3}$的分子和分母同时乘以2或3，分数的大小不变。$\frac{3}{9}$的分子和分母同时除以2或3，分数的大小不变。

生2：$\frac{1}{10}=\frac{2}{20}=\frac{3}{30}$。$\frac{1}{10}$的分子和分母同时乘以2或3，分数的大小不变。$\frac{3}{30}$的分子和分母同时除以2或3，分数的大小不变。

后面汇报的学生沿用前面两生的回答模式。

师：刚才大家举出了那么多的例子，有什么共同的地方？请小组讨论讨论。

生：分数的分子和分母同时乘以或同时除以相同的数，分数的大小不变。

……

课后交流实录：

课后，笔者与上课教师进行交流，下面是其中一部分的对话：

笔者：学习完例1后，为什么不马上概括分数的基本性质而要学生举例？

师：一个例子就得到一个一般性的结论，这是不科学、不严谨的，需要多举一些其他的例子。

笔者：你说得对。那你认为学生这样去举例符合你的初衷吗？科学严谨吗？

师（迟疑片刻）：还不够科学、严谨，当第一、二个学生举出的例子都是同乘以或同除以2和3时，我可以适当提醒：分子分母同乘以或同除以的数有不是2和3的吗？这样的话，后面汇报的就不会重复，例子会丰富很多，说服力也会强一些。

笔者：嗯。你只是觉得这一点还不够科学、严谨？

师：额……哦，对了，学生举出的例子再多也不可能穷举，所以我可以语言上引导，如果是乘以2，3，…，99，…，1000，…，还会相等吗？（稍迟疑片刻）在练习时，我还可以结合$\frac{2}{3}=\frac{4}{6}=\frac{6}{9}$，让学生观察$\frac{4}{6}=\frac{6}{9}$，发现分子分母同乘以或同除以的数不仅仅是整数，还可以是小数。

见这位教师的反思一直停留在分子分母同乘以或同除以的数怎样才更丰富和具有代表性上，我只好直截了当提出问题。

笔者：你刚才说的我很同意，但这个环节学生的举例实则变成了什么？是抽象概括性质前的补充例证吗？

师（思考了好一阵后恍然大悟）：是啊，学生完全是在运用分数的基本性质进行举例，而不是先证明分数之间相等，然后再观察分子分母的变化规律，反过来了。

好几位教师的教学都出现了这个问题，这不得不引起笔者的思考。经过平时的教学实践以及培训与指导，教师们基本都掌握了概念教学的基本规律，知道概念形成之前需要丰富例证，要体现不完全归纳的思想，但是却没有考虑到这些所谓的例证是如何得到的，在思维与逻辑顺序上出现了错误。深究其因，笔者认为是教师们还没有深刻掌握概念教学规律及实证思维不强所致。如果已经深刻掌握了概念教学的规律，那么就会对举例这一环节的目的和要求很明晰，在汇报时就会强调用实证的方法来进行研究，而不至于出现运用待证实的结论进行举例的逻辑错误。

上例中，教师要求学生举例时，可以适当提供一些材料，如圆形、长方形的图形或纸片、纸条，然后适当提示：

你可否利用手中的材料，通过折一折、涂一涂等得出一组相等的分数？这组分数是否也存在像例1那样的规律？也可以不用手中的材料，通过分数与除法的关系以及商不变的规律得到一组相等的分数并进行观察。

学生汇报时，一定要让学生说出这组分数为什么相等，有意识地呈现不同层次的不同方法，如通过图形直观得出（如例1）；或通过商不变的规律迁移类推，如因为$\frac{2}{3}$=2÷3=（2×2）÷（3×2）=4÷6=$\frac{4}{6}$，所以$\frac{2}{3}$=$\frac{4}{6}$；或是运用分数与除法的关系，直接用除法计算出分数值，如因为$\frac{1}{5}$=0.2，$\frac{5}{25}$=0.2，所以$\frac{1}{5}$=$\frac{5}{25}$；等等。要有意识地丰富素材，使之更全面和有代表性。

正如上课教师所说，例子不可能穷举，因此用的是不完全归纳法，课中教师提问：分子分母同时乘以2，3，…，99，…，1000，…，还会相等吗？提问的意图很明显，符合概念教学的要求，可使结论更具一般化。但事实上学生的回答也仅限于猜想而已，如何在不要求学生进行严格证明的小学阶段更好地培养学生思维的严谨性，同时也帮助学生更深刻地理解性质呢？笔者认为，以下的方法值得尝试（图3–5–1）。

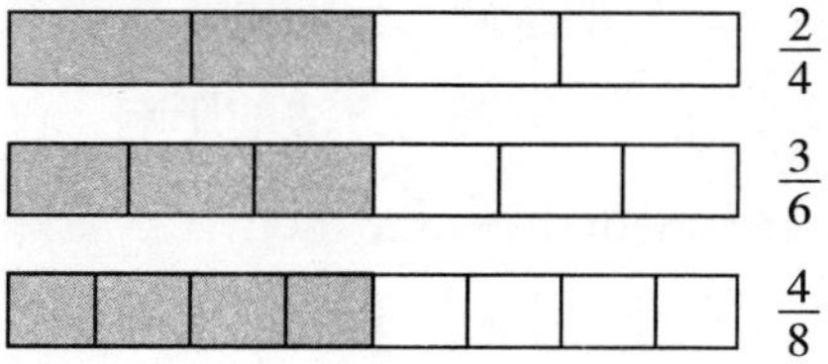

图3–5–1

如图3-5-1所示，把某一个分数（如$\frac{1}{2}$）所对应图形的每一份再平均分成2、3、4、5……份，相当于分子和分母同时乘以2、3、4、5……，可以分别得到$\frac{2}{4}$、$\frac{3}{6}$、$\frac{4}{8}$……从图中可以直观地看出，无论把每一份再细分多少份，涂色部分的大小都没变，也就是说，虽然分数的分子、分母都改变了，但是它们的大小不变，前提条件就是分子、分母同时乘以相同的数。在此基础上再引导学生想象，如果把每一份再细分6，7，…，99，…任意的份数，是否还能得到这个结论？有直观做依托，学生不难想象。通过想象，学生更深刻地理解了分数的基本性质，知其然也知其所以然，推理的科学性和思维的严谨性也得到了培养。

教师的教学要科学，要运用科学的思维进行科学的设计与实施，只有这样才能培养出学生科学的素养。概念形成前的丰富例证的教学不仅要有其形，更应有其实，这里的“实”，意指真实、实证、本质。

充分体验变化，善于把握不变，感受函数思想

——《正比例》教学实践与思考

一、提出问题

正比例和反比例是六年级下册《比例》单元的其中一个重要教学内容，主要是通过对正、反比例知识的学习，加深学生对数量关系的认识（主要是变量关系），让学生体会两个变量之间的相互依存关系，丰富关于变量的经历，感受函数思想，为中学的学习打下良好的基础。比例由于比较抽象，因此一直以来都是教学的难点。传统的教学往往受“解题”方法的影响，仅仅着眼于教学内容外在结果的习得，教学重点放在比值的推导上，旨在让学生熟悉固定的判断过程，形成判断的技能，学生熟知的仅仅是一些“静止”的数量关系以及形式上的正比例关系，这种浅层次的“静态”理解将直接影响学生对后续知识的学习和对函数思

想的感悟。

2011年版课标修订版教材对正比例的内容做了微调：一是把标题“成正比例的量”调整为“正比例”，更突显量与量之间的关系，从量的算术思维过渡到关系的代数思维，体现函数思想；二是把倒水的素材改为销售的素材，希望以学生更熟悉的情境来学习抽象的内容，减轻学生的负担。笔者认为第一点的调整尤为重要，那是教学的一个导向，需要我们认真研读课标与教材，深刻领会，采用有效的教学策略落实教学的这一重要要求。第二点调整笔者认为并不一定需要，因为前一单元刚刚学习了圆柱，情境并不难理解，而且这个情境另有用处，因此我们的教学还是采用原来的素材。以下是我们的一些教学尝试与思考。

二、案例回放

（一）教学片段1：认识生活中的变化现象，充分体验变化

师：同学们，你们留意没有，我们生活的世界很多事物都是在变化的，比如花的开放过程、小朋友的身高变化等。课件动态出示图3–5–2。

图3–5–2

你能举出其他生活中变化的现象吗？它们是怎样变化的呢？

学生举出头发、生物的生长、体重变化、高楼的建设、气温的变化、体温的变化以及股市的行情等例子，基本说出了随时间的变化而变化这个意思。

师：今天我们从数学的角度来研究一些变化的现象。

（二）教学片段2：认识“相关联的量”，体会量与量之间的依存关系

1. 继续丰富对“变化”的体验

课件动态演示向杯子中倒水的过程，每倒一次就在表3–5–1中填写一组数据，体会变化和一一对应。

表3–5–1

体积（立方厘米）	40	80	120	160	…
高度（厘米）	2	4	6	8	…

2. 认识“相关联的量”

师：在倒水的过程中，存在哪两种量？这两种量发生变化了吗？是如何变化的？

生：水的体积发生变化，高度也随着变化，水多则高，水少则低。

在学生充分发表意见的基础上教师指出：一种量变化，另一种量也随着变化，我们就说它们是两种相关联的量。（板书：两种相关联的量）

3. 加强对“相关联的量”的认识，继续体验“变量”

（1）下面每组中的两种量是相关联的量吗？为什么？若是相关联的量，它们是怎么变化的？

① 一圆柱形水杯中水的高度和体积；

② 正方形的边长和面积；

③ 一天当中骆驼的体温与时间；

④ 六（1）班的40人，组数和每组人数（表3–5–2）。

表3–5–2

组数	2	4	5	8	10
每组人数	20	10	8	5	4

（2）学生独立思考，小组交流后汇报。

① 汇报第一小题时随着学生；

② 学生回答时，课件动态依次出示；

③ 其他题的汇报略。

（三）教学片段3：分类比较，感受变化的不同

1. 出示刚才几组“相关联的量”的变化情况，让学生根据变化情况进行分类

① 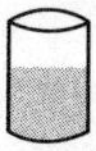 水的高度和体积同时增加同时减少。

②  正方形的边长和面积同时增加同时减少。

③  随着时间变化，骆驼的体温时增时减。

④ 六（1）班：组数增加，每组人数反而减少。

汇报时绝大部分学生把①、②分为一类，然后③、④各一类。

2. 再次细分，发现变中有不变

把①②两组变量的数据再次呈现在同一张PPT上（表3–5–3、表3–5–4）。

表3–5–3

体积（立方厘米）	40	80	120	160	…
高度（厘米）	2	4	6	8	…

表3–5–4

正方形的边长（厘米）	1	2	3	4	5	…
正方形的面积（厘米）	1	4	9	16	25	…

师：这两组变量都是同增同减的，但是它们的变化还是有些不同，你能通过观察找出不同吗？（学生在独立观察、思考的基础上小组交流）

汇报：第一组体积除以高度的商都是20，刚才那个量筒的底面积是没有发生变化的。第二组面积除以边长的商是变化的，没有规律。

在此基础上教师引导，初步得出正比例的意义。明确判断两种量是否成正比例，首先要看它们是否是相关联的量，再看比值是否一定。

（四）教学片段4：经历想象，图像表征

1. 图像表征

师：如果我们不倒水，你能借助想象来感受这种变化吗？（图3–5–3）

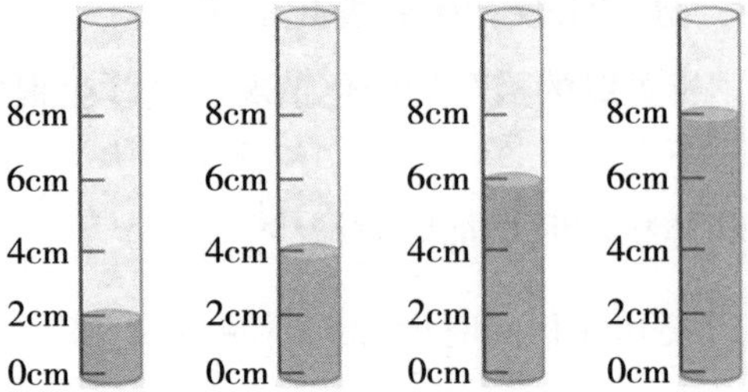

图3-5-3

当杯子数量更多、相邻两个杯子里水的体积越来越接近时，水的高度整体怎样变化？请用手势表示出来。估计学生的手势（图3-5-4）。

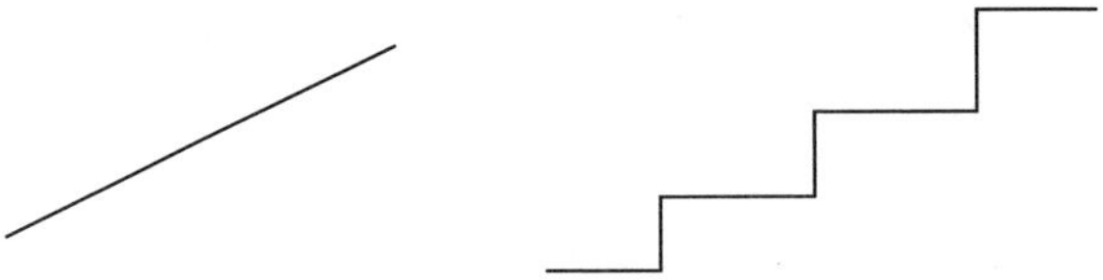

图3-5-4

当杯子再细一些，数量再多一些时，水的高度是怎样的？估计学生的手势都变成了第一种。这时PPT动态一次演示下面三幅图，最后一幅图那条高度连线是从0出发动态射出的（图3-5-5）。

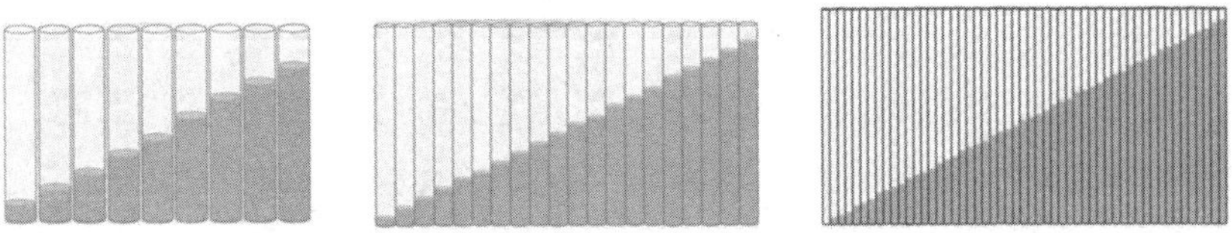

图3-5-5

师：当杯子越来越细时，水面就细成一个点，当杯子数量越来越多时，那么这条线就成了什么线？（射线）

2. 观察图像和表格，感悟一一对应

师：图像上的每一个点唯一对应一个高度和一个体积，在表格中我们也清楚地看到一个体积唯一对应一个高度（图3-5-6）。如果水的体积是200毫升，水的高度是多少？有可能是其他高度吗？如果高度是6厘米，体积是多少？可能是其他体积吗？

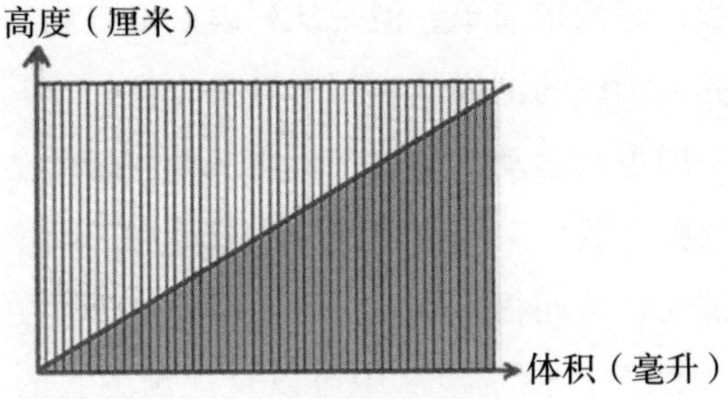

图3–5–6

三、议论分析

函数的思想就是运用运动和变化的观点、集合和对应的思想去分析数量之间的关系，构造函数，运用函数的图象和性质，最终使问题获得解决的一种思想。运动变化和对应等是其本质，因此，在教学中要充分体现学生对这些本质特征的感悟。

1. 化静为动，充分感受变化

对于小学生来说，正比例是他们第一次正式接触“变量”关系，之前学习的更多的是对事物的定量刻画。因此，在教学时，让学生体验和感悟变量之间的关系，培养学生“动态”的变量意识尤为重要。

在教学中，我们引导学生经历了以下过程（图3–5–7），另外把静态的表格数据以动态的形式呈现。所有这些都旨在让学生在各种各样变量关系的大背景下直观认识两种量之间的相互依存关系，然后再通过二次分类，最后把研究聚焦到正比例上，这样更有助于学生从整体上认识正比例关系，感知正比例关系仅仅是变量关系的一种特殊关系，较好地促进了算术思想向代数思想的有效过渡，为后续进一步学习反比例关系奠定基础。

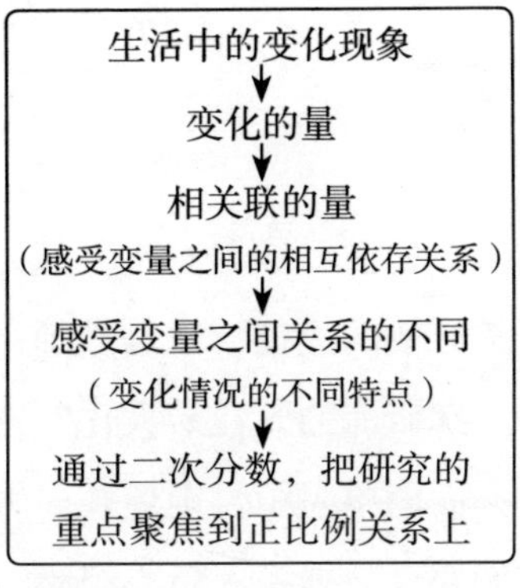

图3–5–7

2. 图像动态呈现，便于感悟变化规律及——对应思想

函数的主要表征方式有语言描述、表格、图像和解析式，其中图像表征是最直观的一种方式，能直观感受到变化的趋势和规律。正比例的图像从表面上看是静止的一条直线，好像很简单，但是从列表、描点到连线这一过程来看，却是运动的、变化的，画成的图像从表面上看是完整的，其实是局部的、不完整的，它可以延伸，即不断运动、发展、变化。如何帮助学生实现从静态到动态、从离散走向连续呢？我们采用了不断缩窄量筒和不断增加数据的办法，想象水的高度的变化情况，从而很直观地引出图像，使学生更容易接受“一条连续的、不断延伸的射线”；使学生从中可以直观预测它的变化趋势，感悟其中的一一对应。

3. 注意培养学生“从变中找不变”的意识，渗透函数思想

函数就是刻画、研究变量之间的变化关系的重要模型，需要找到变化中不变的规律，从而构造出相应的函数。因此，于变中发现不变是函数思想的一个重要要求。我们在教学中一定要有意识地培养学生的这种意识，采用切合学生认知水平和年龄特征的策略手段，做到渗透于无形。在这一节课的教学中，在对各种变化情况进行第一次分类后，再引导学生对同增同减这种变化情况进行深入研究，让学生对比两组数据，找出不同，从而很自然地把学生的注意力引到对数量之间变化规律的研究上来，从而发现不变的量，找出规律。

《分数的意义》研课过程与教学实录

研课，顾名思义，就是对课进行推敲和研究。研课是教师专业发展的一条非常有效的途径，也是教师最喜欢的一种专业研训的方式。那么如何研？如何使每一次研课的效益最大化？这是笔者作为教研员需要思考的问题。不要为了完成任务而简单组织，走形式。教师在繁重的教学任务中抽出时间参与研课不容易，我们要充分准备，精心组织，使每一次研课都能最大限度地发挥作用，更好地促进教研员本身与教师的专业发展。组织研课一般要考虑以下几个问题。

一、研什么

首先要确定研课的主题和课题，一般选取一些热点或者重点、难点的内容，如2011年版课标人教版教材，解决问题部分的教材变动比较大，大家比较关注，因此适宜开展相关课例的研课活动。

笔者在2013学年组织了一次以“分数的再认识”为主题的研课活动，以人教版五年级下册《分数的意义》一课为载体。之所以选择这一主题和课例，原因有三：一是在国际上，分数被认为是小学阶段最抽象、最复杂、最容易出现问题的概念。虽然《分数的意义》很多名家大师以及骨干教师都上过公开课，对于它的教学，教师们都已经比较熟悉，但是，每一届学生对于分数意义的理解总是出现比较多的问题，学生的学习效果并不理想。二是这样的一节老课，像华应龙、张齐华、刘永宽、夏青峰这样的名家，在这几年先后都进行了深入研究，进行了公开教学，思路迥异，尤其是华应龙，别具一格。这说明，这一课有研究的价值。三是张奠宙教授在《小学数学教师》2013年第7期发表了《揭示数学本质提升“分数”教学》一文，对分数意义的教学提出了新的观点，值得在实践中探究。

确定了主题和课题后，就要对该课或该主题的各个方面开展研究。主要包括三个方面：一是教材的解读与处理，含教学目标、重难点的确定，复习铺垫、例题的处理，练习的设计等；二是教学策略的选择，含情境的创设、手段的运用、活动的设计、板书的设计等；三是教师的语言及教学评价、教学细节等，语言包括引导语、过渡语、提问语、评价语及肢体语言等，另外还包括评价的方式等。

《分数的意义》一课的教学，我们在教学的重点是什么这个问题上进行了深入的研讨。研究的焦点在于：“单位‘1’”和“分数单位”这两个概念哪个才是最重点？一直以来我们都认为认识单位“1”是分数意义教学的重难点。张齐华在2009年第7期《小学教学——数学版》杂志上发表的《分数的意义》教学实录中把单位“1”这个概念诠释到了极致，令人叹服。华应龙在《人民教育》2011年第6期杂志上发表的《分数：先分后数——“分数的意义”教学新路径》一文中，提出了一个新的观点：分数就是先分后数的数，通过平均分，产生了分数单位，再数出分数单位的个数，分数单位的累加就形成了分数。因此他认为“单位”是重要的，“1”是重要的，“单位‘1’”是不重要的。可以不讲“单位‘1’”，但要重点讲“分数单位”。新旧不同思想、观点的碰撞激发了研课团队的大讨论，大家在文献研究的基础上深入思考，形成了自己的观点，然后各抒己见，在思辨中逐步形成共识：先有分数单位，再数出分数单位的个数，分数单位的累加就形成了分数。这样，分数的构成与结构就与自然数一致了，也就是全部“数”的构成与结构就都一致了。因此我们认为，从数的构成这个角度来看，分数单位是最重要的概念。但是我们不认为单位“1”不重要，因为从三年级的单位“1”表示一个物体，到五年级的单位“1”表示一些物体组成的整体，这是一个跨越，需要帮助学生借助单位“1”的意义实现从“数量比”到“份数比”的过渡。如图3-5-8所示，如果学生写成$\frac{9}{15}$则是“数量比”的思维，写成$\frac{3}{5}$是“份数比”的思维。我们决定以华应龙老师的理念来指导教学设计，但是具体的教学思路和设计我们希望另辟蹊径，期望达到异曲同工、殊途同归之效。那怎样设计才能让学生比较容易感受到“创造出分数单位，然后用分数单位来数从而得到分数”呢？研课团队又展开了一轮学习与激烈的思辨，最终统一了意见：

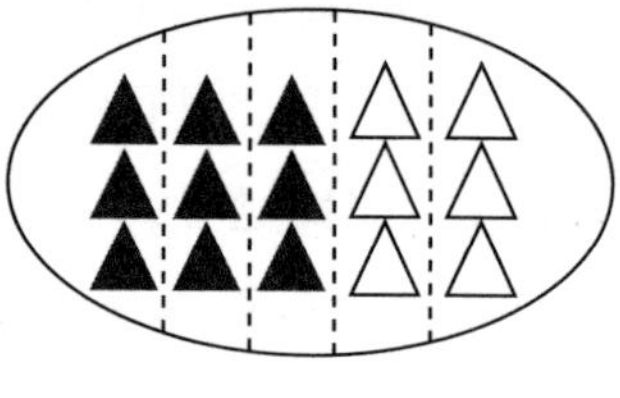

图3-5-8

课始先复习用计数单位一、十、百、千去数数，回忆用计数单位数数的经验。然后出示一张长方形纸，指出一张纸可以用1来表示。再把这张长方形纸翻到背面，引发思考：涂色部分够1吗？能用刚才的计数单位数出是多少吗？怎么办？试图利用情境的冲突激发学生探究的欲望，从而引出创造一个比“1”小的计数单位来数出它是多少。学生把弄手中的纸条，尝试创造，因为有三年级分数初步认识的基础，因此不难得到平均分4份，1份是$\frac{1}{4}$，3份也就是3个$\frac{1}{4}$是$\frac{3}{4}$。接着再通过多个这样的例证让学生认识到：先把1平均分，创造出分数单位，如$\frac{1}{2}$、$\frac{1}{3}$、$\frac{1}{4}$，$\frac{1}{8}$，$\frac{1}{10}$等，有了分数单位，就可以帮助我们数出不够1的数了。

在课末总结时，提示学生，在分数单位中选出$\frac{1}{10}$、$\frac{1}{100}$、$\frac{1}{1000}$等十进制的数，与整数的计数单位组成整数、小数的数位顺序表，由此沟通分数单位与小数计数单位的关系，使学生感受特殊与一般的关系，更重要的是，对计数单位有了更系统的认知。这样的教材处理是我们独创的，得到了听课导师和同伴们的一致好评。

研课团队集中研讨的第三个主问题是：设计一个怎样的情境，可以比较简洁而又有效地把单位“1”的含义从“一个物体”扩展到“一些物体”？最终我们采用了题组，非常快地切入，既自然又简洁。通过对比，不仅让学生明确对一些物体进行平均分也可以用分数表示其中的一份或几份，自然而然地引出“单位1”，另外对相同的分数表示的数量不一定相同有一定的感悟。

二、如何研

研课的路径一般为“确定主题与课题—组织学习—备课（执教者自备的基础上再团队集备）—执教者内化修改—试讲—众人同研—执教者内化修改—再试讲……”。这是一个循环的过程，而在这个过程中始终伴随着学习。

以《分数的意义》一课为例，详细的研课流程如图3-5-9所示。

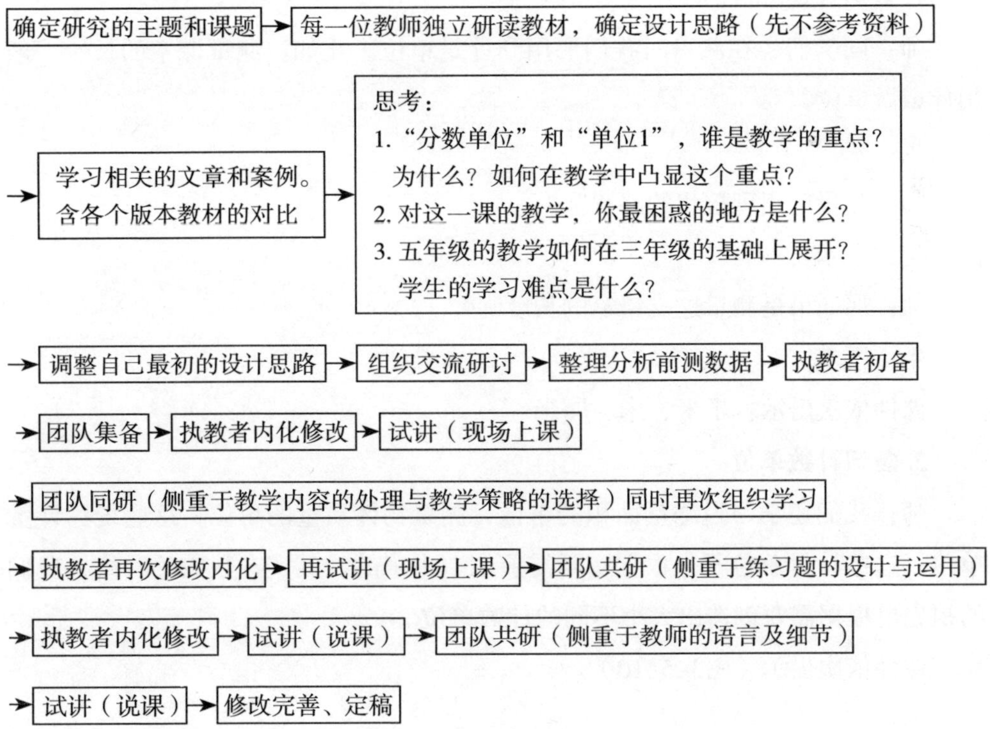

图3-5-9

在研课的时候，注意一些策略、方法的运用，如在每一次集体研课的初始阶段，应尽可能地发挥执教者和一般参与者的积极性，让他们成为话题的提出者，教研员和骨干教师则应在一般参与者“山重水复疑无路”之时发挥专业引领的作用，抛出重点、难点、直指教学本质的话题，让研课进入“柳暗花明又一村”的更高境界。又如，执教者试教前先把教学预案发给其他参与的教师，要求参与教师事前研究教学设计，对设计中的几处（重点在新课部分）进行深入剖析，并提出完整、系统的改进方案（至少是书面的提纲），这样能有效保证研课的深度。下面的教学实录是笔者在杭州市西湖小学上的一节研究课的实录，在此之前，指导本区冯明慧老师在全区做过公开展示。

【教学实录】

（一）复习引入

从常用的计量单位和整数的计数单位入手，为分数单位的引入做铺垫。

1. 复习计量单位

师：同学们，在测量时我们要用到计量单位。比如，测量课室的长，一般用什么做单位？

生：米。

师：测量广州到杭州的路程呢？

生：千米。

师：那如果是测量这支铅笔的长度呢？

生：厘米。

课件依次出示：千米、米、厘米……

2. 复习计数单位

师：我们还学习过测量面积的单位，测量物体质量的单位，这些统称计量单位，这些计量单位都是根据实际需要创造出来的。其实在数数的时候，我们的祖先也根据需要创造出大小不同的计数单位。

课件依次出示（图3–5–10）。

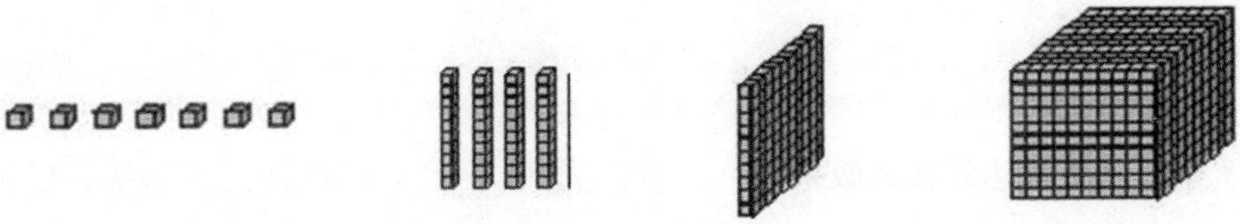

图3-5-10

师：比如数比较少的数量我们可以怎样数？（一个一个地数）当数目比较多时，我们可以……

生：十个十个地数。

师：如果数目再多，我们还可以……

生：一百一百地数，一千一千地数。

（板书：一、十、百、千）

师：这些都是我们学过的计数单位，用这些计数单位可以数出我们学过的所有整数。

（板书：计数单位）

（二）学习新知

1. 认识分数单位，感悟“分数是先分后数的数”

（1）动手折，“创造”分数单位

师（出示一张纸条）：这是一张长方形纸片，可以用几来表示？（板书“1”）［把纸条翻过来（图3-5-11）］

图3-5-11

师：涂色部分能够用1表示吗？能用刚才的计数单位来数吗？能数出它是多少吗？原来学的计数单位不合适了，怎么办？

生1：用一个分数表示。

生2：用一个比1小的单位。

师：让我们试着创造一个比“1”小的计数单位，来数出它是多少，好吗？

学生折纸，教师展示学生的折法，互相评价。

师（出示折成3份的）：这样折合适吗？为什么？

生：右边空白的1份和其他的2份不一样，不是平均分。

师：也就是说，这样折，数的时候是用哪一份来数，标准不统一。你们认为要怎样折？

生：对折。

师：就是要达到什么效果？

生：平均分。

师：你们创造了一个什么计数单位？

生：$\frac{1}{4}$。

师：用这个计数单位$\frac{1}{4}$来数，阴影部分就有$\frac{3}{4}$。

（板书：$\frac{1}{4}$）

课件出示，回顾创造四分之一的过程和数的过程。

生：1个$\frac{1}{4}$，2个$\frac{1}{4}$，3个$\frac{1}{4}$，就是$\frac{3}{4}$。

师：我们“创造”出了$\frac{1}{4}$，就可以像刚才数整数那样数出一个分数了。

（2）迁移方法，归纳分数单位的含义

出示：隐去红色部分。

师：你知道在这两幅图（图3-5-12）中，我分别创造了哪个计数单位吗？同桌说一说一共有几个这样的单位，是几分之几。

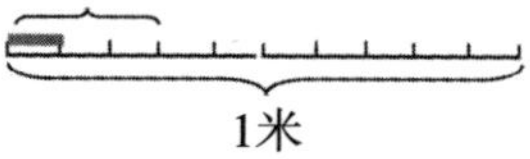

图3-5-12

生：饼里面有$\frac{1}{8}$，因为这个饼平均分成了8份，一份就是$\frac{1}{8}$。有5份就是$\frac{5}{8}$。

生：线段里面创造了$\frac{1}{10}$，有3个$\frac{1}{10}$，就是$\frac{3}{10}$。

师：我们创造出了$\frac{1}{4}$，$\frac{1}{8}$，$\frac{1}{10}$来数出不够1的数。如果把1米长的线段平均分成100份，一份是多少？（$\frac{1}{100}$）如果平均分成1000份？（$\frac{1}{1000}$）如果平均分成无数份呢？（无数份之一）平均分成n份，1份就是$\frac{1}{n}$。

（板书：$\frac{1}{8}$　$\frac{1}{10}$　$\frac{1}{100}$　$\frac{1}{1000}$　$\frac{1}{n}$）

师：请观察这些分数，有什么共同点？

生：分子都是1。

师：我们把这种分数叫作分数单位。同位同学讨论一下什么是分数单位。

生：把东西平均分成几份，每一份就是分数单位。

师：我们说，把一个物体平均分成若干份，这样的1份叫作分数单位。有了分数单位，我们就可以像以往那样数数了。

分数就是先分后数的数，先通过平均分来创造分数单位，然后再通过数数来数出有几个这样的分数单位。

（3）对比归纳，感受分数的意义

课件同时出示刚才的三个图，教师小结。

师：一张长方形纸、一个披萨、一米长的线段等，我们统称为一个物体，平均分成若干份，这样的一份或几份的数，可以用分数来表示。（板书：一个物体）

2. 认识“单位1”

如图3-5-13所示，第二、三幅图还是分一个物体吗？涂色部分可以用分数表示吗？用什么分数表示？

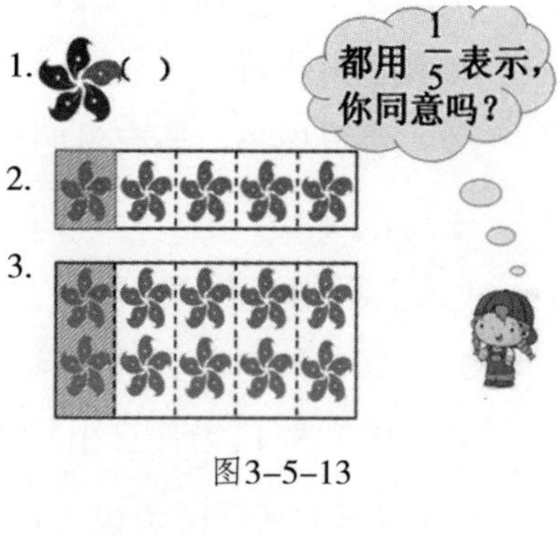

图3-5-13

小明说都可以用$\frac{1}{5}$表示，你同意吗？为什么？小组讨论后汇报。

生1：都是5份中的1份。

生2：第二幅图可以用$\frac{5}{25}$表示，把1片花瓣看成1份。

师：根据问题来思考，1片花瓣，1朵花，2朵花都能用$\frac{1}{5}$表示，为什么？

生：都是平均分成5份，取其中的1份。

师：这里的$\frac{1}{5}$表示了部分和整体的关系，不管一共有多少朵花，一份有几朵，只需要知道是平均分成几份，取了几份。（板书：平均分几份取了几份）

我们用这个$\frac{1}{5}$来数其他的部分。

生：1个$\frac{1}{5}$，2个$\frac{1}{5}$，3个$\frac{1}{5}$，4个$\frac{1}{5}$，就是$\frac{4}{5}$。

3. 概括分数的意义

师：我们把这些花看作一个整体，像这样，一个物体或一些物体都是一个整体，用单位1来表示，这个1的意义比较特殊，所以要加上双引号。你能说说第2题的单位“1”是什么吗？

生：5朵花。

师：第3题的单位“1”呢？

生：10朵花。

回顾之前的一张纸片、一个饼、一条线段，都是单位“1”。

师：其实，把谁拿来平均分，谁就是单位“1”。把单位“1”平均分成若干份，这样的一份或几份，都可以用分数表示。这就是分数的意义。

请生齐读。（板书：分数的意义）

4. 看板书质疑

师：看看板书，还有没明白的地方吗？

生：没有了。

（三）巩固深化

1. 沟通整数与分数的关系

师：图3–5–14为什么用2来表示？

生：有2个这样的单位“1”，所以是2。

小结：把单位“1”作为标准，往上数，往下平均分。

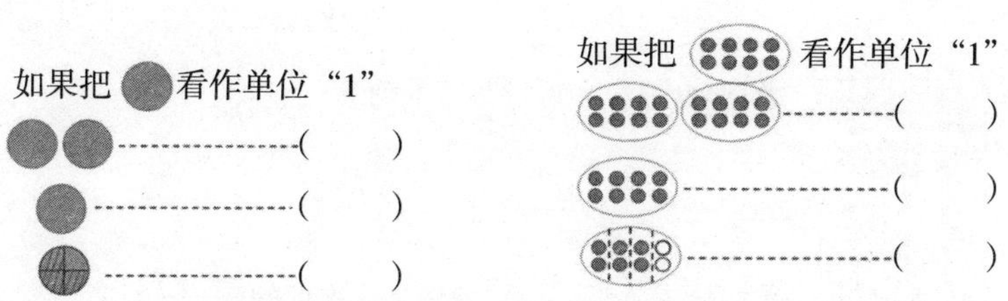

图3–5–14

2. 看图写分数（图3–5–15）

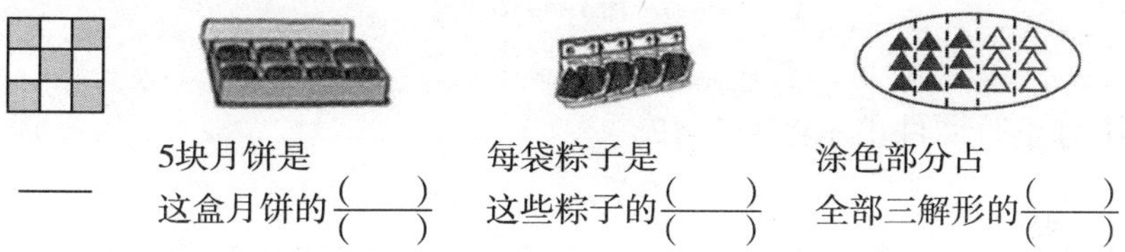

图3–5–15

师：先说说这些题分别把什么看作单位“1”，再动笔填空。

逐一讲评。

师：谁的几分之几，谁就是单位“1”。

师：第3题，填$\frac{2}{8}$还是$\frac{1}{4}$？哪个合适？

生：填$\frac{1}{4}$合适，题目是问一袋粽子，不是一个粽子。

师：其实，分子和分母都表示份数，分母表示平均分成的份数，分子表示取了的份数。

3. 完成书本第62页做一做

师：这里有一堆糖果，请你自己分一分，看看能用什么分数表示。做好第1题就完成任务了，能做第2题是优秀，做出第3题就是非常优秀。看谁能做到非常优秀！（图3–5–16）

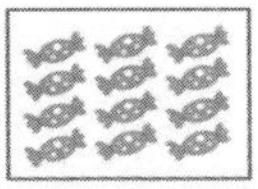

平均分成4份，每份是这堆糖的$\frac{(\quad)}{(\quad)}$

3份是这堆糖的$\frac{(\quad)}{(\quad)}$

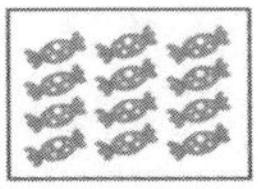

平均分成（　　）份，2份是这堆糖的$\frac{(\quad)}{(\quad)}$

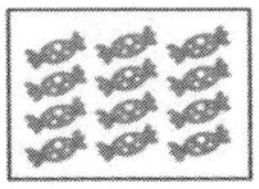

平均分成（　　）份，（　　）份是这堆糖的$\frac{(\quad)}{(\quad)}$

图3–5–16

评讲订正时课件出示图3–5–17。

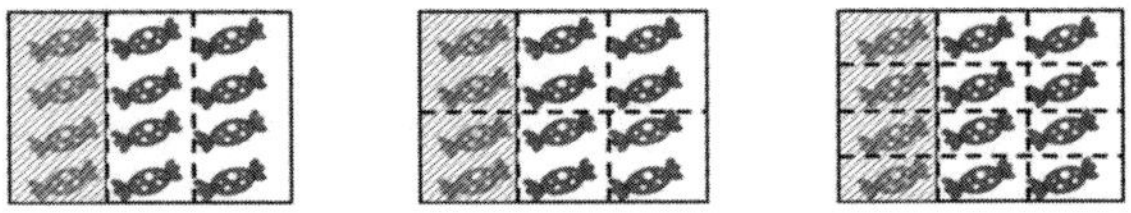

$\frac{1}{3}$　　$\frac{2}{6}$　　$\frac{4}{12}$

图3–5–17

师：同样4颗糖，却用了不同的分数表示，由此再次说明分数只跟什么有关？

生1：分数单位。

生2：平均分的份数和取的份数。

师：大家有很多不同的分法（图3–5–18），比如，平均分成2份、3份、4份、6份，记在分数的哪部分？

平均分成 4 份，（3份）是这堆糖的$\frac{(3)}{(4)}$

平均分成（3）份，2份是这堆糖的$\frac{(2)}{(3)}$

平均分成（6）份，（1）份是这堆糖的$\frac{(1)}{(6)}$

分母　　分子

图3–5–18

生：分母。

师：取了多少份，记在分数的什么位置？

生：分子。

师：（课件将糖果隐去）假如这里有1000个其他的物品，还是平均分成这么多份，取这些份数，这里的分数要改变吗？如果有10000个、无数个其他物品呢？说明什么？

生：都是平均分成几份，取其中的几份，所以分数不变。

（四）全课总结

师：这节课我们学习了什么？

生：分数的意义。

师：分数是怎样的数？

生：先分后数的数。

师：我们还认识了分数单位，我们的数学家在这些分数单位里选取了比较特殊的$\frac{1}{10}$，$\frac{1}{100}$，$\frac{1}{1000}$来做计数单位，这样进率都是10，可以和整数的计数单位一起组成整数、小数的数位顺序表（图3-5-19）。

分数单位

$\frac{1}{4}$

计数单位　$\frac{1}{8}$

……千、百、十、一　$\frac{1}{10}$　$\frac{1}{100}$　$\frac{1}{1000}$

$\frac{1}{n}$

图3-5-19

第四章

在计算教学中培养核心素养

运算具有超强的渗透性，渗透到数学的各个领域，几乎每一个数学问题的解决都需要运算，运算能力是学生必须具备的基础的能力之一，这也是“运算能力”成为2011年版课标新增加的核心概念的原因。

运算能力的内涵包括正确运算、理解算理、方法合理三方面。

计算教学是运算能力培养的主要载体。在计算教学中，还需重视推理能力的培养和转化、数形结合等思想的渗透。

第一节 教学的特点与规律

一、小学计算教学的内容

计算教学是小学数学教学的主要内容之一，遍布各个年级，尤其是在第一学段，更是以计算教学为主。小学阶段的计算，若从内容来分，分为整数、分数和小数的四则运算；从形式来分，分为口算和笔算；从对结果的精确度要求来分，分为精确计算和估算；从简捷性来分，分为按顺序常规计算和运用运算定律或性质进行简便运算；从书写的形式分，分为直接写出计算结果、竖式计算和递等式计算。曹培英老师用下图（图4–1–1）来表示计算的几种方式以及它们之间的关系。

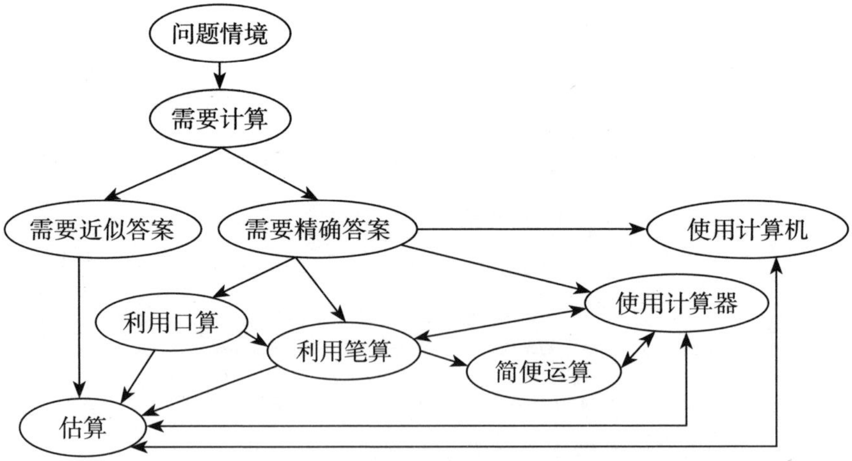

图4–1–1

二、计算教学的编排特点

1. 算用结合

小学阶段的计算教学教材内容编排体现算用结合的特点。计算是基于解决问题的需要提出来的，体现了数学与生活、数学与其他知识的紧密联系，如图4–1–2和图4–1–3所示。

图4–1–2

图4–1–3

有些情境的作用不仅是引出新知，还对算理的理解起到支撑的作用。如图4–1–3，一箱牛奶10盒，先放一个到箱子里凑成一箱（10盒），这其实也是凑十法的算理。

2. 数形结合

凡是某一类计算教学的起始课，教材都会借助几何图形或实物图直观地、数形结合地帮助学生理解算理，如小棒图、方块图、数线图、点子图、线段图等（图4–1–4）。因为算理是抽象的，要让学生明白为什么这样算，对于小学生来说，有较大的难度，但是结合直观教学，数形结合，对于学生理解算理、培养思维能力和运算能力有重要的作用。

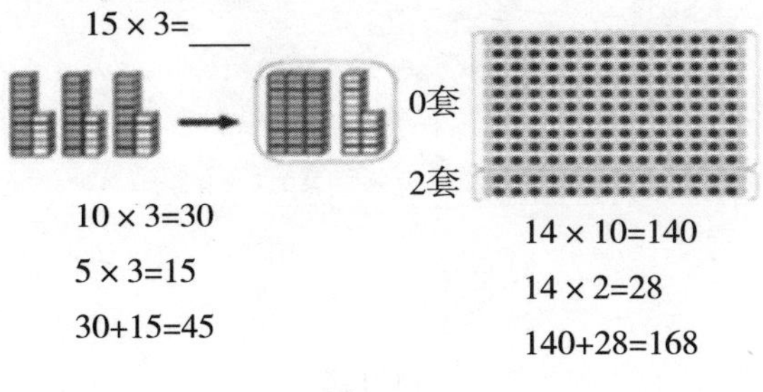

图4–1–4

3. 理法并重

计算教学的重点是理解算理，掌握算法，这是一堂计算课的灵魂。所谓算法，顾名思义，就是计算的程序与规则方法，属于程序性知识，主要解决“怎样计算”的问题。算理，顾名思义，就是为什么可以这样算的道理，是算法成立的理论依据。在计算教学中，算理和算法要相互对照，帮助学生理解为什么这样算（图4–1–5）。

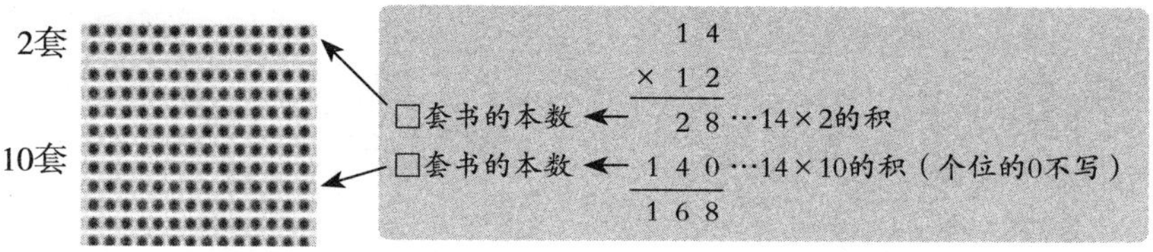

图4–1–5

4. 估算、口算、笔算相融合

在一个计算教学单元中，一般都会先安排口算、估算，再安排笔算。口算通常是笔算的算理，如人教版三年级上册的《多位数乘一位数》单元，先学习12×4的口算，再学习12×3的笔算，口算的算理也就是笔算的算理。另外课改版的教材比较重视估算，估算的内容不仅安排在估算的例题中，还渗透到其他的计算中，如不少笔算的新授课，一般都会渗透估算，一来是作为一种策略，对计算结果进行估值，笔算完之后检查结果是否落到估值范围内，若不在估值范围内，就说明计算有误，需要检查或重新计算一次；二来也是增加估算重现巩固的机会（图4–1–6）。

图4–1–6

第二节　核心素养的主要培养点

计算教学的核心素养培养点主要有运算能力、数形结合思想（几何直观）、推理能力和转化思想等，而运算能力是其中最为主要的素养，计算教学是运算能力培养最重要的载体。

一、运算能力

《义务教育数学课程标准（2011年版）解读》对“运算能力”做了如下解读：根据一定的数学概念、法则和定理，由一些已知量通过计算得出确定结果的过程，称为运算。能够按照一定的程序与步骤进行运算，称为运算技能。要求不仅会根据法则、公式等正确地进行运算，而且理解运算的算理，能够根据题目条件寻求正确的运算途径，称为运算能力。运算能力是小学生数学素养的核心内容，是小学生数学思维发展、解决实际问题的重要支撑。运算能力主要包含下面三个方面的内涵：

运算能力
- 正确运算，形成运算技能
- 理解算理，知其所以然
- 方法合理，运算途径简洁

闽南师范大学教育科学学院索磊教授基于管理学中的“冰山模型”，认为小学生运算能力基本结构的第一层次属于外显素质，是位于海平面以上的冰山，包含数学基础知识与运算操作技能等要素；第二层次属于内隐素质，是位于海平面以下的冰山，包含数学思想方法、情感、态度、价值观等要素。由此构建出小学生运算能力“冰山模型”的基本结构（图4–2–1）。

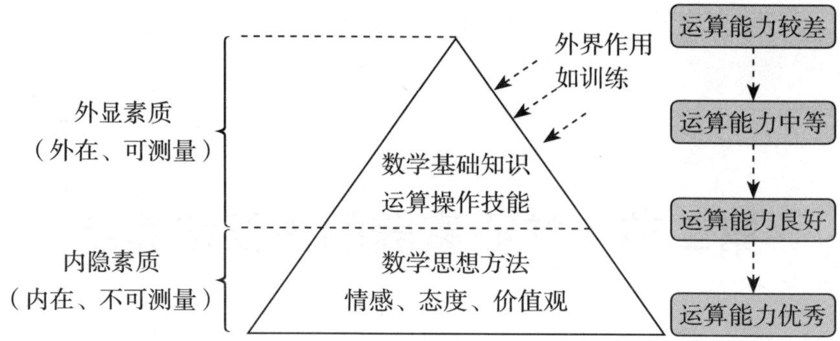

小学生运算能力“冰山模型”结构示意图

图4-2-1

二、推理能力

运算也是一种推理。张景中院士说过：运算是具体的推理，推理是抽象的计算。运算的本质是一种数学思维能力或者推理思想。《义务教育数学课程标准（2011年版）解读》也指出：运算能力并非一种单一的、孤立的数学能力，而是运算技能与逻辑思维等的有机整合。运算能力不仅是一种数学的操作能力，更是一种数学的思维能力。举个简单的例子，大家可以直观地感受到计算教学中处处是推理：

如计算12×3，口算的方法是这样的：

∵ 12=10+2

∴ 12×3=10×3+2×3

又10×3=30

2×3=6

∴ 12×3=30+6=36

这完全就是一个严谨的推理过程，而笔算的算理跟口算的算理完全相同，因此笔算的算理也经历同样的推理过程。

三、转化思想

转化思想在小学数学教学中几乎无处不在，在计算教学中也不例外，如小数乘除法转化为整数乘除法、分数除法转化为分数乘法、异分母分数转化为同分母分数进行计算等。这些都是比较明显的，有些表现得不太明显的，但实则也是运用转化的思想来进行计算的。小学阶段计算教学体现转化思想的教学内容整理见表4–2–1。

表4–2–1

新知	转化成的旧知	说明
20以内的加减法	10以内的加减法和10加几，十几减几	如9+5转化成9+1+4，14–9转化成（10–9）+4或9+5，最终还是转化成前面所列的旧知
100以内的加减法口算	20以内的加减法和整十数加一位数	如25+6转化成20+（5+6），47–8转化成17–8+30
笔算加减法	20以内的加减法	在竖式里，每一位上的数相加基本都是20以内的加减法
整数乘法口算、估算、笔算	表内乘法→乘法口诀	如口算60 × 3，计算6个10 × 3，最终转化为6 × 3；估算59 × 21转化为50 × 20，亦即计算5 × 2即可；笔算14 × 12转化为14 × 2+14 × 10。再往下推，也是计算表内乘法即可，尤其是在算法上，写成竖式后，每一位上的数去乘，都是表内乘法，乘法口诀可以搞定
整数除法口算、估算、笔算	表内除法	如口算150 ÷ 3，计算10个15 ÷ 3，最终转化为15 ÷ 3；估算278 ÷ 7，转化为280 ÷ 7，亦即计算28 ÷ 7即可；笔算153 ÷ 50和153 ÷ 52，只要想15 ÷ 5即可，亦即想五几十五的口诀，笔算153 ÷ 58，只要想六几小于又最接近15即可，实则也是想口诀
小数加减法	整数加减法	按照整数加减法的法则进行计算，只不过相同数位对齐，就是小数点对齐，有时候不一定就是两数的末位对齐，形式上有点不一样而已
小数乘法	整数乘法	按照整数乘法的法则进行计算，只不过需要根据因数与积的变化规律对计算结果的小数点进行处理而已
小数除法	整数除法	依据商不变规律把除数转化为整数，然后按照除数是整数的小数除法计算即可，而除数是整数的小数除法是按照整数除法的计算方法进行的，只不过要确定商的小数点的位置而已
分数加减法	整数加减法	异分母→同分母→分数单位相同的分子相加减，也就是整数相加减。5个1/7 ± 2个1/7实则就是计算5 ± 2
分数乘法	整数乘法	分数相乘，分子乘分子，分母乘分母
分数除法	分数乘法	除以一个数，等于乘这个数的倒数

对上表中的转化关系进行整理，会发现，小学阶段的计算最终都是转化为20

以内的加减法和表内乘除法（含整数、分数、小数）（图4-2-2）。

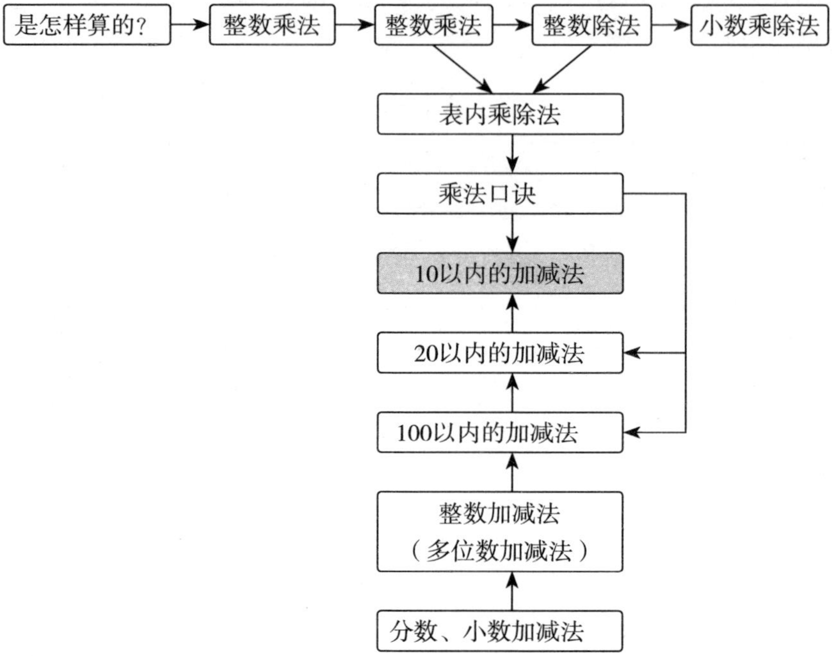

图4-2-2

另外算理的推理本身就是一个转化的过程，把未学的新知转化为已学的旧知，通过旧知来推出新的计算方法。如上面提到的12 × 3的过程，就是把两位数乘一位数转化为已学的整十数乘一位数和一位数乘一位数。

四、几何直观（数形结合）

从前面所述的教材编排特点可知，计算教学离不开算理、运算定律和性质，而算理、运算定律和性质是比较抽象的，需要借助几何或实物直观地、数形结合地去帮助学生理解，如借助小棒图、方块图、数线图、点子图、线段图等。因而计算教学也是“几何直观”能力培养的重要载体。

第三节　教学的策略与方法

一、循理入法，以理驭法

以往的计算教学比较侧重算法，在实际的教学中，不少教师只讲算法，几乎不讲算理，或蜻蜓点水简单略过，在他们的认识中，计算就是技能，技能可以熟能生巧，多练就行。课改后，相对比较重视算理，但是课改初期，又有点走偏了：教师关注的是算法多样化，算法多样化在某种程度上削弱了对算理的理解与强化。理解算理的过程其实就是学生思维能力培养的过程，缺失算理的计算教学，根本谈不上对学生数学核心素养的培养。

算理与算法这两者之间既有联系，又有区别。算理是计算的依据，是算法的基础，而算法则是依据算理提炼出来的计算方法和规则，它是算理的具体体现。算法是“知其然”，算理是“知其所以然”，算理和算法是计算教学中相辅相成、缺一不可的两个方面。它们形式上可分，但实质上不可分。只有算理算法实现沟通和融合，算法的选择才能契合数学运算的本质。

在教学中，切忌出现算理和算法两张皮的现象，需要把两者结合起来，以算理去指导算法，让学生知道为什么可以这样算，道理在哪里，从而循理入法，以理驭法。例如两位数除一位数的笔算除法，除法竖式是平均分物过程的记录，因此，一定要把分小棒的过程和竖式的中每一步的计算相对照，学生才能明白为什么是这样算的（图4-3-1）。又如，100以内的退位减法笔算，把小

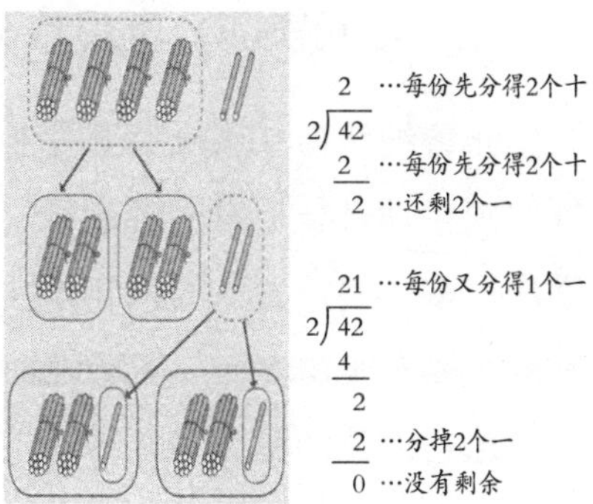

图4-3-1

棒图和算式相对照，结合摆小棒的过程理解竖式中为什么要从十位退一，为什么个位是11–6，为什么十位上是4–3而不是5–3等（图4–3–2）。

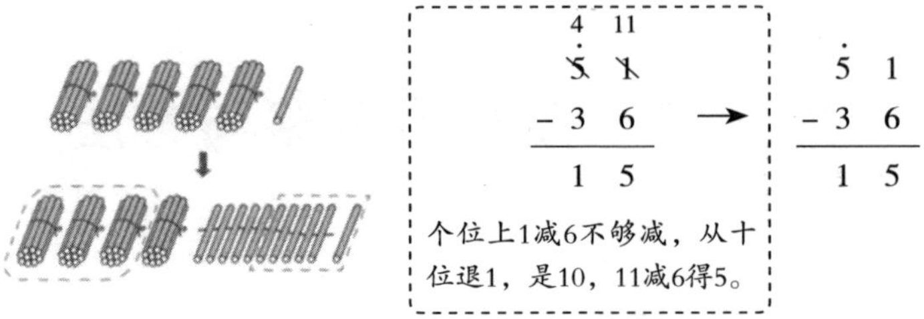

个位不够减，从十位退1。

图4–3–2

奥苏贝尔提倡有意义的学习，这里的有意义就是指理解地计算，而不是机械地计算。另外，有意义的学习还强调有结构的知识和方法，只有基于算理的理解，建构起来的算法才是具有良好结构的，才更有利于后面的迁移。

值得注意的是，重视算理的教学并不意味着就要花大量的时间反反复复去讲算理，只要讲清楚能让学生明白就可以了。有一些计算内容的学习不是起始课，算理、算法的教学用同化的方式来进行，也就是运用迁移类推的方法。算理教学所用的时间不需要多，如果学生学习了两位数加减法的笔算，那么在学习三位数和四位数的加减法笔算时，就可以让学生尝试迁移运用前面的算理和算法了，算理不需要专门去探究，顶多就是学生尝试计算后，配以计数器等演示一下即可。

二、多元表征，直观教学

布鲁纳认为，人类智慧生长经历了三种表征系统的阶段，分别是动作性表征、映象性表征、符号性表征。由于算理比较抽象，因此在小学阶段的计算教学中，多元表征方式有助于学生充分理解算理和掌握算法，常用和实用的表征方式主要有实物表征、图形表征、语言表征、算式表征等。

值得注意的是，表征方式有一定的阶段性，正如布鲁纳的表征系统那样，具有阶段性的特点，这个阶段性的特点是由学生的年龄特征以及学习基础所决定的。如一、二年级比较常用的摆小棒、摆圆片等动作性实物表征的方式，到了三、四年级，除小部分计算还动手操作摆小棒外，更多地过渡到小棒图，方块图等符号性的直观表征；到了五、六年级，主要是分数和小数的计算。小数的计算直接采用转化的思路，转化为用整数的计算方法进行计算，脱离了具体的操作和图形直观，更多采用的是算式表征的方式。分数的四则运算采用的是比较抽象的单位“1”的图形表征方式，用一个图形，如长方形、正方形、圆或线段图等来表征算理。

表征方式的阶段性特点提示我们，在教学中，不要一见到教材的例题编排有小棒图，为了凸显重视算理的教学，就不管三七二十一，让学生摆小棒，通过操作去探究算理；要视具体的内容和所在的年级而定，如上面的图4-3-1，就不建议让学生摆小棒，学生的思维水平需要进阶，可以让学生在脑子里摆小棒、移小棒或者圈和画，由动作性表征提高到映象性表征的水平，这样才有利于学生由具体形象的思维向抽象思维发展。

另外，要结合具体的内容采用多元表征的方式。有学者指出“任何表征都能够表达部分但不是全部的信息，凸显其中的一部分而隐藏另一部分，所以说，单一的表征形式不利于学生对知识的全面理解”。在教学中，我们除了要充分利用教材上的直观表征方式外，还应该辅以其他的表征方式，如语言表征，可以让学生口述计算过程，如一年级上册的9加几和二年级的两位数减两位数（退位）如图4-3-3所示。

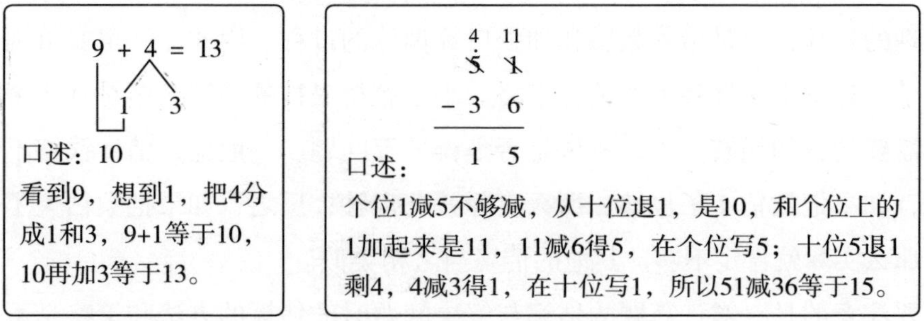

图4-3-3

口述计算过程实质上是思维的外化，口述的过程就是算理和算法融合的过程，只不过相对更偏重算法而已，比较适合在中、低年段运用。在平时的教学中，可以引导学生用文字、图像等多元表征的方式来进行运算的表达。

三、“三算”融合，全面提升运算能力

运算能力可以分为口算能力、笔算能力、估算能力。发展学生的运算能力不应只局限于笔算能力的提升，还应注重口算能力，估算能力，笔算能力的融合。口算是估算和笔算的重要基础，估算122÷30转化为口算120÷30，也就是整百整十数除以整十数的口算。笔算430÷62，转化为430÷60，最终转化为43÷6的口算。（图4-3-4、图4-3-5）

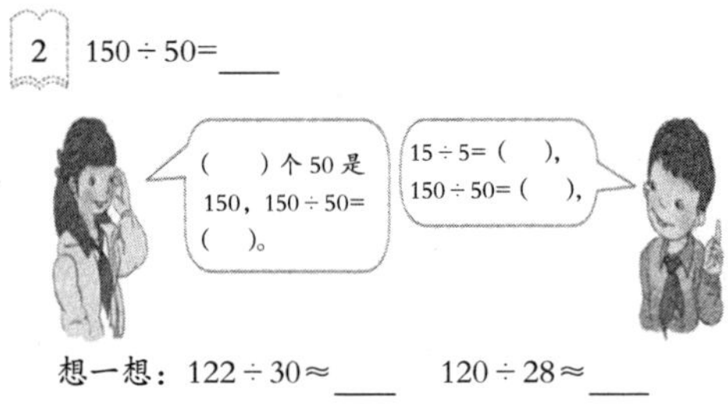

图4-3-4

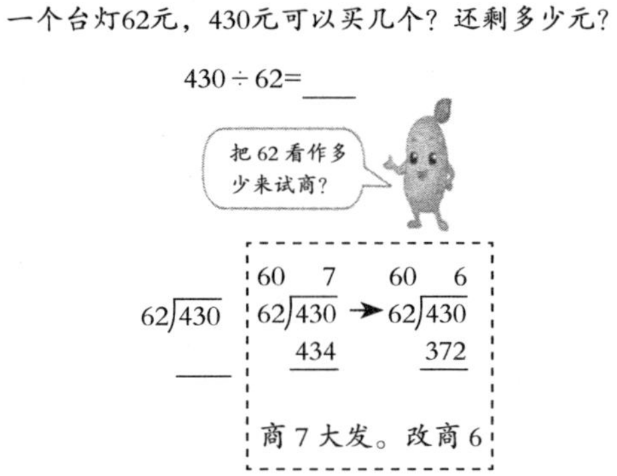

图4-3-5

估算是重要的运算技能。估算的前提是不需要得到精确的计算结果；估算的意义在于能够快速做出判断，或得到一个接近的结果；估算的计算思路是化笔算为口算，或化烦琐计算为简单计算；估算的过程实则就是一个策略优化和推理的过程，也是培养数感和加强口算训练的过程。因此，一定要重视估算的教学，让学生掌握基本的估算策略。小学教材安排的估算大多是基于解决问题的需要的，如钱够不够，座位是否坐得下等问题。一般地，估计钱够不够的问题，如果把数估小了也够，那么实际就一定够；反之，如果把数估大了也不够，那么实际就肯定不够。其他的情境与之相类似。

要注意的是，对计算题的估算与解决问题时的估算的方法和策略是不一样的，如估算38.2+9.6+22.8×2，若是纯计算题的估算，可以把各数看作最接近的整十的数来计算：

$$\underset{40}{\underline{38.2}}+\underset{10}{\underline{9.6}}+\underset{20}{\underline{22.8}}\times 2\approx 90$$

而利用估算解决钱够不够的问题，则不建议这样，因为有些是估大了，有些是估小了。算出来的结果究竟是比原式大还是小需要额外去比较估大的部分和估小的部分的多与少才能判断，这样会更麻烦，当然数感比较强的学生是可以的，有时候算起来还比较快捷，但是说理过程的书面表达相对比较就麻烦。带情境的估算，判断够与不够，一般要把各数同时估大或者同时估小。若是小数的计算，很多时候还不能把小数看成接近的整十数，而是看成接近的整数，如：

$$\underset{<40}{\underline{38.2}}+\underset{<10}{\underline{9.6}}+\underset{<20}{\underline{22.8}}\times 2<96$$

答：100元够买这些水果。

同时估大或同时估小，实则涉及的是推理的问题，算式左边全部都是“<”或“>”，才能推出估算结果是“<”或“>”。

或写成这样：

$$38.2+9.6+22.8\times 2<96$$

$$\downarrow\quad\downarrow\quad\downarrow$$

想：$40+10+23\times 2=96$ 　估大

$96<100$

答：100元够买这些水果。

用估算解决实际问题时，要根据问题的具体情况和数据特点选择适当的估算策略。购物情境下的估算，一般策略如下：

（1）要判断“够钱”，所有的数都要估大或不变（同时估大，或其中一个估大，另外一个不变）。

（2）要判断“钱不够”，所有的数都要估小或不变（同时估小，或其中一个估小，另外一个不变）。

（3）估的时候要注意估大或估小适度，要能解决问题。

估算的策略重要，估算的意识也同样重要。教师平时要有意识地培养学生的估算意识：一是要重视教材已经编排的估算教学内容的教学，要落实教学目标。二是在笔算时适当补充，如人教版六年级上册分数的乘除法没有安排估算教学内容，但是在教学中可以适当地进行补充，如：

估一估，填一填：在○里填“>”“<”或“=”，并简单说明理由。

$\frac{45}{88} \times \frac{36}{66}$ ○ $\frac{1}{4}$　理由：________________。

三是要把估算有机融合在其他的教学内容中，如解决问题，题目里面没有明显提出要估算，但是适合用估算策略解决问题，要引导学生自觉估算。若能坚持训练，久而久之，学生的估算意识就能慢慢培养起来。

在“三算”融合方面，不少教师都做了很好的尝试，如梁艳薇老师在“两位数乘两位数笔算练习课”中就做了很好的示范。

1. 巧编算式

在43 × 65这道算式中，有哪几个数字？你能用这4个数字编一道新的两位数乘两位数的算式，使得它的积比43 × 65的积大吗？

学生编题后汇报：53 × 64，63 × 54，63 × 45。

师：你用什么方法知道这些算式的积比43 × 65大？

生1：竖式计算。

生2：估算。53 × 64，把53估成50，把64估成60，积大约是3000，两个因数都估小了，实际的积肯定大于3000，所以53 × 64大于43 × 65。63 × 54也一样。

师：那63 × 45呢？用估算方便比较吗？估算不好判断，怎么办？

生：笔算。

师小结：当不需要知道准确值时，我们可以用估算直接进行判断。有时候估算不能帮助我们比较算式的大小，就需要笔算得出精确的结果。

2. 连一连

小蜜蜂采花蜜（每题肯定有一个答案是正确的）：

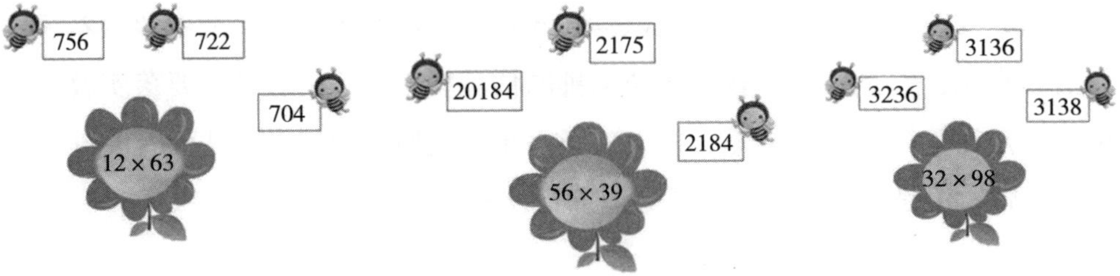

（1）汇报12×63，要求学生快速判断

生：不用笔算，积的个位应该是6，所以只有756是正确的。

（2）汇报56×39，要求学生快速判断

生：通过积的个位是4，可以排除2175，通过估算，把56×39看作60×40来估算，积是2400，估大了，实际的积应该比2400小，所以只有2184符合。

两位数乘两位数，积不可能是五位数。指名学生说出判断理由。（先看个位，再估算。）

师：两位数乘两位数，积为什么不可能是五位数？两位数乘两位数，积可能是两位数吗？两位数乘两位数的积可能是几位数？

学生讨论。

引导得出：最小的两位数相乘，即10×10=100，是三位数，最小的两个三位数相乘，即100×100=10000，是最小的五位数，因此，两位数乘两位数积只能是三位数或四位数。

（3）汇报32×98，要求学生快速判断

引导得出：先从个位判断，排除3138；再估算，把98估成100，32乘98约是3200，乘数98估大了，积肯定小于3200，排除3236，答案是3136。

师小结：两位数乘两位数，我们可以计算个位的乘积判断积的个位，也可以通过估算合理推理出结果，从而快速算出正确答案。

梁老师设计的这两个练习巧妙地把笔算、口算和估算融合在一起，在练习过程中培养了学生合理选择算法、灵活进行计算的能力，同时发展了学生的数感、推理能力和思维的灵活性。

口算是估算和笔算的重要基础，平时可以适当加强训练。如可以在平时的课外作业布置中适当补充一组口算，或者在预备铃到正式上课之间的2分钟时间内由科代表组织口算训练等。每次不用多，主要针对计算的重点和学生的易错点，即使当时的教学进度已经不是计算教学，但是仍然可以坚持训练。例如，五年级小数乘除法是一个难点内容，学生计算速度慢，正确率不高，平时就可以额外加强训练。

四、渗透转化思想，促进知识和方法的迁移

如前文所述，转化思想在小学数学的计算教学中无处不在，因此需要有意识地进行渗透。但实际上，在计算教学中渗透转化思想并不为有些教师所认知。记得在某次笔算除法的课例研讨中，有些骨干教师就没有意识到除数是整十数和两位数的笔算除法，试商的方法实则经历了转化的过程：除数是两位数转化为除数是整十数去试商；除数是整十数的，转化为口诀去试商。如果教师本身都没有这种认知，就谈不上有意识地渗透了。

从前面的思维导图（图4–2–2）我们清晰地看到，化归思想贯穿整个小学阶段的计算教学，因此，在教学中，我们要通过精心的设计，让学生感悟这种转化，领悟化归思想，以后当他们遇到新的计算时，就会自觉地运用这种思想去推导新的计算方法。例如，教学分数加减法时，异分母分数加减法通过通分，转化为同分母分数加减法，而同分母分数加减法，则通过设计以下的练习，让学生感悟：分数加减法，实则是分数单位统一情况下的整数加减法（图4–3–6）。

图4–3–6

再通过以下的例子，让学生更进一步感受这种转化：

1+2=3　1个1加上2个1等于3个1。
20+30=50　1个10加上2个10等于3个10。
0.1+0.2=0.3　1个0.1加上2个0.1等于3个0.1。
（以上三式）最终都是计算1+2=3

由此可以看出，小数、分数的加减法都可以转化为计数单位统一情况下的整数加减法。

五、精心设计练习，落实运算能力培养

计算教学新授课的练习设计有一定的规律，一般有：第一层是针对算理和算法的专项练习，第二层是完整的计算，第三层是辨析纠错，第四层是对比沟通或变式拓展，第五层是应用计算解决问题。例如“一个数除以分数”的巩固练习，详见本章第五节第一个案例。当然练习的层次可以根据不同的内容进行适当的调整。

为提高练习的有效性，适当的时候建议以题组的形式设计练习。所谓题组，就是把有内在联系的题目以组题的形式呈现，或同质的，凸显本质相同的地方；或异质的，表面相近，但实则有比较大的区别；或递进的，一层一层逐步深入；或者是易混淆的；等等，通过几个问题的前后联系以及解决这些问题的方法的变化，帮助学生深刻理解和掌握，形成一种更高层次的思维方法，以达到对问题本质的了解、思维的拓展与迁移等目的。

如分数乘法的简便运算练习设计，引用乘法分配律是变化最多的，是教学难点和学生的易错点，可以设计题组练习，如：

从$ac+bc$→到（$a+b$）$\times c$：

$\frac{17}{14}\times\frac{5}{8}-\frac{5}{8}\times\frac{3}{14}$　　$\frac{7}{9}\div\frac{11}{2}+\frac{2}{9}\times\frac{5}{11}$　　$\frac{11}{8}\times67-\frac{11}{8}\times7+\frac{11}{8}\times4$

$\frac{6}{7}\times60\%+\frac{4}{7}\div\frac{5}{3}$　　$\frac{5}{8}\times15+\frac{5}{8}$　　$\frac{5}{7}-\frac{5}{9}\times\frac{5}{7}$

$\frac{7}{8}\div5+\frac{7}{8}\div2$　　$\frac{2}{13}\times9+\frac{9}{13}\times11$

从（$a+b$）$\times c$→到$ac+bc$：

$30\times\frac{17}{29}$　　$29\times\frac{17}{30}$　　$36\times(\frac{7}{9}+\frac{3}{4}-\frac{5}{6})$

$(54+\frac{9}{13})\div9$　　$\frac{1}{24}\div(\frac{5}{6}+\frac{3}{8})$　　$(\frac{5}{6}+\frac{3}{8})\div\frac{1}{24}$

通过题组内的对比，强化定律的结构特征和数的特点。另外通过每一道题目的特点，掌握具体的方法与技巧。

第四节　教学问题链设计

计算教学的重点是理解算理和掌握算法，因此新授课中问题链的主链也应该是围绕这两点来设计的，分别是“怎样计算？”“为什么这样计算？”这两个问题是计算教学中的核心问题，因此计算教学新授课的问题链基本模型如图4–4–1所示。

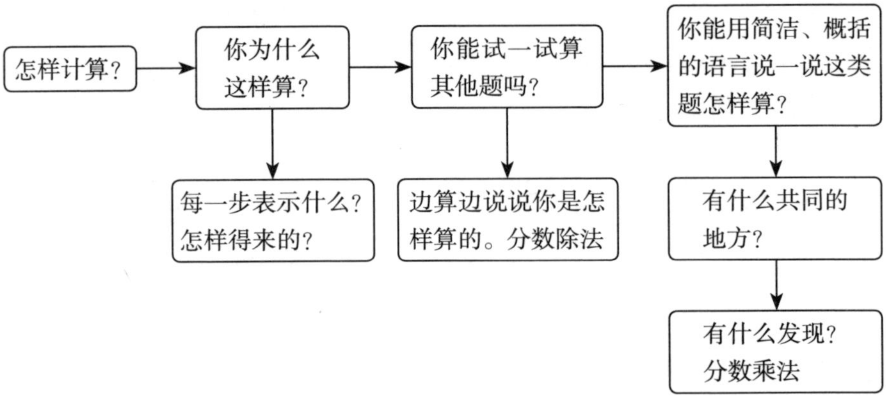

图4–4–1

考虑到灵活计算也是计算教学中的一个重要内容，因此可以加上“怎样计算简便？”也就是：怎样计算？→为什么这样计算？→怎样计算简便？

“怎样计算？”是个程序性、法则性比较强的问题，子问题链一般都是先算什么，再算什么，最后算什么，等等，在此不再赘述。下面重点讲讲指向算理理解的问题链子链设计。对于“为什么这样计算？”这一核心问题，子问题链的设计要因内容而异、因该例题在单元所处的位置而异。

整数加、减、乘、除的计算基本都安排在低中年级，算理的理解大都借助摆小棒，有些会借助点子图或方块图，而同分数加减法以及分数乘除法算理的理解，更多的是借助直观的几何图形的方式，尤其是第一学段的内容和计算单元的起始例题。因此核心问题“为什么这样计算？”以及“怎样计算？”的子问题链，一般都如图4–4–2所示。

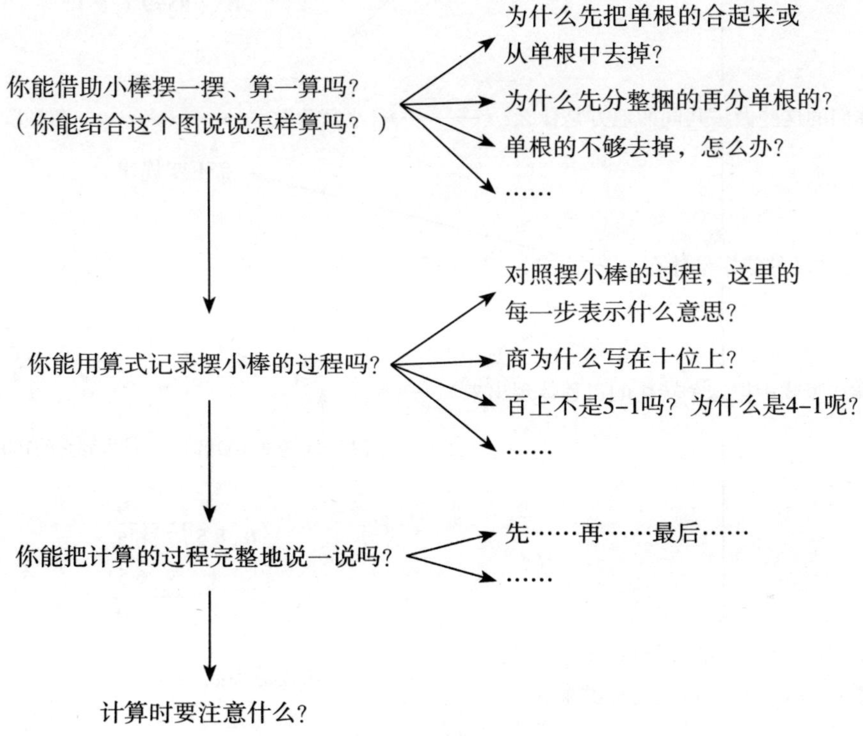

图4–4–2

异分母分数加减法和小数乘除法的算理教学采用的是转化的方法，因此，指向“为什么这样计算？”的子问题链设计，都会设计这样的问题“能转化成我们学过的知识来计算吗？”“这个转化的过程如何在计算中体现出来？”

然后根据不同的计算设计其他的问题。以“除数是小数的除法”第一个例题为例，即一个中国结需要0.85米丝绳，7.65米丝绳可以做多少个中国结，说说它的问题链设计？

问题链设计如图4–4–3所示。

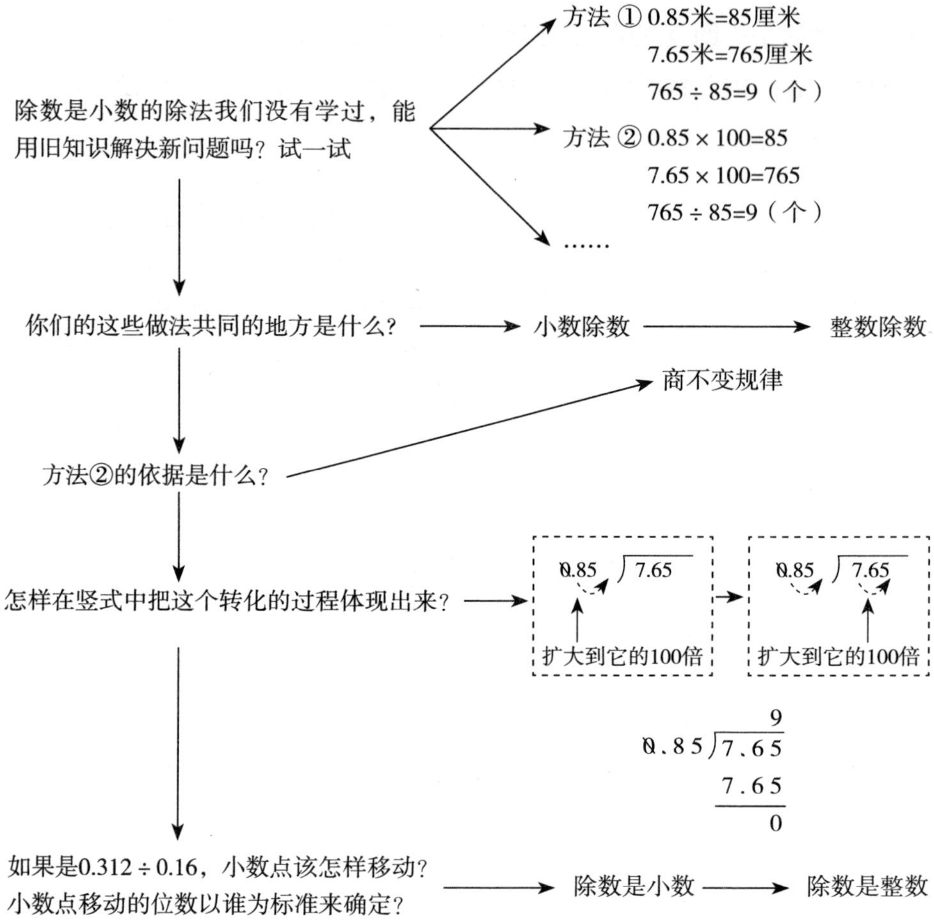

图4-4-3

分数乘除法计算的算理是小学阶段计算教学中最抽象、最难理解的，尤其是一个数除以分数的除法的算理。下图是根据苏教版教材设计的问题链（图4-4-4）。

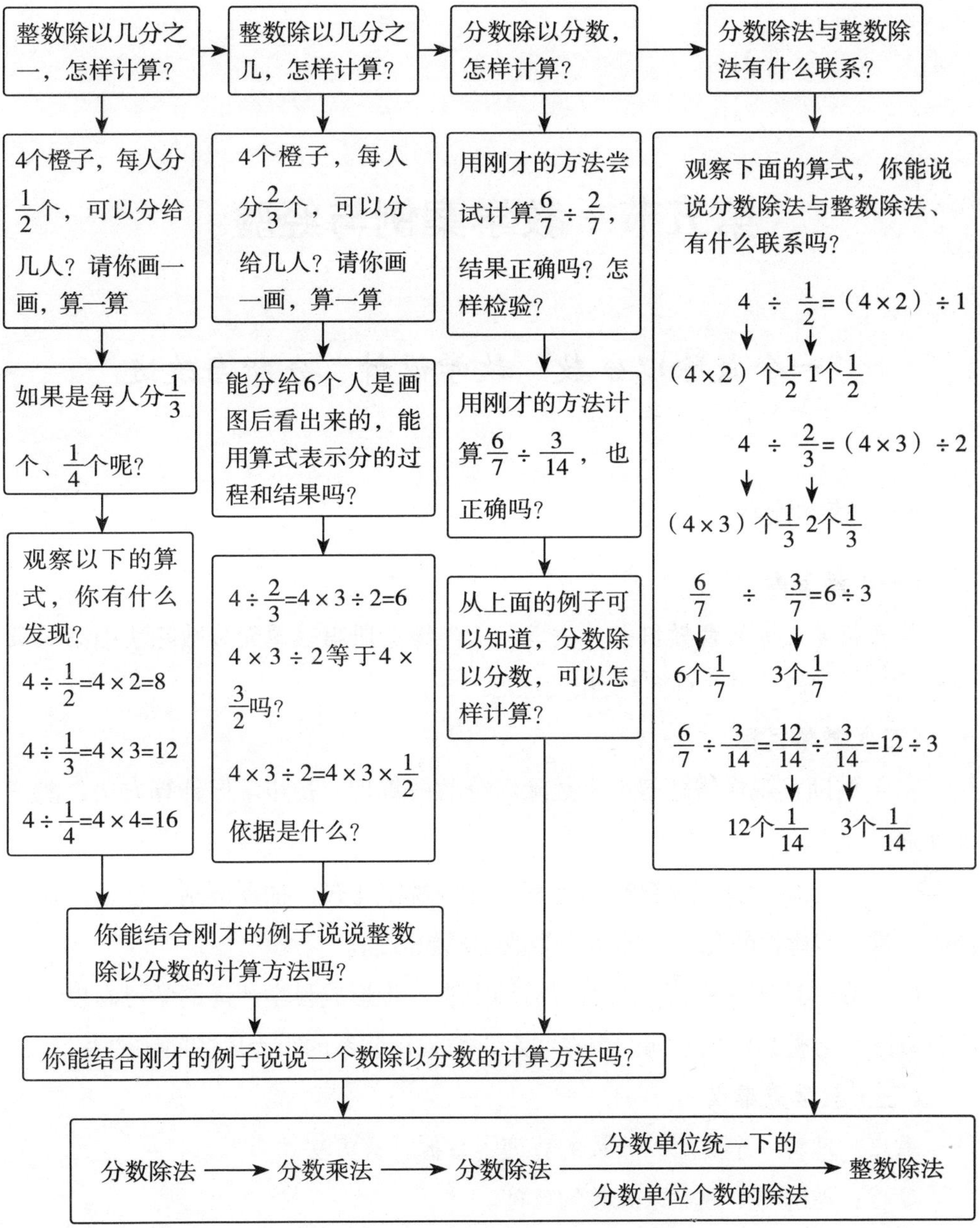

图4-4-4

该课的教学设计详见本章第五节的第一个案例。

第五节　教学案例与经验

“一个数除以分数”教学设计、分析与改进

一、教学设计

（一）教学内容

苏教版《义务教育教科书·数学》六年级上册第三单元分数除法中第44页例2、第45页例3、第46页例4及相关练习。

（二）教学目标

（1）借助直观模型理解一个数除以分数的算理，初步掌握计算方法，能正确地进行计算。

（2）经历探索算理和算法的过程，发展观察比较、抽象概括、迁移类推的能力，进一步感悟转化、数形结合等数学思想方法。

（3）在“猜想—验证”的学习活动中进一步形成科学严谨的学习态度，沟通分数除法与整数除法之间的内在联系，增强用联系的眼光思考问题的意识。

（三）教学重难点

重点：理解一个数除以分数的算理，掌握计算方法。

难点：理解一个数除以分数的算理。

（四）核心素养培养点

本课最重要的核心素养培养点是运算能力，理解算理、掌握算法、正确计算是运算能力的主要内涵。另外，化归思想和数形结合思想也是重要的培养点，在探究和练习过程中，学生的观察比较、抽象概括、迁移类推等的思维能

力、思维的灵活性都能得到有效培养。

（五）教具准备

多媒体课件、课堂练习纸。

（六）问题链设计

详见本章第四节的内容。

（七）教学过程

1. 复习铺垫，引入新课

（1）口算：$\frac{1}{7}\div 5=$　　　　$\frac{3}{4}\div 3=$

（2）说出下面各数的倒数。

$\frac{1}{9}$　　　　$\frac{51}{62}$

（3）导入揭题。板书课题：一个数除以分数。

2. 创设情境，探究新知

（1）整数除以几分之一

① 学习例2。

出示例2：幼儿园李老师分橙子，把4个同样大的橙子分给小朋友，每人分2个，可以分给几个人？每人分1个，可以分给几个人？每人分$\frac{1}{2}$个，可以分给几个人？

学生尝试列式后，提问：为什么三道题都是用除法计算的？

学生尝试计算$4\div\frac{1}{2}$。

汇报，要求学生结合图说说为什么可以转化为计算4×2。

板书：$4\div\frac{1}{2}=4\times 2=8$（人）。（图4–5–1）

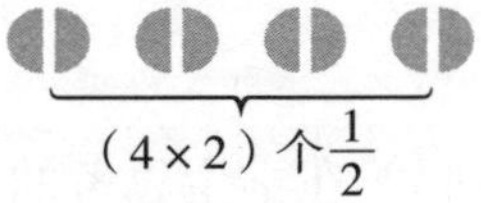

图4–5–1

② 丰富例证。

4个同样大的橙子，每人分$\frac{1}{3}$个，可以分给几个人？学生分一分，填一填，再列式计算。

$4 \div \frac{1}{3}=4\times 3=12$（人）。（图略）

40个橙子每人分$\frac{1}{6}$个，可以分给几个人？学生想象图形，然后列式计算。

$40 \div \frac{1}{6}=40\times 6=240$（人）。（图略）

③ 小结方法。

引导学生观察、对比刚才的三个算式，总结整数除以几分之一的计算方法。

出示：整数除以几分之一等于这个整数乘几分之一的倒数。

（2）整数除以几分之几

① 出示例3。

如图4–5–2所示，刚才每人$\frac{1}{3}$个，可以分给12个人，那现在如果每人分$\frac{2}{3}$个，又可以分给几个人？

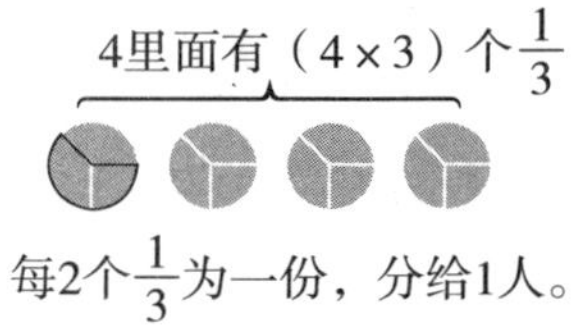

图4–5–2

② 尝试计算。

预设1：画图得到结果。

预设2：$4 \div \frac{2}{3}=4\times \frac{3}{2}=6$（人）。

③ 理解算理。

4个橙子共有（4×3）个$\frac{1}{3}$，每2个$\frac{1}{3}$分一人，求可以分给几人，实际上就是求（4×3）里包含有几个2。

$4 \div \frac{2}{3}=4\times 3 \div 2$。

提问：$4\times 3 \div 2$等于$4\times \frac{3}{2}$吗？在学生思考的基础上引导他们对算式进行恒等变形。

板书：$4\div\frac{2}{3}=4\times3\div2=4\times\left(3\times\frac{1}{2}\right)=4\times\frac{3}{2}=6$（人）。

④ 小结方法。

整数除以几分之几等于整数乘几分之几的倒数。

（3）分数除以分数

① 出示例4：量杯里有$\frac{6}{7}$升果汁，玻璃杯的容量是$\frac{3}{7}$升，量杯里的果汁倒入玻璃杯，能倒满几杯？

② 迁移前面总结的整数除以分数的计算方法，尝试计算。

③ 画图验证（图4–5–3）。

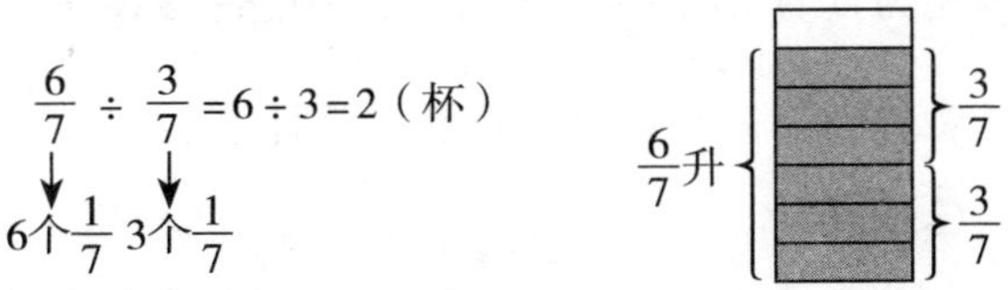

图4–5–3

④ 丰富例证。

出示：$\frac{6}{7}\div\frac{3}{14}$，学生尝试计算并验证答案（图4–5–4）。

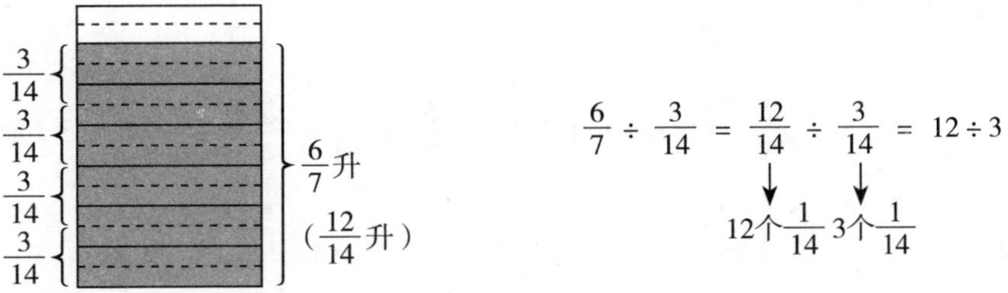

图4–5–4

（4）总结计算法则

甲数除以乙数（0除外），等于甲数乘乙数的倒数。

板书：分数除法→分数乘法。

3. 巩固练习，熟练算法

（1）基础练习（图4–5–5）。

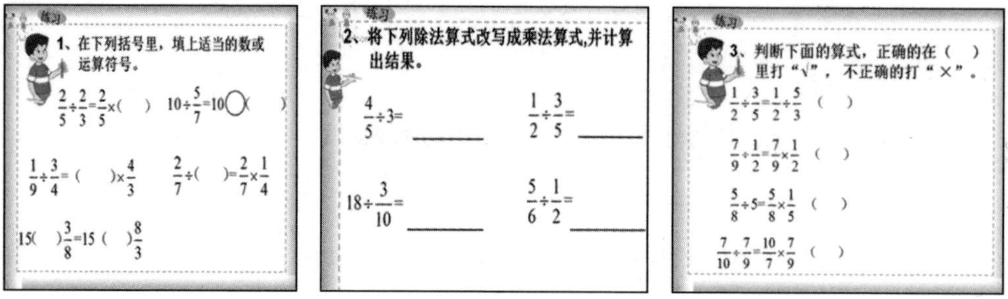

图4–5–5

（2）试一试：$13\div0.125$。

学生将算式转化为计算$13\div\frac{1}{8}=13\times8$，从中感受到，所学过的所有的除法计算都可以转化为乘法计算，要视数的特点灵活计算。

4. 对比沟通，总结提升

（1）回顾例2、例3和例4，引导学生再次认识分数除法与整数除法之间的内在联系。

$4\div\frac{1}{2}=(4\times2)\div1$

4 ↓ (4×2)个$\frac{1}{2}$　　$\frac{1}{2}$ ↓ 1个$\frac{1}{2}$

$\frac{6}{7}\div\frac{3}{7}=6\div3=2$（杯）

$\frac{6}{7}$ ↓ 6个$\frac{1}{7}$　　$\frac{3}{7}$ ↓ 3个$\frac{1}{7}$

$4\div\frac{2}{3}=(4\times3)\div2$

4 ↓ (4×3)个$\frac{1}{3}$　　$\frac{2}{3}$ ↓ 2个$\frac{1}{3}$

$\frac{6}{7}\div\frac{3}{14}=\frac{12}{14}\div\frac{3}{14}=12\div3$（杯）

$\frac{12}{14}$ ↓ 12个$\frac{1}{14}$　　$\frac{3}{14}$ ↓ 3个$\frac{1}{14}$

当被除数和除数的分数单位相同时，就转化为分数单位个数的除法，也就是分数除法最终转化为整数除法了。

PPT：分数除法 —分数单位统一下的／分数单位个数的除法→ 整数除法

（2）今天我们共同学习了什么？是怎样学的？你有什么收获？

5. 布置作业

略。

二、教学分析与改进

1. 为何这样上？——设计解读

分数除法的算理是小学阶段计算教学所有内容中最为抽象和难懂的，尤其是一个数除以分数的算理，可以说是小学阶段计算教学中算理最难理解的。分数本身就比较抽象：分数乘除法的算理不像整数乘除法计算那样，可以通过摆小棒、分小棒等去理解；也不像小数乘除法那样，借助商不变规律或积的变化规律可直接转化成整数来计算。对于这个算理的教学，不同版本的教材有不同的设计，以三大版本为例，北师大版和苏教版教材设计思路比较相近，都是采用包含除的思路，北师大版通过分饼、苏教版通过分橙汁来理解，具体见本教学设计的第二大环节。北师大版以整数除以几分之一为主例，通过分饼模型和面积模型（图4–5–6）直接得出一个数除以分数的计算方法。

◯ 淘气利用长方形的面积解释“除以一个不为零的数，等于承这个数的倒数”，你能看懂吗？想一想，接着填下去。

图形	面积	宽	长	算式
$\frac{1}{3}$ 3	1	$\frac{1}{3}$	（3）	$1\div\frac{1}{3}=3$
$\frac{1}{3}$ 3	2	$\frac{1}{3}$	（2×3）	$2\div\frac{1}{3}=2\times3$
$\frac{1}{3}$ 3	3	$\frac{1}{3}$	（ ）	
$\frac{1}{3}$ 3	4	$\frac{1}{3}$	（ ）	

图4–5–6

然后分数除以几分之一、一个数除以几分之几的计算，直接迁移运用整数除以几分之一总结出来的方法。相对于北师大版来说，苏教版对算理的教学处理得更加细腻，整数除以几分之一之后，还安排了两个例题，分别是整数除以几分之几的$4\div\frac{2}{3}$和分数除以分数的$\frac{9}{10}\div\frac{3}{10}$。$4\div\frac{2}{3}$采用彩带的长度模型，直观得出结果，然后看看跟$4\times\frac{3}{2}$的计算结果是否一样，再综合前面的例题$4\div\frac{1}{3}$

得出整数除以分数的计算方法（图4–5–7）。

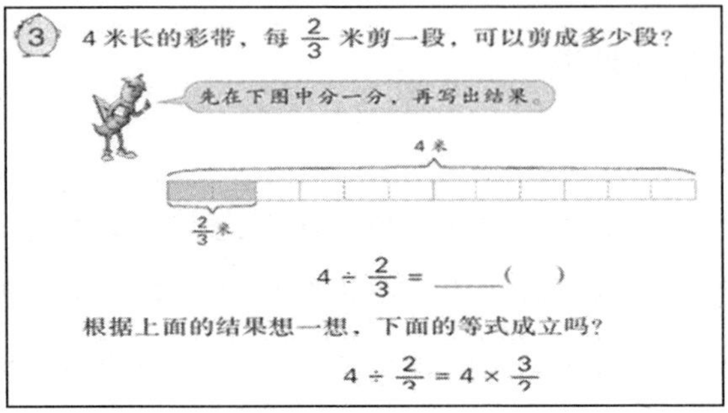

图4–5–7

分数除以分数的教学，则采用迁移验证的思路（图4–5–8），最后再综合整数除以分数、分数除以分数以及分数除以整数的例子总结分数除法的计算方法。

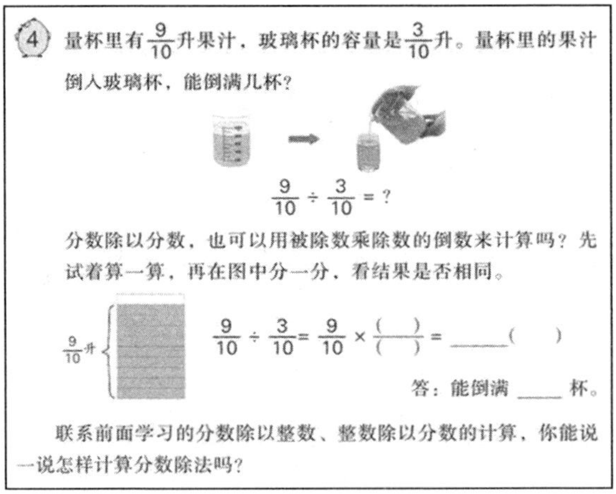

图4–5–8

人教版采用的是等分除的思路，采用路程、速度、时间的模型来帮助学生理解算理（图4–5–9），用几何直观+算式的演算推理，得出整数除以几分之几的计算方法。

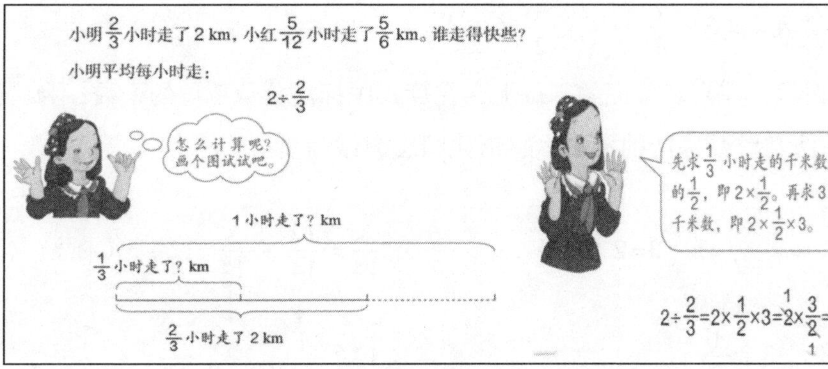

图4–5–9

在此基础上，学生把方法迁移类推到分数除以分数的计算$\frac{5}{6}\div\frac{5}{12}$，然后再综合整数除以分数、分数除以分数以及分数除以整数的例子，总结分数除法的计算方法。

对比三个版本的教材，算理教学主要有两种思路：一种是包含除的思路，另一种是等分除的思路。我们对部分学生进行了前测，发现他们更接受包含除的思路，因为更直观，更容易理解转化为乘法的算理。另外，基于包含除的情境更能引出分数除法与整数除法之间的内在联系，能更直观地理解分数除法其实就是分数单位统一下的分数单位个数的除法，也就是整数除法。于是，本教学设计采用包含除思路中的苏教版教材进行教学，例2（整数除以几分之一）和例4（分数除以分数）的教学基本按照苏教版教材的处理，只是增加了“丰富例证”的环节，通过多个例子来抽象概括计算方法，培养学生抽象概括的能力，让学生初步感悟转化。而在对例3的处理中（整数除以几分之几$4\div\frac{2}{3}$），先让学生猜想迁移例2的计算方法，然后结合具体的情境，尝试把人教版中推导计算方法的思路也整合进去，让学生更加确信猜想是正确的、迁移是可行的，使学生的逻辑推理的能力得到训练。

4个橙子共有（4×3）个$\frac{1}{3}$，每2个$\frac{1}{3}$分一人，求可以分给几人，实际上就是求（4×3）里包含有几个2。所以有$4\div\frac{2}{3}=(4\times3)\div2$，由此推出$4\div\frac{2}{3}=$

$(4\times3)\div2=4\times(3\times\frac{1}{2})=4\times\frac{3}{2}=6$（人）

例4的教学，在直观验证的基础上，在算式中标注分数单位的个数，为后面沟通分数除法与整数除法的关系，感悟化归思想做铺垫。

$\frac{6}{7}\div\frac{3}{7}=6\div3=2$（杯）

$\frac{6}{7}$ → 6个$\frac{1}{7}$，$\frac{3}{7}$ → 3个$\frac{1}{7}$

$\frac{6}{7}\div\frac{3}{14}=\frac{12}{14}\div\frac{3}{14}=12\div3$（杯）

$\frac{12}{14}$ → 12个$\frac{1}{14}$，$\frac{3}{14}$ → 3个$\frac{1}{14}$

练习的设计体现计算教学新授课的规律：第一层练习主要针对算理和算法，巩固分数除法计算转化为分数乘法计算时的变与不变；第二层练习是完整计算，包含分数除以整数、整数除以分数、分数除以分数（除数是几分之一和几分之几）等情况，落实算法，初步形成计算技能；第三层是判断练习，再次强化算理和算法；第四层是变式拓展练习，一道小数除法题，如果用竖式计算，除数是三位数，计算是比较烦琐的，但是如果转化为$13\div\frac{1}{8}$，就简便多了，由此体会转化带来的好处。

2. 还可以怎样上？——设计优化

这节课是一节区级公开研讨课，属于研究的性质，上课教师按照笔者的思路和设计进行教学，基本上抛开了人教版的教材处理（仅例3融合了人教版算式演算推理的过程），大家听后都觉得有新意，关键是沟通了分数除法和整数除法的内在联系，这一点非常好，但是因为当时想把整个思路都呈现给教师，所以这一节课的内容比较满，算理的理解对于学困生来说还是有点难。一年后，笔者到下面的学校视导，有两位教师上这节课，完全按照人教版教材的思路进行教学，对算理没有很好的突破，笔者边听边思考：为何人教版教材在2013年修订后还是沿用路程、速度、时间模型，为何还是用等分除的思路？基于这个思路，如何进行优化？优化后与北师大版和苏教版的包含除思路哪个更能帮助学生突破算理的理解这一难点？带着这些问题，笔者对人教版教材进行了以下处理：对例题$2\div\frac{2}{3}$进行了补充，在它之前增加了整数除以几分之一的题$2\div\frac{1}{3}$，然后把分数除以分数的题改为$\frac{5}{2}\div\frac{2}{3}$，这样就形成了一个题组。以$2\div\frac{1}{3}$为主打例题，结合线段图（图4–5–10）引出基本数量关系：一份的路程（$\frac{1}{3}$小时走的）×3份=1小时走的路程。用这样的数量关系去推导$2\div\frac{2}{3}$、$\frac{5}{2}\div\frac{2}{3}$，算式的演算推理方法以$2\div\frac{2}{3}$为例，结合线段图推演完毕后，放手让学生迁移方法推算出$\frac{5}{2}\div\frac{2}{3}=\frac{5}{2}\times\frac{3}{2}$。抽象概括时，把线段图和相应的算式放到PPT同一页里，既总结推导方法（一份的路程×3份），又总结算法，再加上前一节课的一个数除以整数，最后概括出分数除法的计算法则。

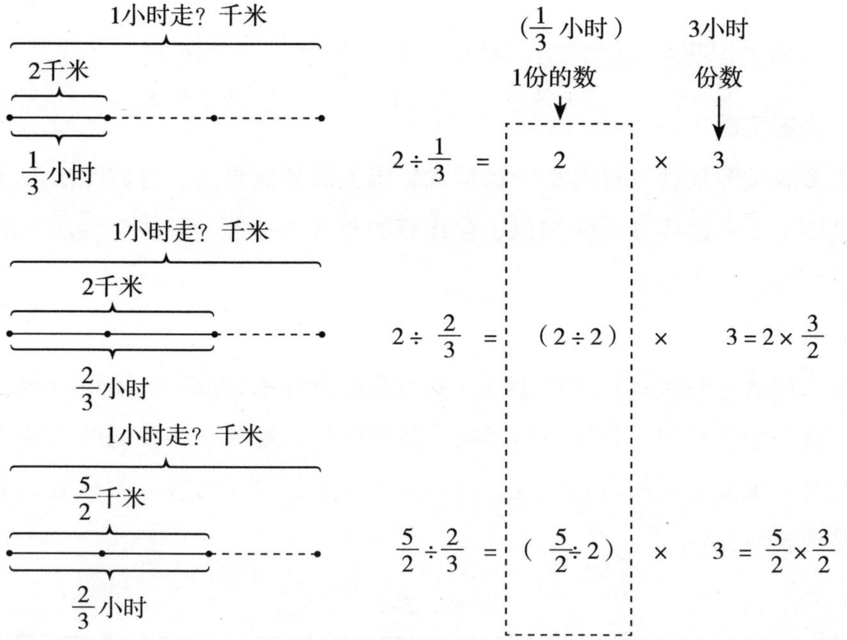

图4–5–10

这样的处理，虽然$2\div\frac{1}{3}$的算理相对于北师大版和苏教版的包含除思路来说，稍稍没有那么好理解，但这样按照等分除思路设计的题组，优势在于把整数除以几分之几和分数除以分数的算理整合在一起，统一成一个数量关系：一份的路程×几份=一小时的路程（归一的数量关系），前面的推理过程为后面的内容做铺垫，循序渐进，层层深入，学生不仅知其然，而且知其所以然，确信一个数除以分数的计算方法普遍适用。无论“一个数”是整数还是分数，除以几分之一，还是除以几分之几，都适用。这是个循序渐进的过程，同时也是一个学生不断巩固的过程，因此，相信小学生是能够理解的，希望有兴趣的教师试一试，付诸行动，笔者也会指导教师开展相关的实践与研究。

“运算能力”评价题的分析与教学建议

——小学六年级上册计算专项调研练习质量分析（节选）

一、命题说明

1. 内容范围

人教版义务教育教科书小学数学六年级上册分数乘法、分数除法、比、百分数这四个单元计算方面的知识（含运算的意义、算理、算法、性质、混合运算、简便运算、估算等）。

2. 题目结构

本次调研分四大题共50道小题，要求在45分钟内完成。（随道教学进度的推进，有一些学校因为各种原因影响了教学进度，造成一些测试的内容还没有进行教学，也没有提前告知学校，所以学生基本是零复习参加测试的。）题目类型结构表见表4–5–1。

表4–5–1

题型	计算题	填空题	判断题	选择题	合计
题量/道	5大题22小题	5大题10小题	5	13	50小题
分值	45	19	10	26	100

二、学生答题情况分类分析

1. 意义和算理模块的数据与分析

分析：意义和算理模块的答题情况在全卷三个模块中是相对比较好的，说明学生对意义和算理的理解和掌握情况比较好。得分率相对比较低的题目都集中在分数乘法意义和算理的理解上，题目分别是：

（1）对分数意义理解的题目分析：

填空题。

看图列式并写出式子表示的意义。

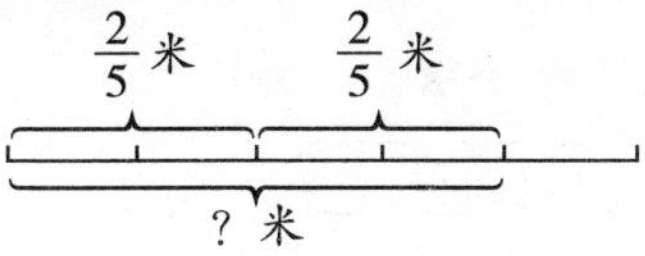

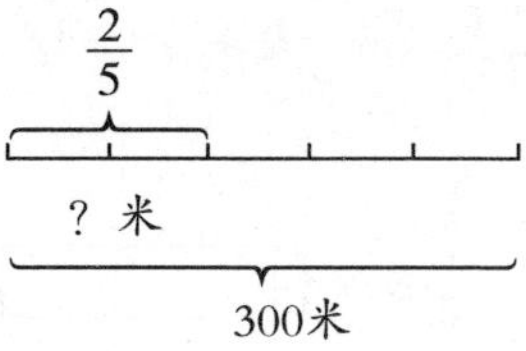

列式：（　　）+（　　）=（　　）×（　　）　列式：________

表示：________　表示：________

这两个小题的得分率分别是77.80%和66.69%。错误主要集中在写出表示的意思上，其中第1小题大部分的错误是表达不够准确和清晰，如很多学生写了“求2个$\frac{2}{5}$是多少”或“求2个$\frac{2}{5}$米是多少”。类似这样的答案在22.2%的错误率中占了大多数，究竟是2个$\frac{2}{5}$相加还是相乘呢？因为是纸笔考试，不得而知，但是，可以借用选择题第2题的数据加以推测：

下面各选项中，不能用$250\times\frac{1}{3}$计算的是（　　）。

A. 250个$\frac{1}{3}$相加的和　B. 250个$\frac{1}{3}$相乘的积　C. 250的$\frac{1}{3}$

选项	A	B	C
选择率	21.82%	61.70%	16.06%

有21.82%的学生选择了A，排除审题不仔细的情况，应该还是有不少学生认为相乘而不是相加的，由此有理由推测，在填空题里的“求2个$\frac{2}{5}$是多少”

或“求2个$\frac{2}{5}$米是多少”，有不少学生想的是相乘而不是相加。

上面填空题的第2小题，错误五花八门：有用包含除表述的，如“300里面有多少个$\frac{2}{5}$”；有编一道实际问题来表述的；不少学生根据$\frac{2}{5}$的分数意义去解读，即把300米平均分成5份，取其中的2份。凡此种种，都表明学生对分数乘法意义的理解不到位。

（2）对分数乘法算理的题目分析：

（1）求$\frac{1}{2}$公顷的$\frac{3}{5}$是多少，列式是$\frac{1}{2}\times\frac{3}{5}$，怎样算？

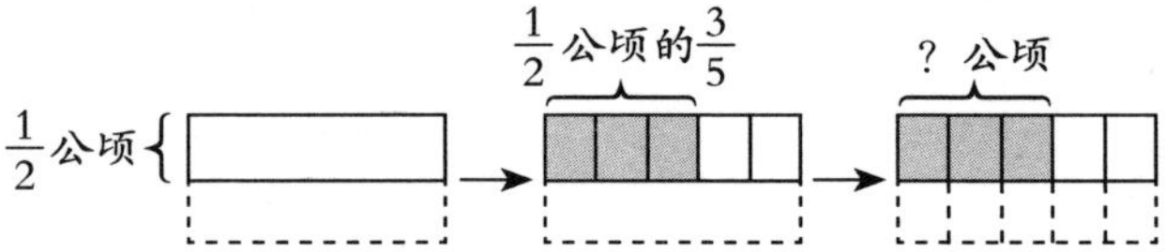

想：求$\frac{1}{2}$公顷的$\frac{3}{5}$，就是把$\frac{1}{2}$公顷平均分成（　　）份，取其中的（　　）份。

也就是把1公顷平均分成（　　）×（　　）份，取其中的（　　）份。

即$\frac{1}{2}\times\frac{3}{5}=\frac{1}{(\quad)\times(\quad)}\times(\quad)=\frac{1\times(\quad)}{(\quad)\times(\quad)}$。

这道题的得分率是68.13%。典型错例：$\frac{1}{2}\times\frac{3}{5}=\frac{1}{(1)\times(2)}\times(\frac{2}{5})$，把1公顷平均分成（$\frac{1}{2}$）×（$\frac{3}{5}$）份，取其中的（3、1、$\frac{3}{10}$）份，或把1公顷平均分成（$\frac{1}{2}$）×（$\frac{1}{5}$）份，取其中的（3）份。错误原因分析：①这种题型是第一次遇到，学生不知所措；②纯粹是根据计算法则从计算的角度把算式进行拆分组合，没有结合图意进行分析；③本题改编自教材例题，在教学时估计算理讲解不透，没有很好地结合图形的直观引导学生理解算理。

该模块中得分率低于70%的还有判断题第2题，考查的是学生对倒数意义的理解，题目是：2.5的倒数是0.4。本来不难，因为2.5×0.4=1是以前简便计算中经常用到的，但是得分率只有64.29%，有三成半的学生出现错误，究其原因，应该是概念教学时出现的问题：教师呈现的素材不够全面，估计都是分数或整数的情况，过于强调分子分母颠倒这一非本质的属性，没有强调概念的本质属性“乘积是1”，也没有结合教材的练习加以强调。

在此还想提一提判断题的第4题：如果$a \div b=10$，那么$a:b=1:10$。考查的是学生对比的含义，也就是比和除法的联系的理解掌握情况，得分率是77.14%，稍稍变式，就有差不多四分之一的学生不适应，说明理解还是不够深刻，思维的灵活性差。

2. 基础计算模块的数据与分析

分析：基础计算模块的得分率总体情况基本与第一模块持平，其中最基本的一步计算（计算题第1题的①②两个题组）得分率为89.00%和80.12%，相对尚可，题目：

直接写出计算结果。

① $\frac{5}{12} \times \frac{9}{10} =$　　$\frac{3}{10} \div \frac{5}{6} =$　　$150 \times \frac{2}{3} =$　　$\frac{7}{11} \div 14 =$

② $\frac{4}{9} \times 1.8 =$　　$\frac{2}{7} \times 1.5 =$　　$\frac{3}{5} \times 0.4 =$　　$0.5 - \frac{1}{6} =$

这8道计算题基本涵盖了分数乘除法所有的情况。第②组题，分数与小数相乘除的三种情况全部体现：小数与分母约分从而去分母、小数与分子相乘刚好是整数、把小数化为分数再进行计算（当然也可以把分数转化为小数，但是计算不简捷）。因为六年级是小学最后一个学习年段，因此增加了一题$0.5-\frac{1}{6}$，这一题与前面$\frac{3}{5} \div 0.4$的两可情况不同，它只适合把小数化为分数再进行计算，这也是对如何灵活进行分数、小数混合计算的补充。

最基本的混合运算（按照运算顺序算，不用简算）的得分率也还可以，计算题5（3）题$\frac{9}{20} \div \left[\frac{1}{2} \times \left(\frac{2}{5}+\frac{4}{5}\right)\right]$以及选择题12题（文字题）、选择题13题（根据分步式写综合算式）的得分率分别是83.43%、85.35%和82.28%。由此说明学生对基本的计算还是掌握较好的。

这一模块得分率低于70%的有以下几题：

直接写出比值：

$18:24=$　　$30\%:\frac{3}{5}=$

得分率为68.13%，错误的原因主要有：①与化简比混淆，最后结果用了比的形式来表示；②计算错误。另外有部分学生第1小题用了小数来表示，当然是可以的，但从另一个侧面反映出部分学生还不习惯用分数表示结果，觉得心里不踏实，其实用约分的方法计算更为简便：

把下面各题的比化成最简单的整数比。（要写出化简化的过程）

0.25：0.2=

$\frac{1}{6}:\frac{2}{9}=$

这一题的得分率是69.74%，主要的扣分集中在过程的书面表达上，如：

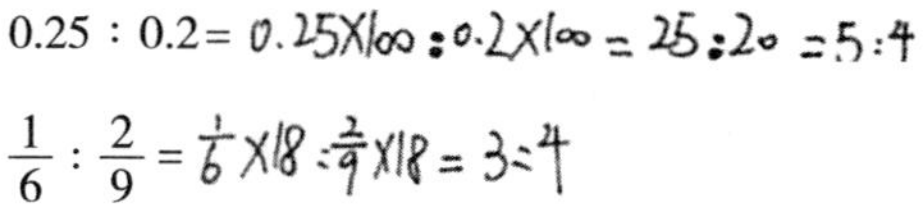

过程漏写了括号。

思路不清晰，目的不明确，过程表达心中不知为何的，如：

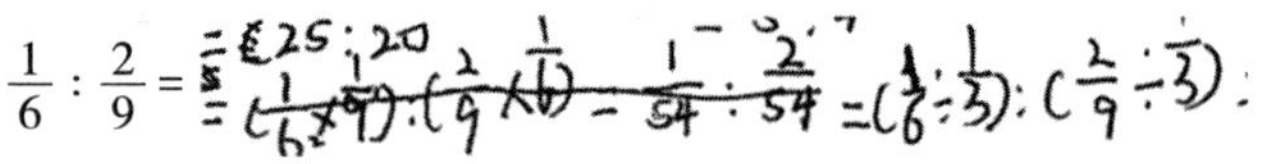

不是用等号连接，而是用序号写出步骤的，如：

或是运用比的基本性质时找不到最小公倍数等。

改卷后，在区内对20所学校的4548名学生做跟踪调查（中心组或旁听成员任教的班级，全部为公办），题目如下：0.45：0.3，$\frac{5}{6}:\frac{3}{8}$，$\frac{8}{9}:\frac{4}{7}$，$\frac{8}{21}:\frac{4}{15}$。

情况见表4–5–2。

表4–5–2

项目	直接用比的基本性质	用求比值的方法	两种方法各半
占跟踪调研学校总数	55%	16.88%	28.12%
满分率	73.57%	89.34%	75.03%

跟踪调查数据显示，化简比的方法对计算的正确率有比较大的影响，这次调研之所以要求写化简过程，目的也是想全面了解这个知识点教师的教学情况。虽然直接运用比的基本性质进行化简是绝对正确的，但是遇到像$\frac{8}{9}:\frac{4}{7}$这种情况，前后项分别乘了分母的最小公倍数后，还需进行下一步化简。再如像$\frac{8}{21}:\frac{4}{15}$这样的题，分母的最小公倍数不好找，计算量大，且乘完最小公倍数后仍需进行下一步化简。因此在对教材进行分析时已经强调，在巩固了化简比的依据之后，可以引导学生用求比值的方法来进行化简（其实也是依据比的基本性质得到），这样更简捷。

本次调研对用什么方法进行化简也做了抽样统计，共统计1373份调查问卷，有533份直接运用了比的基本性质的方法，占38.82%。

这道题还有其他的错误，如题意不清：

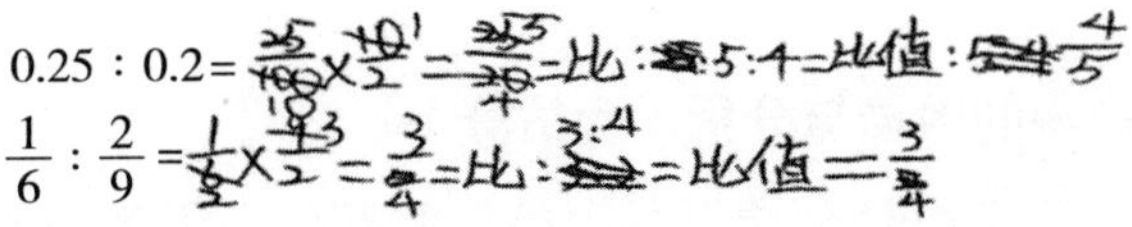

计算结果不是整数比：

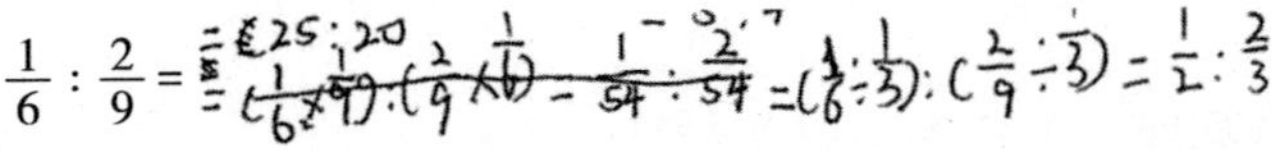

结果用数值表示，与求比值混淆：

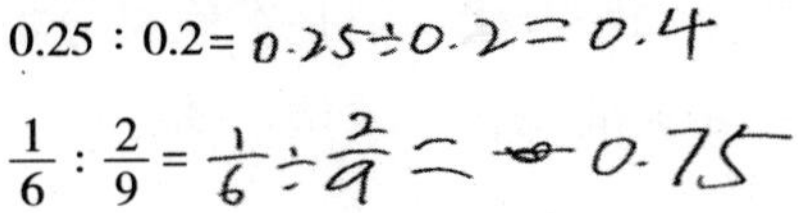

分数化为小数再化简：

$$\frac{1}{6}:\frac{2}{9}=0.167:0.222=(0.167\times100):(0.222\times100)=167:222$$

该模块得分率低的还有以下几题，得分率依次是42.30%、68.01%和56.32%，题目如下：

3. $\frac{1}{6}\approx$（　　）%

8. 0.4：（　　）=4。

A. 10　　B. 0.01　　C. 0.1

9. 20%=（　　）：30。

A. 6　　B. 5　　C. 15

这几道题都跟百分数与比有关，之所以得分率不高，是因为：①教学进度的问题，有部分学校的进度慢，没有教百分数与分数、小数互化这个知识点；②教师在教学中对一些细节没有进行强调，如$\frac{1}{6}\approx$（ ）%这一题，抽样统计数据显示，47.9%的学生没有“百分号前自觉保留一位小数”的意识；③对一些有数字干扰或者综合运用的题目，学生审题分析和综合运用知识的能力弱，如选择题第8、9题。

3. 灵活计算模块的数据与分析（含估算）

分析：灵活计算模块是全卷得分率最低的部分，因为是灵活计算，所以对学生运算能力、推理能力、思维的灵活性和简捷性等方面的要求比较高。虽是意料之中，但也出乎意料，因为有一些比较基础的题目，学生的答题情况却不容乐观。

如计算题第5题：怎样简便就怎样算：

第1小题：$\frac{8}{9}\div\frac{4}{7}\times\frac{5}{14}\div\frac{1}{3}$，得分率为79.13%。

此题显示乘法的交换律和结合律，但是在教材分析时已经强调，在熟练的情况下，可以直接改写成连乘的形式，不用交换结合，一次约分即可，本来这道题是比较简单的，但是估计是比以前三个数的计算增加了一个分数，学生有思维定式，习惯两两组合的形式，如：

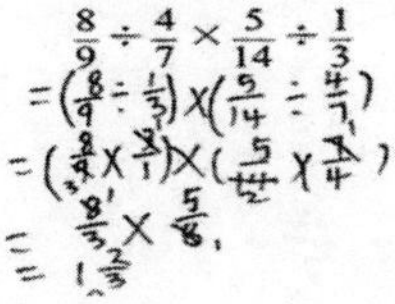

①

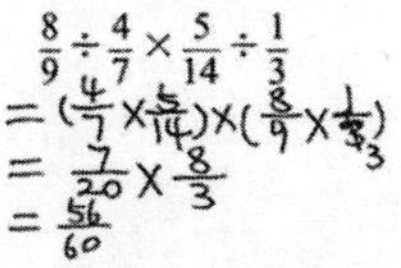

②

①带着符号搬家再组合是可以的，只是不如一次约分来得简捷；②生拉硬凑，已经不是恒等变形了。我们对该题进行了抽样统计，抽样1373份，其中826份是没有一次约分的，占了60.16%。

第2小题：$29\times\frac{17}{28}$，得分率为82.28%。

这一题很多学生没有用简算，或者是在计算过程中没有进行恒等演算，如：

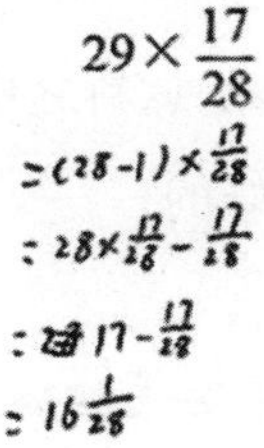

①

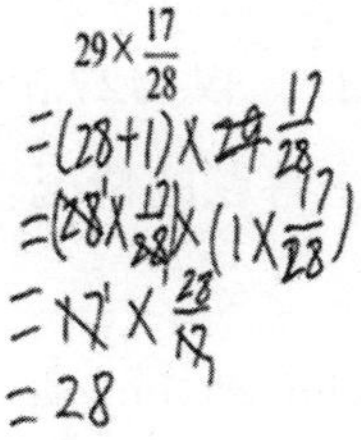

②

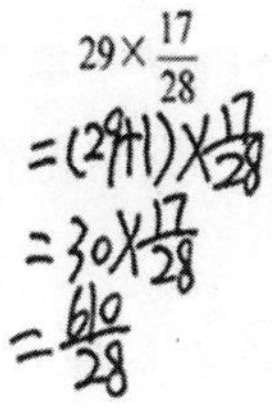

③

①中学生只想到利用乘法分配律去分母，但是没有考虑到$29\neq 28-1$；②中第一步是恒等了，但是下一步乘法分配律用错了；③中学生的简算意识认为凑整十、整百才是简算，硬是凑了个30，估计教师在教学中没有强调分数、小数的计算，凑成整数（去分母）进行计算相对简便。

考查学生简算意识的还有计算题第5题的$\frac{12}{7}-\left(\frac{1}{3}\div\frac{7}{15}+\frac{9}{10}\right)$，得分率只有60.02%。我们对该题进行了抽样统计，共抽样1311份，其中866份在第二步没有进行简算，占了66.06%。由此可见，学生的简算意识非常薄弱。错因主要有：①在计算过程中没有观察算式的结构和数字特点，没有进行简便计算；②知道第二步可用减法性质进行简算，但是去括号后里面的加号没有变减号，如：

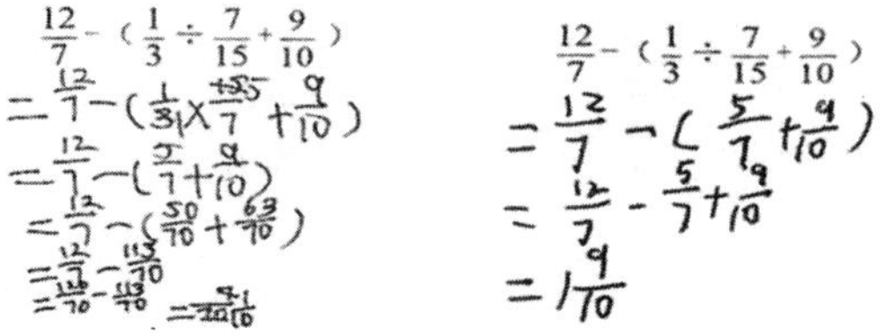

判断题第5题、选择题第10、11题得分率低，属于正常，因为比平时的教学提高了一点要求，在此不做详述。

下面重点分析填空题第4题、计算题1（3）题组、选择题第4、6题。

填空题第4题：

估一估，填一填：在○里填“>”“<”或“=”，并简单说明理由。

$\frac{45}{88}\times\frac{35}{66}○\frac{1}{4}$ 理由：________________

该题是全卷得分率最低的题目，仅为27.35%。低是意料之中的，但是这么低却是意料之外。我们先看看学生答题的情况。比较好的：

$\frac{45}{88}\times\frac{35}{66}>\frac{1}{4}$ 理由：把$\frac{45}{88}$看作$\frac{44}{88}$，把$\frac{35}{66}$看作$\frac{33}{66}$，估小了结果等于$\frac{1}{4}$，那么这个数一定比$\frac{1}{4}$大。

$\frac{45}{88}\times\frac{35}{66}>\frac{1}{4}$ 理由：$\frac{45}{88}$的分子大于分母的一半，$\frac{35}{66}$也一样，所以就是两个大于$\frac{1}{2}$的数相乘，结果肯定大于$\frac{1}{4}$

$\frac{45}{88}\times\frac{35}{66}>\frac{1}{4}$ 理由：$45>88\times\frac{1}{2}$，$35>66\times\frac{1}{2}$ 那么 $45\times35>88\times66\times\frac{1}{4}$ 所以大于$\frac{1}{4}$。

$\frac{45}{88}\times\frac{35}{66}>\frac{1}{4}$ 理由：$\therefore\frac{45}{88}>\frac{1}{2}$，$\frac{35}{66}>\frac{1}{2}$，$\frac{1}{2}\times\frac{1}{2}=\frac{1}{4}$，$\because\frac{45}{88}\times\frac{35}{66}>\frac{1}{4}$

以上学生的回答已经非常优秀了，说理比较严密、有逻辑，表述比较简洁，尤其是最后一名学生，用了最简洁的算式表示，但是∵和∴符号用反了。能够得分，但是得不到满分。比较多的是因为表述不够严谨，如：

$\frac{45}{88}\times\frac{35}{66}>\frac{1}{4}$ 理由：~~通分子~~ 因为左边两个分数的分子都大于分母的一半

虽然这一题的答题情况惨不忍睹，但是也在其中发现了不少亮点，如有学生用了反证法的思路：

$\frac{45}{88}\times\frac{35}{66}$ (>) $\frac{1}{4}$　理由：$\frac{45\times35}{88\times66}$如果小于$\frac{1}{4}$，那$\frac{45\times35}{88\times66}\times4$就应该小于1，$\frac{45\times35}{88\times66}\times4=\frac{45\times35}{88\times33}$，$\frac{45\times35}{44\times33}$明显大于1，所以$\frac{45}{88}\times\frac{35}{66}$大于$\frac{1}{4}$。

虽然过程中有地方写错了，但是不影响对他思路的理解。

这一题大部分的错误都是没有头绪乱写一通的，如：

$\frac{45}{88}\times\frac{35}{66}$ (<) $\frac{1}{4}$　理由：随便选的

理由：蒙的！

理由：$\frac{45}{88}\times\frac{35}{66}$乘的积比本要大。　理由：因左边比右边大

还有就是把一些规律乱套上去，如：

$\frac{45}{88}\times\frac{35}{66}$ (<) $\frac{1}{4}$　理由：因为$\frac{45}{88}$乘一个小于1的数，它的积只会越来越小。

$\frac{45}{88}\times\frac{35}{66}$ (<) $\frac{1}{4}$　理由：分母越大，数越小。

有一些则是老老实实计算的，没有估算：

$\frac{45}{88}\times\frac{35}{66}$ (>) $\frac{1}{4}$　理由：$0.51\times0.53=0.2703$，$\frac{1}{4}=0.25$　$0.2703>0.25$

$\frac{45}{88}\times\frac{35}{66}$ (<) $\frac{1}{4}$　理由：因为$\frac{1575}{5808}$ (<) $\frac{1452}{5808}$所以$\frac{45}{88}\times\frac{35}{66}$ (<) $\frac{1}{4}$

把88与66相乘做分母，45×35做分子，把$\frac{1}{4}$改写成$\frac{1452}{5808}$，也真够辛苦的。

由此提示我们，要加强数感的培养，增强学生的估算意识，并把说理的教学有意识地渗透到平时的教学中，培养学生的逻辑推理和语言表达的能力。

计算题第1（3）题组分析：

③ $(\frac{1}{2})^3=$　　$16\times25\%=$　　$\frac{1}{3}+1\div9$　　$\frac{1}{9}-1+\frac{10}{9}$

该题的得分率只有62.52%。改卷过程中对除第2小题外的其余三个小题进行了抽样，结果显示：$(\frac{1}{2})^3$的正确率为65.6%，错误的答案有$\frac{3}{2}$、$\frac{1}{6}$、500、$\frac{1}{2}$

等，说明部分学生不能把（$\frac{1}{2}$）^{3}转化为$\frac{1}{2}\times\frac{1}{2}\times\frac{1}{2}$进行计算，或者是3个2相乘计算成相加了。抽样中有超过10%的学生用了小数进行计算，结果是0.125，表明部分学生用分数进行计算的意识不强，心里不是很接纳分数。

$\frac{1}{3}+1\div9$的正确率为54%，错误的答案有$\frac{4}{27}$、$9\frac{1}{3}$等。这道题为综合应用题，要先运用除法与分数的关系，把$1\div9$写成$\frac{1}{9}$再计算。

$\frac{1}{9}-1+\frac{10}{9}$这题的正确率为48.1%。当发现$\frac{1}{9}-1$不够减时，学生不能从整道算式去观察，然后运用带着符号搬家的方法进行计算，使不可能成为可能。

选择题第4、6题分析：

选择题第4题：

下面的算式中，（　　）的得数是1。

A. $\frac{1}{4}\times\frac{1}{7}\div\frac{1}{4}\times\frac{1}{7}$　　B. $(1\div\frac{1}{3})\div(\frac{1}{3}\div1)$　　C. $1\div\frac{9}{11}\times\frac{9}{11}+0\div1$

选项	A	B	C
选择率	21.56%	24.86%	53.17%

这一题的正确答案是C，得分率为53.17%。得分率之所以低主要是因为有数据的干扰，A、B选项很容易以为等于1，而C选项也不省心，既是有关0和1的运算，又是混合运算。估计学生在前面选了A或B后，根本都没有去计算C选项的算式。从各选项的选择率可以看出，选A和B的差不多，B更多一些，其实B的计算不难，只要认真算一算就知道不等于1，由此说明学生的确是受了数据的干扰。

选择题第6题：

下面的算式，计算结果最大的是（　　）。

A. $\frac{13}{12}\times0+1$　　B. $\frac{13}{12}+\frac{99}{100}$　　C. $\frac{13}{12}\times\frac{99}{100}$

选项	A	B	C
选择率	22.38%	57.82%	17.78%

这一题的正确答案是B，得分率为57.82%。从各个选项的选择率来看，选C的学生最少，说明大部分学生还是能够运用分数乘法的计算规律进行判断的，乘小于1的数，积肯定比原来的数小。这一题也是综合运用知识题，既考查0和1的有关计算，也考查计算规律的运用，更考查学生的思维能力。这个推理过程如下：因为$\frac{13}{12}\times 0+1=1$、$\frac{13}{12}+\frac{99}{100}>\frac{13}{12}$、$\frac{13}{12}\times\frac{99}{100}<\frac{13}{12}$，而$\frac{13}{12}>1$，所以$\frac{13}{12}+\frac{99}{100}$计算结果最大。选A的学生，估计是没有把1和$\frac{13}{12}$进行大小比较。

三、存在的主要问题与教学建议

（一）存在的主要问题

结合上面题目的数据及分析，把存在的主要问题梳理归纳如下。

1. 意义不清、定律不明

从上面的分析中可以看出，有一部分学生对分数乘法的意义、倒数的含义未能准确理解把握，如上面提到的是两个$\frac{2}{5}$相加还是相乘？2.5不是0.4的倒数等。另外，题目要求直接写出方程的解，但是有不少学生写了解方程的过程，“方程的解”与“解方程”两个概念混淆，还有就是“比值”和“化简比”混淆。另外，学生简算过程中也有诸多错误，如$\frac{7}{9}\div\frac{11}{5}+\frac{2}{9}\times\frac{5}{11}=(\frac{7}{9}+\frac{2}{9})\times\frac{11}{5}\times\frac{5}{11}$或$\frac{7}{9}\times\frac{2}{9}+\frac{11}{5}\times\frac{5}{11}$，$\frac{12}{7}-(\frac{5}{7}+\frac{9}{10})=\frac{12}{7}-\frac{5}{7}+\frac{9}{10}$等，究其原因，是对运算定律或性质没有准确理解掌握。

2. 意识薄弱、数感不强

能简算的不能自觉运用简算，要估算的不知从何估起，这都是简算意识薄弱、数感不强所造成的。

3. 感知笼统，欠缺分析

小学生的感知能力笼统、不精准，容易产生视力错觉，有时只会注意一些孤立的数，看不出多个数与符号的联系及特征；有时候又具有较强的选择性，从而忽略了全面、整体的认识，在计算时忽略运算顺序、计算法则，导致计算出错，如（$1\div\frac{1}{3}$）÷（$\frac{1}{3}\div1$）、$\frac{1}{4}\times\frac{1}{7}\div\frac{1}{4}\times\frac{1}{7}$。

4. 思维不灵活、综合能力弱

本次调研出现了一些新的题型，有些与以往的呈现方式不同，不少学生不能很好地适应，显得不知所措，说明缺乏独立审题分析的能力，如算理题、估算题。另外思维不够灵活，如$\frac{1}{3}+1\div9$、$\frac{1}{9}-1+\frac{10}{9}$及$\frac{5}{8}\times15+\frac{5}{8}$等。综合运用知识的能力也比较弱，如选择题第6题。

5. 格式不规范，习惯未养成

学生的答题情况也反映出不少学习习惯方面所存在的问题，如解答过程书写不够规范。

漏括号：

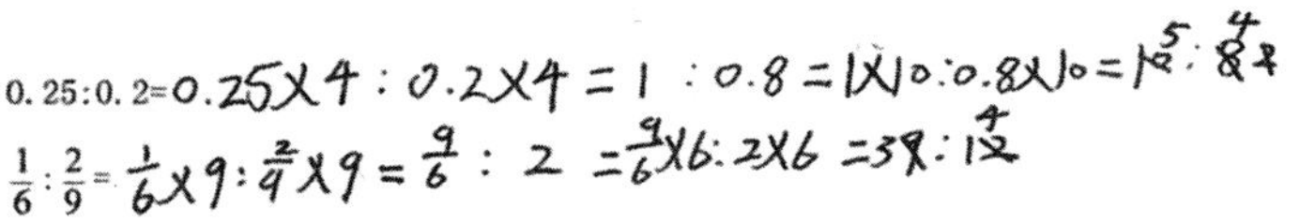

递等式计算直接写了得数，或者把重要的步骤省略了。

另外有不少学生的书写不够整洁和美观，如：

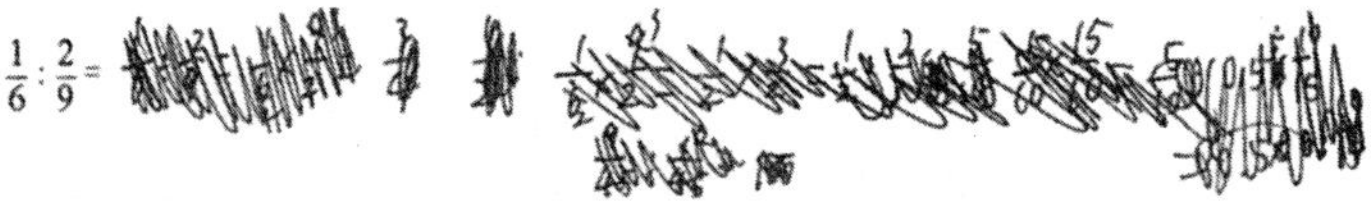

（二）教学建议

针对本次调研中存在的主要问题，提出以下教学建议。

1. 加强学生运算能力的培养

运算能力是2011版课标新增加的核心概念，是学生重要数学素养之一。运算能力是不断地运用数学概念、法则、公式，经过一定数量的练习而逐步形成的。要使学生通过各种运算，用概念、法则、性质进行简单的推理，发展逻辑思维能力。

计算有四性，即计算要正确（准确性）、迅速（熟练性）、方法多样化（灵活性）及运算简便（简捷性），这是计算思维品质的体现。

（1）重视运算意义、算理、算法以及运算定律的教学，确保运算的正确

要保证运算的正确，必须引导学生正确理解相关的概念、法则、定律等知识，明确运算的依据。例如，简便运算的依据是运算定律或性质，这些虽然在四年级下册就已经学习，但是会有回生的现象，需要在练习中适时复习和巩固。六年级不仅仅是复习乘法的运算定律，以前学过的定律都复习，要设计相应的综合练习加以巩固。尤其是乘法分配律有很多的变式，更需要通过练习引导学生透过变化找到本质，从而牢牢把握定律的本质结构与特征。

（2）适度训练，提高运算的熟练程度

计算的熟练性是指学生在计算中表现出来的计算“自动化”程度的心理品质。所谓“自动化”，是指形成技能后，动作的反应速度以及由一个动作过渡到下一个动作的敏捷性。本次调研练习，有部分学生没有做完，排除不会做的因素，应该是不够熟练所致。技能的纯熟需要量的保证。所有的计算教学都是先慢后快的，前期的练习侧重算理的理解和方法的掌握，不能急、不贪多。在学生理解掌握了算理算法和运算定律后，就可以在速度上提高要求了，而这个提速，需要适度的训练，在训练中逐渐减少在运算中思考概念、法则、规律等的时间和精力，提高运算的熟练程度。除了堂上的练习和课外作业外，建议开展口算天天练或计算竞赛等活动，在教学其他非计算教学内容时，也可有针对性地增加一道或两道小题让学生课外练习，保持手感和数感。

（3）转变观念，培养计算灵活性

计算灵活性是指学生在计算中表现出来的计算方法多样化程度的稳定心理品质。计算灵活性本质上是思维灵活性，是思维灵活性在计算中的表现。计算灵活性表现为计算的角度灵活、方法灵活、过程灵活、知识运用灵活。

要培养学生计算的灵活性，教师首先要转变观念，不要为了保证正确率而规定学生必须用教师认为的最保险的方法。这样做实际上仍然是把计算学习看作纯粹的程序性技能操作，忽视了计算学习中高品质思维的培养。如分数乘小数，一律都要求学生把小数化为分数进行计算，美其名曰“以不变应万变”，殊不知把学生“教死”了，计算速度慢不说，思维也随化和固化了。我们需有

机结合题目的特点，如小数与分母或分子的不同情况，引导学生找到不同的方法，并进行优化。

在此特别提出，要重视估算意识和能力的培养。估算也是计算方法之一，何时精算，何时估算，也是根据不同情境灵活处理的。本次安排了一道估算题目，并且有明确的估算提示——“估一估”，结果“倒下”一大片，主要是学生数感不强所致，说明平时缺少这方面的训练，需要结合具体的题目适当加强。

培养计算灵活性不是让学生记忆各种各样的计算方法，而是进行思维的训练，使学生具有多向思维的意识和变换角度解决问题的能力。磨刀不误砍柴工，要相信，学生的思维灵活起来了，当面对一个新的情境或者新的题型时，学生才不会慌了心神，无从入手。

（4）强化简算意识，培养计算的简捷性

计算的简捷性是指在计算中表现出来的运用简捷的方法进行计算的稳定的心理品质。与计算灵活性不同，计算的简捷性注重的是计算方法的质，而不是计算方法的量。

①加强简算意识的培养。

本次调研，计算题第5题第4小题，在第二步有体现简算意识的只有33.94%，十分低。在平时的教学中，也发现假如题目没有明确表示要简算，那么大多数学生仍用常规方法计算而不用简便算法。不是学生不会简便计算，而是没有想到，简算意识薄弱。

因此，需要强化对简算意识的培养，在教学中采取措施，引导学生不断克服习惯心理，增强简算意识。具体做法是：选择含有多种计算方法且有明显简便算法的题目，引导学生进行不同计算方法的比较与评价。另外，把简便计算与解决问题或其他的问题整合，或者平时设计一些第一步不能简算，第二步才能简算的题目，不提示学生，学生往往重视数量关系和列式方法，或重视原来的算式而忽略了计算过程的简便的，结果就掉“坑”里面了。经常设计类似这样的陷阱，学生掉“坑”掉多了，简算意识自然会慢慢会加强。

涉及分数计算的，要让学生明确简算的方向，在符合运算法则和定律性质的前提下，能够把分数计算转化为整数计算就是简便，用中学的名词就是去分母，有了明确的方向，那么在加减法计算时，就能有意识找有没有同分母的（同分母加减法实则就是分子的加减法，也就是整数的加减法），在做分数乘除法时，就找能否把分母通过约分约掉的。

②多进行题组变式的训练。

以题组形式呈现的变式训练既能有效强化定律的本质结构特征，又能培养学生思维的灵活性和计算的简捷性。在分数乘除法中，应用分配律进行简算的题目变化最多，是学生学习的难点和易错点，可以设计题组变式进行练习，如：

从$ac+bc$→到（$a+b$）× c：

$\frac{17}{14}\times\frac{5}{8}-\frac{5}{8}\times\frac{3}{14}$　　$\frac{7}{9}\div\frac{11}{1}+\frac{2}{9}\times\frac{5}{11}$　　$\frac{11}{8}\times67\frac{11}{8}\times7+\frac{11}{8}\times4$

$\frac{6}{7}\times60\%+\frac{4}{7}\div\frac{5}{3}$　　$\frac{5}{8}\times15+\frac{5}{8}$　　$\frac{5}{7}-\frac{5}{9}\times\frac{5}{7}$

$\frac{7}{8}\div5+\frac{7}{8}\div2$　　$\frac{2}{13}\times9+\frac{9}{13}\times11$

从（$a+b$）× c→到$ac+bc$：

$30\times\frac{17}{29}$　　$29\times\frac{17}{30}$　　$36\times(\frac{7}{9}+\frac{3}{4}-\frac{5}{6})$

$(54+\frac{9}{13})\div9$　　$\frac{1}{24}\div(\frac{5}{6}+\frac{3}{8})$　　$(\frac{5}{6}+\frac{3}{8})\div\frac{1}{24}$

通过题组内的对比，强化定律的结构特征和数据特点，通过每一道题目的特点，掌握具体的方法与技巧。

（5）重视错例分析，及时反馈跟进

在平时批改作业时，要将学生计算中的错误分类记录下来，从中发现共性错误并找出典型错例，便于教学中“对症下药”。特别是找出算理不清、法则模糊、方法不对的典型错例，组织学生剖析根源，找出“病因”，然后再有针对性地设计一定数量的练习，有目的地进行“治疗”。另外，要及时跟进学生错题的订正，对于学困生要面批面改，尽量做到日日清。

2. 重视良好学习习惯的培养

良好的学习习惯是提高运算能力的保证。培养良好的学习习惯首先要培养审题的习惯，要整体观察算式的结构，要看清每个数和每个运算符号，分析数据特点与各运算之间的关系，然后选择合理的计算方法。要有效克服习惯心理，不急于计算，对特点隐蔽的算式，要求学生仔细观察，对算式的信息进行加工，发现隐藏在算式后面的特点。还有就是自觉检查、专心听讲、及时改正错题、书写整洁美观等习惯。另外，要抓好书写的规范，首先教师要重视规范，然后是教师自身要准确掌握规范，在教学中结合具体的教学内容有机地进行教学，严格要求，并在练习和作业反馈中进行强化。

第五章

在图形与几何教学中培养核心素养

数学是研究空间形式和数量关系的一门科学，而“图形与几何”是研究空间形式的，由此可见“图形与几何”教学的重要性。

空间观念的培养主要是以“图形与几何”的教学为载体的，是“图形与几何”教学中最主要的核心素养培养点，同时还需重视转化思想、推理能力、几何直观的培养。

第一节　教学的特点与规律

一、“图形与几何”领域的内容板块

小学阶段“图形与几何”领域的内容包括图形的认识、图形的测量、图形的运动和图形与位置四个板块。

1. 图形的认识

小学阶段图形的认识是指对线、角、平面等基本封闭图形、基本立体图形的认识，教学的基本要求有两个：一是对图形自身特征的认识；二是对图形各元素之间、图形与图形之间关系的认识。教学体现了从生活到数学、从直观到抽象、从整体到局部的特点，且三维、二维、一维图形交替出现。

2. 图形的测量

《义务教育数学课程标准（2011年版）》对图形的测量的要求主要包括：体会测量的意义，体会并认识度量的单位及其实际意义，了解测量的一些基本方法，掌握一些基本图形的长度（包括周长）、面积和体积的测量方法和计算公式，在具体问题中进行恰当的估测。

3. 图形的运动

小学阶段图形的运动的内容比较少，只包括图形的平移、旋转、轴对称图形以及图形的放大与缩小。

4. 图形的位置

图形的位置主要包括两方面：一方面是描述物体相对位置的“上、下、左、右、前、后”；另一方面是用来描述物体绝对位置的，在小学阶段这部分内容主要是数对和位置与方向。

教材的编排是先认识立体图形，再认识平面图形，体现“面在体上”。整体的编排循序渐进、螺旋上升，同一个或同一类图形的教学有明显的阶段性和层次性要求：从“辨认”到“初步认识”，再到“认识”，如平面图形的认识，一年级下册要求学生初步认识，能辨认，到三、四、六年级要求学生认识它们的特点和特性，形成概念，并进行相关的图形测量的学习。“观察物体”和“图形的运动”均安排了三次学习，分别放在小学低、中、高年级进行，不断深入。

以人教版为例，教材的编排详见下面的四个表格，通过表格能更直观地感受以上的编排特点。

图形的认识（表5–1–1）：

表5–1–1

<table>
<tr><td rowspan="6">一年级上册</td><td rowspan="2">认识图形（一）</td><td rowspan="2">认识立体图形：认识长正方体、球、圆柱（仅要求辨认）</td><td>五年级下册</td><td>长方体和正方体</td><td>长方体、正方体的认识</td></tr>
<tr><td>六年级下册</td><td>圆柱和圆锥</td><td>圆柱和圆锥的认识</td></tr>
<tr><td rowspan="4">认识图形（二）</td><td rowspan="4">认识平面图形：认识长方形、正方形、三角形、圆、平行四边形（仅要求辨认）</td><td>三年级上册</td><td>长方形和正方形</td><td>认识四边形和特殊四边形、长、正方形的特点</td></tr>
<tr><td>四年级上册</td><td>平行四边形和梯形</td><td>认识平行与垂直，认识平行四边形和梯形的定义和特点</td></tr>
<tr><td>四年级下册</td><td>三角形</td><td>三角形的定义和特性，三角形的分类，三角形三边关系，三角形和四边形的内角和</td></tr>
<tr><td>六年级上册</td><td>圆</td><td>圆和扇形的认识</td></tr>
<tr><td rowspan="3">二年级上册</td><td rowspan="2">观察物体（一）</td><td rowspan="2">观察实物，知道从不同位置观察到的物体的形状可能不同；能辨认从不同位置看到的简单物体和单个几何形体的形状</td><td>四年级下册</td><td>观察物体（二）</td><td>能辨认从不同位置观察到的几何组合体的形状。（立体→平面）</td></tr>
<tr><td>五年级下册</td><td>观察物体（三）</td><td>能根据从一个方向看到的形状图，拼搭出相应的几何组合体；能根据从三个方向看到的形状图，拼搭出相应的几何组合体。（平面→立体）</td></tr>
<tr><td>角的初步认识</td><td>初步认识角（一个顶点两条边）以及初步认识锐角、钝角、直角（借助三角板上的直角来认识，没有量化的角度）</td><td>四年级上册</td><td>角的度量</td><td>线段、射线和直线的认识，角的概念，角的分类</td></tr>
</table>

图形的测量（表5–1–2）：

表5–1–2

二年级上册	长度单位	厘米和米的认识，建立长度观念
三年级上册	测量	毫米、分米、千米的认识，建立长度观念
	长方形和正方形	长方形、正方形周长的相关计算
三年级下册	面积	面积的概念以及长方形、正方形的面积计算
四年级上册	角的度量	量角和画角
五年级上册	多边形的面积	平行四边形、三角形、梯形、组合图形、不规则图形面积的相关计算
五年级下册	长方体和正方体	长方体、正方体的棱长、表面积、体积、容积的相关计算，不规则物体体积的计算
六年级上册	圆	圆和组合图形周长与面积的相关计算
六年级下册	圆柱和圆锥	圆柱的表面积和体积的相关计算，圆锥和不规则物体体积的相关计算

图形的运动（表5–1–3）：

表5–1–3

二年级下册	图形的运动（一）	初步感知生活中的对称、平移和旋转现象，初步认识轴对称图形
四年级下册	图形的运动（二）	进一步认识图形的轴对称，探索轴对称图形的特征和性质，能在方格纸上将一个轴对称图形补充完整，会在方格纸上画出一个简单图形沿水平方向、竖直方向平移后的图形
五年级下册	图形的运动（三）	进一步认识图形的旋转，学习在方格纸上画出一个简单图形旋转90°后的图形，能从对称、平移和旋转的角度欣赏生活中的图案，并运用它们在方格纸上设计简单的图案
六年级下册	比例	按一定的比例尺画图，图形的放大与缩小

图形的位置（表5–1–4）：

表5–1–4

一年级上册	位置	认识上、下、前、后、左、右
三年级下册	位置与方向（一）	认识东、南、西、北、东北、西北、东南、西南八个方向

续 表

五年级上册	位置	用数对确定平面的位置
六年级上册	位置与方向（二）	用距离与方向确定平面内的位置，描述路线图

二、教学的特点与基本规律

下面按照四个内容模块分析“图形与几何”的教学特点与基本规律。

（一）图形的认识

图形的认识属于“图形与几何”领域的概念教学，因此，其教学的特点与基本规律可以直接运用概念教学的一般规律（详见本书第三章第一节）。

在这里解读一下上文所提到的“图形各元素之间、图形与图形之间关系的认识”。课标解读是这样说的：对图形各元素之间、图形与图形之间关系的认识主要包括图形的大小、位置、形状之间关系的认识。图形大小关系的认识包括角的大小关系，如锐角、直角、钝角、平角、周角的大小比较；边的长短关系，如两点之间线段最短，三角形两边之和大于第三边等；图形的位置关系，如轴对称、平移、旋转等、图形的形状关系，图形的放大与缩小等。

另外，也可以这样理解，几何图形的基本要素有点、线、面、体，它们之间的关系是点动成线，线动成面，面动成体。如果从某个图形自身各要素之间的关系来看，如长方体，它的主要要素是点、线、面，各要素之间的关系是：面与面围起来是体，面与面相交形成棱，棱与棱相交形成顶点。相对的面完全相等，相对的棱长度相同并互相平行，从一点引出的三条棱互相垂直，等等。

（二）图形的测量

课标解读指出，对于图形，人们往往首先关注它的大小。一般地，一维图形的大小是长度，二维图形的大小是面积，三维图形的大小是体积。图形的大小是可以度量的，度量的关键是设立单位，而度量的实际操作就是测量。

图形的测量主要包括两大方面的教学。

1. 计量单位的教学

小学阶段“图形与几何”领域的计量单位主要包括（表5–1–5）：

表5–1–5

类别	单位名称
长度单位	毫米、厘米、分米、米、千米
面积单位	平方厘米、平方分米、平方米、公顷、平方千米
体积单位	立方厘米、立方分米、立方米
容积单位	毫升、升

计量单位教学的主要内容如下。

（1）感受统一计量单位的必要性

长度单位和面积单位起始课的教学可以引导学生通过实际操作体会统一单位的必要性。如长度单位的引出，先了解古代长度计量单位，一庹、一拃、一个脚长等，然后用这些单位去测量，发现同一个物体的长度，测量的结果却因人而异，从而引发认知冲突，从中充分体会统一计量单位的必要性。第一个面积单位的引出跟长度单位类似。

到了体积单位的引出，因为有了前面对统一计量单位必要性的充分认知，而且已经到小学期间的高年级，学生有一定的类推能力，因此可以采用类推的方法，由“厘米（1厘米的长度）→平方厘米（边长1厘米的正方形）”，然后猜想类推，体积单位应该就是三维的、棱长是1厘米的正方体的体积，然后再引出立方厘米。

（2）建立计量单位的表象

教授每一个计量单位时，都需要引导学生通过看一看、比一比、画一画、量一量等活动，借助身体的某部分或者是熟悉的物品等使学生充分体验，帮助学生建立计量单位实际大小的表象，让学生充分感受量的实际意义。

（3）利用计量单位进行估测

在日常生活中经常需要对物体的大小进行估测，因此，利用合适的计量单位、测量工具和方法进行估测活动是计量单位教学的重要教学点之一，一方面可以进一步强化学生对计量单位大小的感受；另一方面可以提高学生应用知识解决生活问题的能力，同时也为计算公式的推导做好铺垫。估测主要做好两点：一是选择合适的估测单位，如估测交通卡的面积大小，选择平方厘米比较合适，选平方米就过大了；二是需要借助合适的参照物，如果估测的面积是几十平方厘米的，还是用1平方厘米的物体做参照物，就太难了，因此在建立1平方厘米实际大小的表象的基础上，可以建立10平方厘米或20、50平方厘米的大小，那么在估测稍大一些的面积时就可以用10、20或者50平方厘米的物体为参照物了。这个跟数数的道理是一样的，如果都是一个一个数，数目很大时就很麻烦，所以要建立十、百、千、万等的计数单位去数数和记数。

2. 图形大小的测量

（1）计量公式的推导

① 每一类别中最基本的图形都是借助测量的本质含义去推导公式的，其余的图形通过转化的思想去推导计算公式。

计量几何图形的大小，最本质的方法是包含几个计量单位，它的大小就是几。如长度，包含有3个1厘米，所以长度就是3厘米；如面积和体积，包含3个1平方厘米（立方厘米），那么面积（体积）就是3平方厘米（立方厘米）。

基本图形的面积和体积计算公式的推导以长方形和长方体为最基本的图形，长方形的面积计算公式就是用摆单位面积的正方形的方法（包含几个面积单位）去推导的。长方体的计算公式也是类似的方法，通过摆单位体积的正方体（包含几个体积单位）去推导长方体的体积计算公式。

② 用转化的思想推导计算公式。小学阶段，除了长、正方形和长、正方体外，其他的平面图形和立体图形的计算公式推导均采用转化的思路，把新图形的面积和体积转化为已经学过的图形的面积或体积进行计算，然后再推导计算公式。用转化的思路推导计算公式的基本教学环节是猜想→验证→推导→应用，教学的主要思路是

转化：等积割补或倍积拼合

新知 ⇄ 旧知

推导：找各部分之间的关系

（2）计算公式的巩固和运用

计算公式的巩固和运用一般包括计算公式的顺用和逆用，有单纯图形计算的，也有解决实际问题的，有些公式要强调对应，如底和高的对应。

（3）不规则图形的估测

估测或估计是《义务教育数学课程标准（2011年版）》突出强调的内容。

估测或估计既是一种意识的体现，也是一种能力的表现；不仅具有现实的意义，而且也有助于学生感受度量单位的大小。对不规则图形面积的估计，方法是多元的，如把不是满格的当半格数；把超过半格的当一格，不到半格的忽略不计（也就是四舍五入）；取面积区间的中间值；等等。但是，当学了基本图形的面积计算公式后，要多鼓励学生用转化的方法，把不规则图形转化为基本图形或组合图形再进行估计，也就是从“数”转化为“算”。例如，人教版五年级上册第六单元多边形的面积这一单元的学习，转化的思想应贯穿始终，包括不规则图形面积的估计。转化的思路主要有两个：一是根据图形的形状进行转化（图5–1–1），二是用移多补少的思路估计。移多补少时，转化成的那个基本图形不一定形状跟原图非常近似，但是尽量使面积比较接近（图5–1–2）。

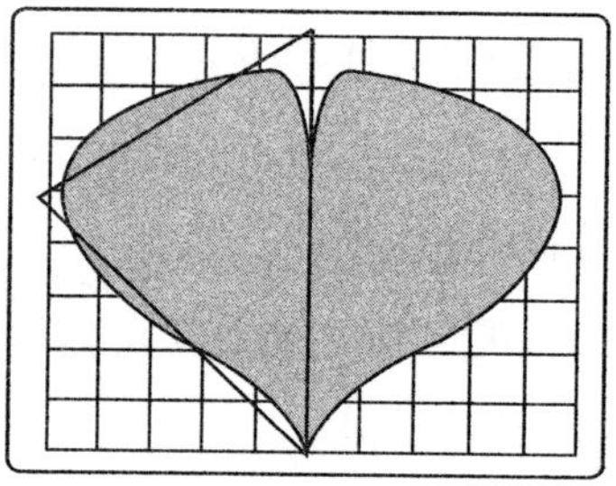

图5–1–1

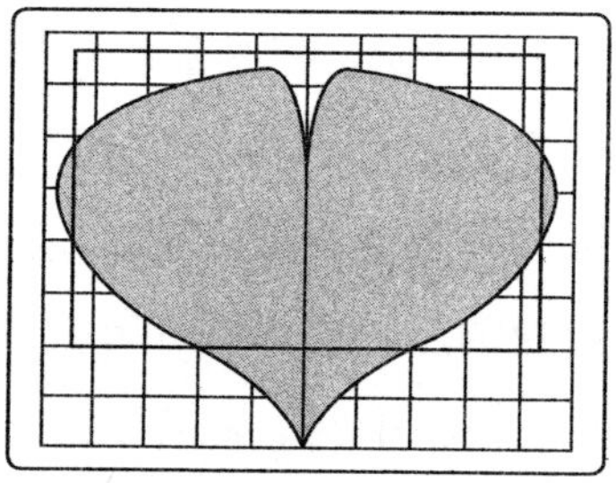

图5–1–2

另外，估计不规则图形的面积，若想估计得更准确一些，可将每个小方格等分成更小的正方形，就能得到更接近实际面积的估计值。也就是说，选择的测量标准面积越小，估计的结果越精确，由此引发想象，感受极限思想：当正方形无限小时，估计的面积就是图形的面积了。

第二节　核心素养的主要培养点

“图形与几何”的课程内容以发展学生的空间观念、几何直观、推理能力、转化思想为核心展开。

一、空间观念

空间观念是十大核心词之一，也是目前大家比较认可的小学数学核心素养之一。在平时的教研中，教师们经常会说空间想象力，那么，空间想象力和空间观念有什么异同?

空间想象力是人对头脑中所形成的空间表象进行加工、改组，从而创立新思想、新形象的能力。空间想象力是空间能力的重要组成部分与主要类型之一，是智力的一个重要组成部分。那什么是空间观念?课标以及课标解读都没有给出其内涵，而是从是否具有空间观念的几个表征出发对其进行描述：空间观念主要是指根据物体特征抽象出几何图形，根据几何图形想象出所描述的实际物体；想象出物体的方位和物体相互之间的位置关系；描述图形的运动和变化；依据语言的描述画出图形等。空间想象能力的养成对人要求比较高，需要对空间表象加工、改组、创新，而空间观念的形成只要求对物体的几何抽象和对几何图形的实物想象，包括路线图、位置和图形的运动等。另外是对文字表述进行几何想象，比较具体。曹才翰教授指出，空间想象能力对初中生来说，要求太高了，对于中学生尚且要求过高，更何况是小学生呢?因此，义务教育阶段只提空间观念，但是这不妨碍我们“引导学生进行空间想象……”的表达，因为进行空间想象不等于就能形成空间想象能力，空间想象能力作为高阶的能力，需要在低段开始，进行循序渐进的培养。

“图形与几何”的教学内容是空间观念培养的最主要和最重要的载体，是“图形与几何”领域要培养的最重要的核心素养，没有之一。

二、几何直观

顾名思义，几何直观所指有两点：一是几何，在这里几何是指图形；二是直观，这里的直观不仅仅指直接看到的东西（直接看到的是一个层次），更重要的是依托现在看到的东西、以前看到的东西进行思考、想象，综合起来，几何直观就是依托、利用图形进行数学的思考和想象。它在本质上是一种通过图形展开想象的能力。

可能有教师会有疑惑，“数与代数”领域需要广泛采用几何直观，以达到帮助学生理解的目的，为什么“图形与几何”领域也需要呢？其本身已经是几何图形，已经很直观了，还需要其他几何图形来帮助理解和想象吗？在此阐述一下笔者的观点，在“图形与几何”领域，同样需要，如解决有关“图形与几何”的实际问题，给出的是文字的表述，或者就是一个很现实的情境，为了便于研究这个问题，需要根据文字的描述画出草图或想象出几何图形，或从纷繁的现实情境中抽象出几何图形画来，然后借助直观的图形展开分析，最终解决问题。又如，建立计量单位实际大小的观念，我们通常借助直观的正方形和正方体，在估计某一个物体的面积或体积大小时，我们需要在脑子里出现单位面积的正方形或单位体积的正方体，然后借助它们去比较估计。即使是直接研究一个几何图形，如长方体，也需要借助图形进行想象，如面与面之间的关系、相对的棱和相邻的棱之间的关系、展开图等，全部都需要图形的直观。

三、推理能力

在图形的测量教学中，推导几何图形周长、面积和体积的计算公式时，用的就是推理，由一些具体图形的实验推导出一般的规律，就是归纳推理；根据转化前后图形各部分之间的关系和已学图形的计算公式推导出新图形的计算公式，就是演绎推理。另外，在图形的认识中也有推理，如从感知的素材中抽象概括出图形的特征，就是归纳推理；图形的判断练习，依据图形的概念或者特征进行判断，则是演绎推理。在图形与位置及图形的运动内容中同样有推理

（详见本章第三节）。

四、转化思想

同样地，在推导几何图形面积和体积的计算公式时，需要用转化的思想，转化的方向是未知→旧知，通过旧知来解决新知（图5–2–1）。

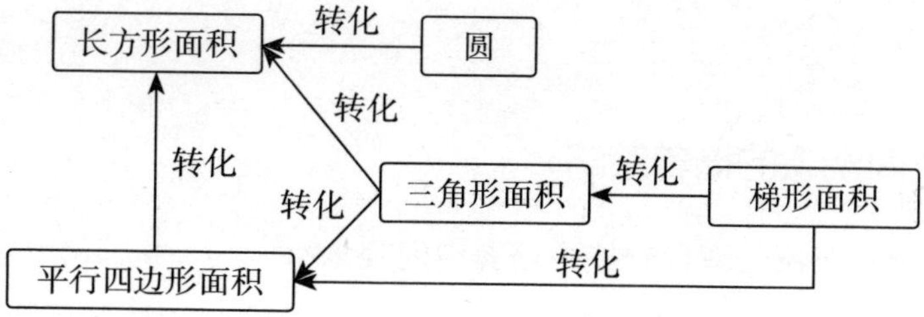

图5–2–1

又如，排水法、等积变形等方法都是利用转化的思想求不规则图形的面积和体积；也是运用转化的思想，把不规则的转化为规则的来进行估计和计算；等等。

第三节　教学的策略与方法

一、空间观念的培养策略

1. 在二维和三维的双向转换中培养空间观念

在图形的认识中，从实物到认识图形的特征这个过程要经历两次抽象：第一次是去除实物的物理属性，如构造的材质、图案、颜色等，得到与实物大小相同的几何模型；第二次是从抽离出来的大小不同的几何模型中进一步发现本质相同的地方，也就是几何图形的特征。这两次抽象的过程是空间观念培养的基点，体现了由直观走向抽象，从直观体验上升到理性分析空间观念形成的历程。反过来，我们可以引导学生从图形到实物的想象，如给学生一个带尺寸的几何形体，如一个长、宽、高分别是6分米、4分米、5分米的长方体几何模型，然后让学生想象，可能是生活中的什么物体。学生回答时，可以让他们比画一下，教师一定要准备好相关的实物，或者实物图片，这些实物一定是学生身边的，学生比较熟悉的物品。在想象的基础上，有实物做比对，有利于学生尤其是空间观念比较弱的学生空间观念的培养。

立体图形与其展开图之间、立体图形与截面之间，平面图形旋转形成立体图形的转换，图形面积、体积计算公式推导时的割补、倍拼转换，“观察物体”中三视图与立体图形或实物之间的转换，等等都是三维和二维之间的转换，都是学生空间观念培养的主要训练点。其中从二维到三维进行转换是有一定难度的，但是也更能培养学生的空间观念。如观察物体，给出物体的三视图，要求想象和搭出对应的立体，这就需要较强的空间想象能力。教学时，让学生充分地参与观察、操作过程，处处体现“想象”。同时也需要教给学生方法，如先根据一个方向的视图进行想象，再根据其他两个方向的视图进行调整。空间观念强的学生可以借助表象尝试整体想象和摆出一个立体图形，再验证和调整。需要提醒一点，也是非常关键的一点：学生要先想象，然后再进行操作或出示实物、图片等进行比对，在头脑里修正自己的想法。另外，能够利用实物教具或学具的尽量用实物的教具、学具，如圆柱侧面展开图（长方形）的长和宽与圆柱的底面周长和高之间的关系，不少教师依赖课件的动态演示，用一个带记号的圆在展开图的长边上滚动一周，以此显示长方形的长是圆柱的底面周长，这样的效果并不好，倒不如让学生把长方形纸卷成圆柱形然后打开，反复做几次，让学生从中感受长方形的长和宽与圆柱底面周长和高的关系，这样更实际、更有效，关键是学生空间观念可以得到很好的培养。

2. 在从不完整到完整的切换中培养空间观念

给出不完整的图形，让学生想象完整图形的样子，能有效培养学生的空间观念。如长方体的认识，从最基本的6个面开始，逐渐擦除到5、4、3、2个面，甚至是1个面，从残缺的面来想象长方体；或者依次擦掉长方体框架的一些棱，让学生想象原长方体的形状，想想至少要几条棱才能确定一个长方体；又或是改变棱的长短，引导学生想象出长方体变化的样子以及发现棱长改变所带来的面的改变，等等，引导学生在不完整的长方体和完整的长方体之间来回“穿梭”，充分地展开观察、想象，层层递进，实实在在地发展学生的空间观念。

3. 在运动变化中培养空间观念

想象图形经过运动变化后的位置和形状，这是小学数学的教学内容之一，也是空间观念的培养点。如图形的旋转，让学生画出一个平面图形在平面上顺时针或者逆时针旋转90° 后得到另一个图形教学时，我们要求学生先想象，然后根据平面图形旋转的性质画图，画完图之后跟自己的想象对照，不要把画图仅仅当作一个技能或技巧；再如点、线、面、体之间的联系，可以让学生先想象然后播放动画，点动成线、线动成面、面动成体，让学生在感受图形的运动变化中培养空间观念；又如，教学“圆柱和圆锥的认识”时，想象长方形以其中一条边为轴、直角三角形以其中一条直角边为轴旋转一周后得到的图形，需要在学生想象后出示动画的效果，帮助学生建立空间观念。

以上一系列的活动，二维、三维相互对照，引导学生在实体、表象和概念间，在不完整和完整之间来回“穿梭”，充分地观察、操作、想象，层层递进，实实在在地培养了学生的空间观念。

二、要引导学生总结研究图形的基本思路和方法

美国心理学家布鲁纳认为：“不论我们选教什么学科，务必使学生理解该学科的基本结构。”所谓学科基本结构，是指该学科的基本概念、基本原理、基本态度和方法。掌握学科的基本结构能有效促进学习的普遍迁移，学科基本结构具有简单且强有力的适用性，因而具有在记忆中强大再生的力量；学科基本结构有利于对学科的深入理解和整体上的把握，掌握了学科基本结构，就可以据此举一反三，触类旁通。曹才翰教授也认为：“如果学生认知结构中具有较高抽象、概括水平的观念，对于新学习是有利的，只有概括的、巩固的和清晰的知识才能实现迁移。”美国心理学家贾德通过实验证明，“学习迁移的发生应有一个先决条件，就是学生需先掌握原理，形成类比，才能迁移到具体的类似学习中”。

由此可见，基本的方法对于形成知识结构和促进迁移都是非常重要的。在“图形与几何”的教学中，需要引导学生掌握研究图形的基本方法。

基本方法一

基本图形的构成是从零维的点到三维的体发展的，点动成线、线动成面、面动成体，呈增维的状态，而研究图形的基本思路和方法却刚好相反，是降维的，如研究立体图形，以长方体为例，是从它们的面、棱、顶点三个方面进行研究的，也就是三维的体是从零维的点（长方体的顶点）、一维的线（棱）和二维的面（六个面）来研究其特征的；再如，研究二维的平面图形，如三角形，是从零维的点（三角形的顶点）、一维的线（三角形的边）来研究的。研究一维的线，如直线、射线和线段，是从它的端点个数来研究的，也就是一维的图形借助零维的点来研究。这种降维研究的思路需要通过具体的例子引导学生去感悟，如教学“长方体的认识”（图5-3-1）。

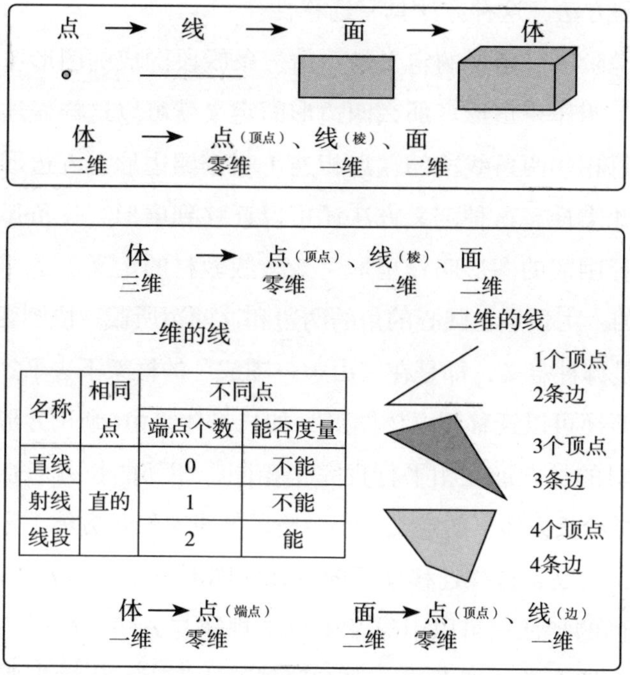

图5-3-1

学生一看就非常清晰了，“降维”一词不一定需要告知学生，但是这种思路需要他们感悟。这种思路和方法具有迁移性，研究其他的图形均可迁移类比，还可以在不同的知识领域使用，如解高次方程，就是通过降次的操作使之变成未知数的次数较低的同解方程从而得以求解的。

基本方法二

研究图形的基本方法，在降维研究的基础上，是从数量、形状、大小（长短）进行研究的。如长方体有8个顶点、12条棱和6个面，相对的棱长度相等，相对的面是完全相同的长方形，就是从它们的数量、大小（棱的长短、面的大小）以及它们的形状来进行研究的，其他的图形的研究方法也一样（图5-3-2）。

名称	相同点	不同点	
		数量 端点个数	长短 能否度量
直线	形状 直的	0	不能
射线		1	不能
线段		2	能

图5-3-2

基本方法三

在教学图形的认识时，引导学生与以往学习过的概念进行对比，从而总结给图形下定义的方法，这种方法具有迁移性。

例如，小学阶段三角形的定义是：由三条线段围成的图形（每相邻两条线段的端点相连）叫作三角形。那么四边形的定义就可以这样表述：由四条线段围成的图形（每相邻两条线段的端点相连）叫作四边形。五边形、六边形、多边形的定义以此类推。这种定义方法还可以迁移到扇形：一条弧和经过这条弧两端的两条半径围成的图形叫作扇形（人教版教材的定义）。《几何原本》是这样定义扇形的：由顶点在圆心的角的两边和这两边所截一段圆弧围成的图形叫作扇形。无论是哪种定义，都是在“由……围成”的框架下去下定义的。这种下定义的方法甚至还可以迁移到立体图形，如长方体是由6个长方形围成的封闭的立体图形（相对的长方形互相平行且完全相同，相邻的长方形互相垂直）。当然，这不是教材给长方体下的定义，小学阶段并没有给长方体下定义，只是以特征的形式出现，只是，这样迁移前面的给几何图形下定义的方法也未尝不可。

关于多边形的特征也可以引导学生总结规律与方法，如三角形有三个角三条边，四边形有四个角、四条边，那么猜猜五边形呢？六边形呢？多边形呢？等等。

基本方法四

几何图形的面积、体积计算公式的推导方法也是有结构，具有迁移性。基本图形的面积和体积计算公式的推导都是基于面积和体积度量的本质含义，用单位面积或单位体积的正方形和正方体去拼摆，从而推导出计算公式的，其他的平面图形和立体图形都是采用转化的方法进行推导的，过程基本都是“猜想→验证（实验、推导）→应用”的过程。

三、有机渗透数学思想方法

“图形与几何”的教学内容蕴含丰富的思想方法，如抽象、推理、转化、模型、几何直观等，我们一定要结合教学内容有机地进行渗透。在图形的认识中渗透抽象思想在第三章已经有所阐述，在此不再重复。重点说说推理思想和转化思想。

1. 推理思想

在推导计算公式时，我们要让学生清楚推导的思路，把新知转化成旧知，然后依据已学的几何图形计算公式中各部分的条件来找它们跟原图形各部分之间的关系，再来推导。教学时在“新→旧”后要强化“旧→新”，这是我们比较容易忽略的，应该说笔者听的这么多的课中，基本都没有凸显“旧→新”这一环节。无论是教材的编写还是教师的教学都是明确地向学生指出观察的方向，学生根据具体的指引逐步找到转化前后的对应关系，从而推导公式，至于观察什么？为什么要观察它们之间的关系，学生只是按要求完成任务，从来没有去思考。那么怎样去强化“旧→新”这个推理过程呢？下面以《圆的面积》一课为例：

师：刚才同学们已经顺利地把圆转化为近似的长方形了，下一步该怎么办？

生：推导公式。

师：首先要做什么？

生：找关系。

师：找谁和谁之间的关系？为什么要找它们的关系？

生：（沉默了一小会儿）因为要推导。

师：也就是说，我们把新知转化为旧知的最终目的是什么？

生：通过长方形面积计算公式推出圆面积计算公式。

师：长方形的面积计算公式是怎样的？

生：长方形的面积等于长乘宽。

师：现在知道要观察什么，找谁和谁之间的关系了吗？

生：找长方形的面积、长和宽分别与圆的各部分之间的关系。

随着师生的交流完成下面的板书：

长方形的面积 = 长 × 宽
↓　　　↓　↓
圆的面积 = 底 × 高

看似跟以往的教学过程与板书相似，实则大不一样：经过这样的交流，学生才真正明白，“新→旧”是为了“旧→新”，而不是老师让他观察什么他就观察什么。掌握这种观察推导的方法，在以后的学习中即使没有书本或者老师的提示，学生也能自觉类比运用，知道要观察什么，为什么观察。

当然，这个思路建议在第一次运用转化思想推导图形计算公式时（平行四边形的面积）就开始渗透，以后在每一次推导中不断强化。

另外，建议把转化和推导的整个过程完整演示一遍，然后让学生边操作边说，以强化学生对推理的感悟，达到内化的效果。

推理的思想不仅需要在推导公式时渗透，在图形的认识及图形的运动的教学中也要渗透，所以时时处处要有意识地对学生进行渗透。如“长方体的认识”一课，对于相对的棱长度相等的验证，教师通过提问让学生的思维和推理活动深度进行：怎样验证相对的棱长度相等？当学生提出用逐一量取的棱的长度或者用其中一条棱的长度与另外三条比一比的方法后，教师追问：如果长方体不量、不比呢？引导着学生运用推理：因为每一个面都是长方形，因此有$a=b$，$b=c$，$c=d$，$d=a$，因此棱a、b、c、d的长度相等，或者根据相对的面完全相同得，$a=d$，$b=c$，由每一个面都是长方形得，$a=b$，$c=d$，所以$a=b=c=d$，相对的棱长度相等（图5–3–3）

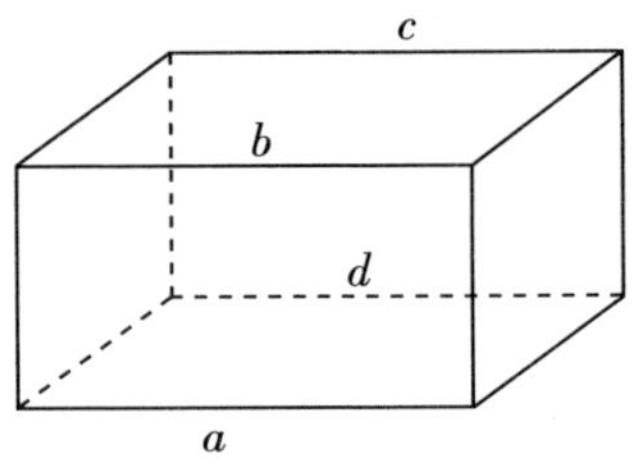

图5–3–3

2. 转化思想

转化思想的渗透在“图形与几何”的教学中蕴含着丰富的培养点，前文中多次提到图形的面积和体积计算公式的推导过程充分运用了转化思想，在此不再赘述，只是补充一点：虽然小学阶段基于学生的年龄特点和知识基础，“图形与几何”教学都是以直观几何为主，很少去证明，但并不代表我们就完全可以不讲证据，如把平行四边形通过割补转化为长方形后，要问为什么转化成的图形就是长方形，引导学生依据长方形和平行四边形的特征去说理，由此也明确为什么要沿着高剪开，因为长方形的四个角都是直角，在验证对边相等的过程中也顺势发现，长方形的长就是平行四边形的底。再如“图形的旋转”一课，转化思想的渗透不像图形计算公式推导那么明显，因此很多教师都会忽略。实质上，图形旋转时图形的大小是不变的，所有边旋转的方向相同，旋转的角度也相同，因此对一个图形旋转的观察与描述最终转化为对线段旋转的观察与描述。因此有：

图形的旋转 ←（所有边旋转的方向相同，旋转的角度相同）→ 线段的旋转有了这个认知，设计教学时思路就清晰了，时针的旋转、车杆的旋转实质都是线段的旋转，在总结图形旋转的特征后，要确定某个图形的旋转情况，可以转化为观察其中某条在方格图上线的旋转即可。在方格图上画出一个图形旋转后的位置，只要把关键边旋转后得到的边画出来再连接即可。

四、设计题组变式练习

练习设计以题组的形式呈现，是获得教学整体效益的一种重要途径，这种整体呈现、整体比较、整体掌握的练习方式能够促使学生系统地掌握知识结构，全面、灵活地进行数学思考，改变一课一例、一题一练的单调的教学模式。

下面以立体图形总复习一课为例，谈谈“图形的测量”的题组设计：

题组一

一个椰浆罐（图5–3–4）：

（1）把这个椰浆罐放在桌面上，占多大的面积，是求这个罐子的（　　）。

（2）给它的侧面全部贴上商标纸，至少需要多大的商标纸，是求这个罐子的（　　）。

（3）做这个罐需要多少铁皮，是求这个罐子的（　　）。

图5–3–4

（4）这个椰浆罐最多能装多少椰浆，是求这个罐子的（　　）。

（5）如果要解决“如果1毫升的椰浆约重1克，这个罐子最多能装多少克椰浆？”这个问题，需要选择上面第几题的结果来计算？

设计意图：在立体图形的学习中，学生对计算公式的直接运用并不困难，但是在解决实际问题时，却不一定知道实际上是求立体图形的什么，也就是不能把生活中的问题转化为数学的问题来解决。本题组旨在帮助学生进一步理解表面积、体积和容积的具体含义，从而把生活中的问题转化为求底面积、表面积、体积和容积等数学问题。

题组二

（1）一块正方体木料，它的棱长是6分米。

① 把这块木料加工成一个最大的圆柱，这个圆柱的体积是多少？

② 把这个圆柱再削成一个最大的圆锥，这个圆锥的体积是多少？

③ 如果削好后的圆锥比原来的圆柱的体积少113.04立方分米，原来圆柱的体积是多少？

（2）解除以下两道题：

①一个圆柱与一个圆锥的底面积和体积分别相等。已知圆柱的高是4分米，圆锥的高是多少？

② 一个圆柱与一个圆锥的体积和高分别相等，已知圆锥的底面积是28.26立方厘米，圆柱的底面积是多少？

设计意图：体会几种立体图形的体积关系。在体会关系的过程中又强化了学生对这几种立体图形的体积计算的记忆。

题组三：

（1）有一个长5分米，宽3分米，高4分米的长方体水缸。

① 水缸装满了水，投入一个底面半径为1分米，高3分米的圆锥形铁块，缸里的水溢出多少升？

② 水缸里有一片珊瑚（完全浸没），把珊瑚从水里拿走后，水面由3.2分米降低到3分米。珊瑚的体积是多少立方分米？

③ 一块体积为62.8立方厘米的长方体铅块，投入一个底面积为31.4立方厘米的圆柱形容器中，这时水面高10厘米，将铅块从水中取出后，水面高多少厘米？

④ 若水深3.8分米，投入一个棱长为2分米的正方体铁块。会出现以下的什么情况？（　　）

A. 水刚好满　　　B. 水未满　　　C. 水溢出

继续思考：缸里的水溢出多少升？

（2）一个内直径是6厘米的水瓶装有水，水的高度是12厘米，把瓶盖拧紧后倒置放平，无水部分的高度是10厘米。这个瓶子的容积是多少？

设计意图：变式练习同样是等积变形，但是可以有不同的情况，无论怎么变，都是万变不离其宗，关键是要找到变形前后不变的数量关系。当然，还可以丰富变化的形式，如直接变形的情况，把铁块锻造成其他形状，把圆锥形沙堆倒进长方形的沙池中，等等。

有关图形的周长和面积计算的题组可以仿效上面的设计。

第四节　教学问题链设计

小学阶段“图形与几何”领域的内容包括图形的认识、图形的测量、图形的运动和图形的位置四个部分，其中“图形的运动”和“图形的位置”新授课的问题链设计没有什么统一的规律，在此不展开。

一、“图形的认识”新授课问题链设计

“图形的认识”属于概念教学的范畴，概念的形成环节问题链以“这些……有什么共同的地方？（有什么不同？）”为核心问题。一般来说，图形的认识的教学都需要经历两次抽象，因此这个核心问题至少需要用两次（图5-4-1）。

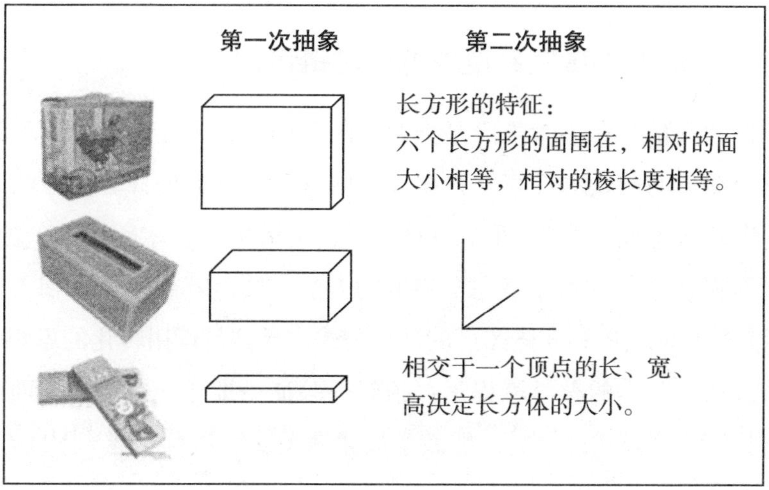

图5-4-1

以“长方体的认识”一课为例，从生活中的长方体形状的物品到把握长方

体的本质特征，学生经历了两次抽象的过程：第一次，在具体直观层面抽象，去除长方体实物非本质的特征，如构造的材质、图案、颜色等物理属性，得到与实物大小相同的长方体实物模型；第二次，在表象层面抽象，从大小不同的长方体实物模型中进一步发现本质相同的地方，也就是长方体的特征（由6个长方形的面围成，相对的面大小相等，相对的棱长度相等），最终通过搭长方体框架和去长方体框架的小棒的活动认识到“相交于一个顶点的长、宽、高决定长方体的大小”这一最本质的特征。这两次抽象都是用核心问题“有什么相同的地方？”引领学生的观察、比较与抽象活动，同时这个过程也是空间观念培养的过程。

“长方体的认识”中认识长方体面和棱的特征，可以设计如下的问题链：你是怎样数出6个面的？→大家认为这样数有什么好处？→“完全相同”是指什么？→你是怎么知道相对的面完全相同的？→如果不量、不画、不比，能不能借助已经学过的数学知识来验证相对的面完全相同？

这一个问题链引导学生有序地数、有序地思考、有序地表达，并且引导学生从直观的观察或者浅层的比较中学会数学地验证，借助三年级所学的长和宽可以确定一个长方形的知识，通过测量每个面的长和宽来判断是否相对的面完全相同。

二、“图形的测量”新授课的问题链设计

“图形的测量”在小学阶段是指关于图形的周长、面积、表面积和体积的计算。其中图形的周长的计算是根据周长的含义找到简便计算的方法，长方形和长方体作为最基本的平面图形和立体图形，是根据“包含多少个单位面积（体积），面积就是几”，通过不完全归纳的方法归纳出其面积（体积）计算公式的。然后其他平面图形和立体图形的计算公式主要都是运用转化的思想方法来推导计算公式的。基本的教学流程是：猜想→验证→推导→应用。下面的问题链就是根据几何计算公式推导的一般教学规律来设计的基本模型（图5–4–2）：

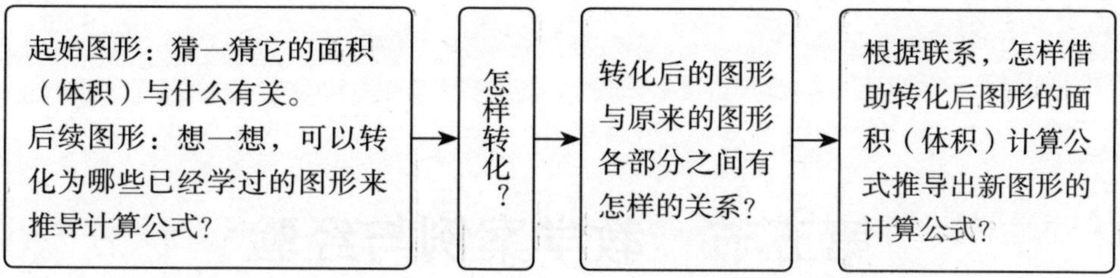

图5-4-2

在第一章第二节中平行四边形面积一课的问题链就是基于上面的问题链基本模型设计的（详见第一章第二节）。

为培养学生良好的审题习惯，在解决有关“图形测量”的问题时，可以运用以下的问题链进行审题：是一个什么图形？→求什么？→计算公式怎样？→条件是否具备？

第五节　教学案例与经验

问题链，链出学生的“四能”

——人教版六年级下册第三单元　圆柱与圆锥中“求不规则立体图形的体积”的教学片段与思考

《义务教育数学课程标准（2011年版）》在课程总目标中指出：“通过义务教育阶段的数学学习，学生能增强发现和提出问题的能力、分析和解决问题的能力”（以下简称“四能”）。“四能”是学生重要的数学能力，培养“四能”的过程也是培养数学素养的过程。“四能”是学生在经历问题解决全过程中得以培养的，而问题链是为了解决问题而设计的。由此可见，问题链导学与“四能”的培养有着密切的关系，问题链导学可以促进学生“四能”的提高。

在实践中我们发现，培养学生“四能”的问题链，发现问题、提出问题、分析问题、解决问题这四个过程通常不是纯线性的：在分析问题的过程中，会不断地发现问题，再进一步去分析问题和解决问题，即形成一个嵌套式问题链框架的形式（图5-5-1）。

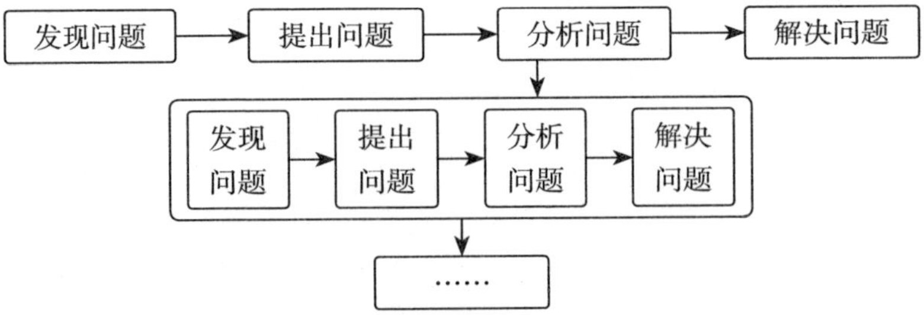

图5-5-1

下面以人教版2013修订版教材六年级下册第27页例7“求瓶子的容积”一课为例，谈谈如何设计问题链，培养学生的“四能”。

【教学片段】

创设情境：这些水至少需要多少个这样的瓶子才能装完？

发现问题：不知道一个瓶子最多能装多少？

提出问题：瓶子的容积是多少？

学生尝试解决：

生1：寻找标签上的“净含量”标识。其余学生否决了此方法，净含量≠瓶子的容积。

生2：把瓶子灌满水，把这些水倒出来，用量杯或量筒测出水的体积就可以求出瓶子的容积。

进一步提出问题：

只提供一个装了水的瓶子和直尺（图5–5–2），应如何求瓶子的容积？

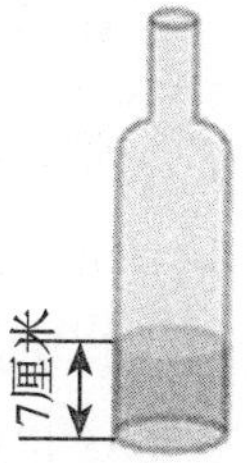

图5–5–2

分析问题：

通过讨论，形成共识——求组合立体图形体积的问题（瓶子的厚度忽略不计），“瓶子的容积=圆柱部分的体积+不规则部分的体积”或“瓶子的容积=空白部分的体积+储水部分的体积”。

发现问题：无论采用哪种方法，都涉及求不规则部分体积的问题，但不知道怎样计算？

提出问题：如何把不规则部分的体积转化为规则的体积进行计算？

分析问题：

小组1：把瓶子装满水，然后把上面不规则部分的倒进另一个瓶子里，就可以把不规则的部分转化为圆柱形，再测量底面直径和水的高度，从而求出体积。其他小组表示反对，因为限定的条件是只有直尺和一个装了水的瓶子。

小组2：不规则部分也分两部分：一部分是瓶颈部分，其实也是一个小圆柱，另一部分是连接部分，可以进行估算，大约是其等底等高的圆柱体积的2/3。因为这个情境下的等积变形相比于五年级求不规则物体体积的要难很多，不能直接把原有的经验与方法迁移过来，所以学生基本上想不到其他更好的办法。

师：（演示）如果把这个瓶子倒过来变怎么样呢？（图5-5-3）什么变了，什么没变？学生独立思考并小组讨论后：

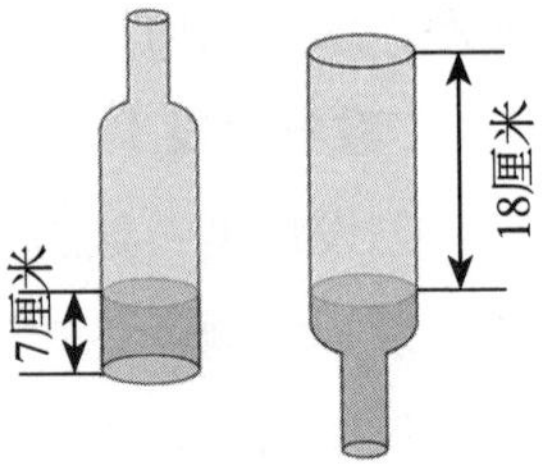

图5-5-3

小组3：水的形状变了，但是体积不变，也就是倒过来放后处在瓶颈部分的水的体积就等于原来的7厘米水柱的体积。

小组4：也可以是空白部分的体积不变，原来空白部分的体积等于倒过来放后18厘米圆柱的体积。

其他小组均表示同意他们的意见。

师：通过这样的方法，实现了什么？

生：实现了把不规则的部分转化为规则部分来求体积。

解决问题：那现在知道怎样求瓶子的容积了吗？

生：瓶子的容积=18厘米圆柱的体积+7厘米圆柱的体积。

解决问题：还需要什么数据？怎样列式计算？怎样计算更简便？

回顾反思：回想刚才的过程，我们是怎样解决这个问题的？

师生共同回顾问题解决的过程，梳理提出过的问题，整理成链，从中整体感知问题解决的思路与方法，并体会转化等数学思想。

这一个问题链是在教师的精心预设下、在师生的互动中逐步发现和提出的，并通过学生的探究和合作等活动去分析解决。在主链和核心环节“分析问题”下又设计了一个子链，这个子链也同样经历了发现提出问题、分析解决问题的过程，形成嵌套的结构形式。另外，从上例中我们可清晰地看到，问题链导学的过程也是学生“四能”培养的过程，两者可以有机地结合在一起。

《长方体和正方体》单元测试质量分析（节选）

一、简要说明

以下内容选自某区五年级下学期某次的教学质量调研分析报告。调研内容为人教版义务教育教科书小学数学五年级下册第三单元《长方体和正方体》。

本次测试分四大题共42道小题，要求在40分钟内完成（随教学进度进行，没有提前告知学校，所以学生基本是零复习参加测试的）。题目类型结构见表5–5–1。

表5–5–1

题型	填空	判断	选择	解决问题		合计
				只列式不计算	列式解答	
题量/道	10	9	14	8	1	42
分值	24	18	28	24	6	100

二、质量分析

因为数据只作为内部调研分析用，所以下面的分析会隐去某些数据。

1. 从区分度看学生的学习情况

区分度在0.7以上的题目统计表（表5–5–2）：

表5–5–2

题号		考点	区分度
解决问题	1（4）	运用排水法求不规则物体的体积（多余信息干扰）	0.84
解决问题	1（5）	已知体积和长、宽，求深度	0.79
填空	9	排水法，已知不规则物体的体积和容器的底面积，求原来水面的高度	0.78
解决问题	1（1）②	求长方体框架5个面的面积	0.73

续 表

题号		考点	区分度
解决问题	1（2）③	求正方体雕塑底座4个面的面积	0.73
解决问题	1（2）①	求正方体底座的底面积	0.72

区分度高的题目绝大部分集中在“只列式不计算”上，这也是意料之中的：一是主观题，需同时考查学生列综合算式的能力；二是这些题目要么是平时相对少见的情境，要么是干扰的信息比较多，而且较多涉及表面积的计算，由此可见，表面积的计算相对于体积来说，更难；三是只列式不计算的题目相对于列式解答题要求更高。

下面主要分析两道题，其余题目在后面会详细分析：

解决问题中只列式不计算第（4）题：一个长方体水槽，内部的长为40厘米、宽为35厘米、高为30厘米，水深为20厘米。现将一块石头完全浸没在这个水槽的水中，结果水面上升了0.2厘米。求：这块石头的体积是多少立方厘米？

分析：本题区分度是0.84，很高，考点是用排水法求不规则物体的体积。题中有两个多余信息，错误的答案中80%以上的学生都被这两个多余信息绕进去了，答案五花八门，如40×35×30×（20−0.2）、40×35×（20−0.2）、40×35×30×0.2、40×35×30×20×0.2是最为多见的错误，这些学生都尽可能想把题中的数据都用上。另外，有些答案虽然是对的，但是归起因来，也不乏要把题中数据尽可能用上的想法，如40×35×（20+0.2）−40×35×20。还有一些答案很难去分析学生的思路。多余信息的存在造成学生列式胡乱使用，可以说思路是混乱的。但总体上，因问题明确指出是求体积的，绝大部分学生都知道用连乘的方法，较少用了求棱长总和或者求表面积的方法。

解决问题中只列式不计算第（5）题：学校在平地上挖了一个长为8米、宽为5米的长方体沙池，一共挖出了20立方米的土。求：沙池的深度是多少米？

分析：本题区分度0.79，考查的是$V=abh$公式的逆用。错误原因主要有两个：一是概念不清，有部分学生当作知棱长总和与长、宽，求高来解答；二是受数据的干扰，列式为8×5÷20，约占错误人数的56%。在学生的认知中，除法是用“大数÷小数”的观念根深蒂固，以至于干扰了对数量关系的正确运用。

2. 从难度看学生学习的优劣势

难度在0.85以上的题目共16题，占总题量的38.1%，分别是填空题的1、2、4、5、6题，判断题的1、3、4、5、6、7、9题，选择题的1、2、9题以及解决问题中只列式不计算的第（3）题。涉及的考点分别有：体积、容积的概念及单位的换算，长方体、正方体最基本的特征，长方体表面积和体积计算的简单应用以及用排水法求不规则物体体积的最简单的情况。由此看出，学生对本单元的主要概念及最基本的计算（属于知识与技能层面考点中既比较单一又比较常规的题），掌握得比较好。

难度在0.6以下的题目统计表（表5-5-3）：

表5-5-3

题号		考点
解决问题	1（2）③	求正方体雕塑底座4个面的面积
	1（1）②	求长方体框架5个面的面积
	1（4）	用排水法求不规则物体的体积（多余信息干扰）
填空	10	求组合图形的表面积和体积
选择	10	知木料长度和横截面边长，求体积
填空	8	根据长方体表面展开图，找长方体的宽和高
填空	9	排水法，已知不规则物体的体积和容器的底面积，求原来水面的高度

对照表5-5-2和表5-5-3，发现重合度比较高。从表5-5-3中反映出培养学生思维的灵活性和空间想象力仍然是今后“图形与几何”教学的努力方向。

具体题目及分析如下：

填空题第9题：把一个体积为90立方厘米的石块完全浸没在底面积为30平方厘米的长方体容器的水中，这时水面高度上升到20厘米。若把石块捞出，水面的高度降回到（　　）厘米。

分析：本题是全卷得分率最低的题目。这一道是变式题，与平时知道水面高度求不规则物体体积的思维方向相反，结果大部分学生就束手无策了。错误的答案五花八门，没有一个是比较集中的。这说明学生逆向思维的能力、面对新情境时的分析能力都很弱。

填空题第8题：图5-5-4为一个长方体的表面展开图，这个长方体的宽是

（　　）厘米，高是（　　）厘米。

分析：本题考查的是学生的空间想象力。由平面到立体的想象较之于由立体到平面的想象难，错误的答案中大约88%是把宽和高的数据调转了，也有一部分学生把10当作了宽或高。

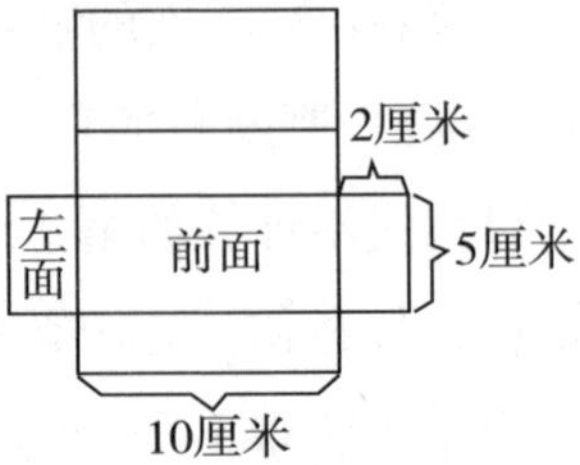

（第8题图）

图5-5-4

选择题第10题：（图5-5-5）这根长方体木料的横截面是边长0.2米的正方形，它的体积是（　　）平方米。

A. 0.4　　B. 4　　C. 2

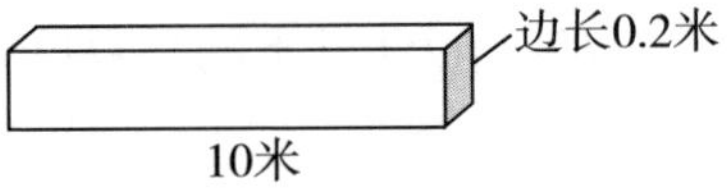

（第10题图）

图5-5-5

分析：本题考查的是长方体体积的计算以及有关小数的计算。错选B的大约占出错学生的35%，错因是小数的口算不过关；错选C的大约占出错学生的63%，原因是把0.2当作了横截面的面积。

填空题第10题：右面的组合图形（图5-5-6），它的体积是（　　）立方厘米，表面积是（　　）平方厘米。

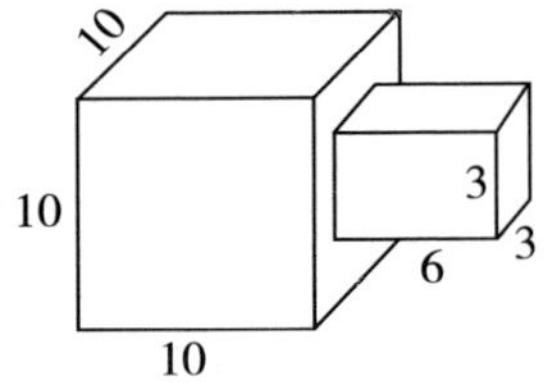

（第10题图单位：厘米）

图5-5-6

分析：本题考查的是组合图形表面积和体积的计算。其中表面积计算错误的大约占错误答案的88%，比体积计算的错误多得多。再次说明，表面积的计算相对于体积来说，难度更大，尤其不是全6个面的或组合图形的。

解决问题中只列式不计算第（1）②题：在长方体框架的四周和底面钉上木板，至少需要木板多少平方厘米？

解决问题中只列式不计算第（2）③题：给正方体底座周围的四个面贴上花岗石，贴花岗石的面积是多少平方米？

分析：上面两题考查的是长方体、正方体表面积（不足6个面）。再次说明，凡是涉及表面积计算的，都是学生的难点。

三、存在的主要问题与教学建议

1. 存在的主要问题

（1）部分学生概念不清

从上面的题目分析中可以看出，有一部分学生在解决实际问题时不能很好地理解题意，不能把实际的问题转化为数学的问题。例如，求浇筑底座需要多少立方米的水泥，应该是求体积，但是有些学生理解成求表面积，这当中也不排除有些学生知道求的是体积，但是却用了表面积的计算公式。又如，只列式不计算第（2）题，有些学生就用了$1.2\times1.2\times6$来求体积。以上种种，深究其因，都是概念不清所致。如果学生对概念理解准确透彻，那么对于实际情境中的问题，是不难转化为数学的问题的，也不会错用公式。再如，求棱长总和，求表面积，只要正确理解了概念，就可以根据这些概念的意义找到计算的方法，完全不需要死记硬背。科学研究表明，有意义的记忆才牢固。所谓有意义的记忆，就是在理解的基础上进行记忆。若学生只是对一堆计算方法机械地记忆，那样的效果只会是事倍功半，公式应用错乱也就在所难免了。

（2）缺乏空间想象的支撑

对于“图形与几何”领域的概念和计算公式的理解、记忆与运用，一定要有空间想象做支撑。例如，只列式不计算的第（4）题，之所以通过率低，很大程度上是因为学生没有运用空间想象，或者学生的空间想象能力不强。如果学生能根据题意画一画草图或想象一下题中所描述的图形，马上就知道哪些才是有用的信息了。全卷通过率低的那些题，如填空题的第8、9题，选择题的第11、12、13题，只列式不计算的那几道题目，均需要学生借助空间想象或直接根据所配的图进行直观想象，才能较好地解决。

（3）分析问题、解决问题的能力以及思维的灵活性等方面的培养有待加强

本次调研的题目特点之一就是注意变式，体现层次。同一考点，通过不同变式来考查学生的掌握层次和能力层次。这一特点在“用排水法求物体体积”这个检测点上体现得最充分。全卷共设置了4道题，得分率都只有46%左右，其中填空题的第9题是全卷得分率最低的题目，只列式不计算的第（4）题得分率为倒数第5，选择题第14题得分率倒数第17，只列式不计算第（3）题得分率较

为理想。通过对比分析可得，学生对“用排水法求物体体积”的基本数量关系是掌握的，但是稍变式，就差了一些，如选择题第14题。虽然只列式不计算的第（4）题是“石块体积=上升部分水的体积”这一等量关系的直接运用，但是由于加上了两个多余信息，结果就出状况了。而填空题第9题已知物体体积和容器底面积反过来求原来水面的高度，需要用到逆向思维，解决问题的步数多了，结果就成了全卷通过率最低的题目。这些都反映了学生还没有把握“等积变形”的本质，其分析解决问题的能力、思维的灵活性等的培养还有待加强。

2. 教学建议

针对本次调研中存在的主要问题，特提出以下的教学建议。

（1）重视知识形成过程的教学

从上面的分析可知，不少学生不知道题目求的是什么，或者计算公式张冠李戴，或者记不牢固，等等，这都是由于学生对概念、公式不理解所致。小学阶段的数学知识量其实不大，若几个概念、几个计算公式都记不牢固，又何以顺利进行后继的学习？解决此问题的一个有效途径是：重视知识形成过程的教学，让学生知其然更知其所以然，这样才能让学生真正掌握，牢固记忆。例如，对于长方体棱长总和的计算，完全不需要死背公式，教师只需在教学中加强学生对棱长总和这个概念的理解，对长方体的特征尤其是棱的特征的认识即可，借助实物、模型的直观，让学生充分体验，在理解的基础上记忆，比背千遍万遍有效得多。另外，教师要培养学生有意义记忆的意识和方法，要善于把教师的教法转化为学生的学法。

（2）重视解题思路、方法的总结和指导

数学问题千千万，若只是以题论题，那么学生永远都跳不出题海，学一题会一题，这样的效率太低了，也十分不利于学生能力的培养。《义务教育数学课程标准（2011年版）》人教版教材的解决问题教学十分强调解题步骤的教学，其中第三个步骤“回顾与反思”是以往教学中相对较易忽略的，这是一个明确的导向，就是一定要重视数量关系的提炼和解题思路、方法的总结。这样学生在解决问题时才会有方法找思路，明确解题方向，才能做到举一反三、触类旁通。

教师应在练习中建议学生多采用题组的形式，因为题组整体呈现、整体比较、整体掌握的练习方式能够促使学生系统地掌握知识结构，全面、灵活地进行数学思考，这是获得教学整体效益的一种重要途径。

例如，关于“等积变形”的题目，教师就可以设计一个或几个题组，题组里面包含各种主要形式或变式，如包含间接变形的：溢出水的体积=物体的体积、上升或下降部分液体的体积=浸没在液体中的物体体积；关于直接变形的题目，如把橡皮泥捏成长方体、正方体形状，把沥青平铺在公路上，把长方体容器的水倒入另一长方体或正方体容器中，等等。有顺向求体积的；也有逆向求原来、最后或上升（下降）的液体高度的，或者是求容器底面积的。有完全浸没的，也有不是完全浸没的；等等。无论如何变式，作为一个题组，教师都需要引导学生进行对比沟通，提炼出解决这些问题最基本的解题思路和等量关系。经常进行这样的训练，学生分析解决问题的能力自然会提高，学一题，会一类，解决一大片。

（3）重视空间想象力的培养

空间想象力不仅是认识现实世界空间形式不可缺少的能力因素，而且是形成和发展创造力的源泉。学生解决有关“图形与几何”领域的问题所出现的很多错误都是由于缺乏空间观念所造成的。空间想象力一般要通过对实物或模型的观察、比较、分析、抽象、综合和识图、画图、想象等活动逐渐发展起来，因此一定要加强直观教学，充分利用实物和模型的直观，开展看一看、摸一摸、量一量、比一比、想一想、做一做、画一画等活动，让学生充分感受与体验，经历“直观—半直观—脱离直观”的过程。另外采用对照的方法，也是帮助学生建立空间观念的有效途径，如长方体展开图与长方体立体图的对照，经历“平面⟷立体”双向想象对照的过程，先想象，再借助实物或直观图对照验证；善于画草图，也是培养学生空间观念的好办法。长期进行这样的训练，学生的空间想象力自然会有所提高。

第六章

在统计与概率的教学中培养核心素养

大数据时代的来临使得“会处理各种信息尤其是数字信息，具有收集和整理、分析和利用信息的能力”成了社会公民的基本素养。正如威尔斯所预见的那样：“就像读和写的能力一样，将来有一天统计的思维方法会成为效率公民的必备能力。”

第一节 教学的特点与规律

一、对重要概念的理解和认识

1.数和数据

数据是统计学的研究对象，数据是信息的载体，这个载体包括数、言语、信号、图像、视频等，凡是能承载事物信息的东西都能构成数据。数据是有量纲的，关于数据的结果具有其特殊性，某一个数据只对某一个事物有意义或作用。而数是数学研究的对象，数学是实际问题的高度抽象，是用归纳的方法来研究抽象的数。数是无量纲的，关于数的结果具有共性，如用6可以表示所有数量是6的物体。

马云鹏教授认为：数据统计产生于社会生活的需要。尽管对数据的处理主要是用数来表达的，但在义务教育阶段，这些数都依附于一定的实际背景，脱离实际问题的对单纯的数的研究并不属于统计的内容。

2. 大数据

所谓大数据，原来是指那些传统的数据处理与应用软件无法进行处理的过于庞大与复杂的数据集。但近年来，大数据作为一个术语更倾向于指使用预测分析、用户行为分析或从数据中提取信息等某些其他的高级数据分析方法。数量大、种类多、速度快、准确度高、价值巨大被视为大数据的主要特点。小学阶段的统计内容一般都是学生身边的相对比较简单的数据，但是我们的教学要基于目前大数据的背景，进行有益的渗透和观念的更新。

3. 统计学

《大不列颠百科全书》：统计学是“关于收集和分析数据的艺术和科学”；《兰登书屋大辞典》：统计学是一门“对数据进行收集、分类、分析和解释的科学”；《现代汉语词典》：统计是指对与某一现象有关的数据进行搜集、整理、计算和分析等，统计学是指研究统计理论和方法的学科。它们对统计学的解释有相似之处，那就是强调数据，强调对数据的收集、整理、分析及解释。

4. 概率

《现代汉语词典》：某种事件在同一条件下可能发生也可能不发生，表示发生的可能性大小的量叫作概率。例如，一般情况下，一个鸡蛋孵出的小鸡是雌性或雄性的概率都是1/2。

反映大多数究竟有多少的度量是概率，概率是可能性的一个度量，概率是对统计结果的合理描述。

5.数学和统计学

从小学到高中，我们都是从数学教材里学习有关统计与概率的知识，因此我们经常会把统计与数学混为一谈，但实际上这两者是有很大的不同的：数学关注的是最终的结果，统计关注的是使用的方法；数学是数出来的、算出来的，它明确指向一个答案，一般是确定的结果，而统计要的不是结果，是对以数据为表现形式的随机现象进行的研究，是通过收集分析数据做出更准确预判的一门科学。随着社会的发展，统计已经成为一门独立的学科。

统计学对结果的判断标准是“好、坏”，而不是数学中的“对、错”。

6. 统计与概率

究竟是“统计+概率”还是“统计与概率”？从统计与概率的发展历史来看，先有统计，再有概率，统计学在诞生之初与概率无甚关联，称为古典统计学。后来人们渐渐发现，统计资料中的各种数据大多是偶然现象的反映，于是到了19世纪末20世纪初，概率论的有关知识被引入统计学，构建了现代统计学。与古典统计学相比，二者都是对于数据的收集和分析，但内涵有了显著的变化。本质的区别是后者进行分析的基础是“不确定性”即“随机”。

已故中科院院士、中国统计学会副会长陈希孺先生指出：“统计学是有关收集和分析带随机性误差的数据的科学和艺术。”分析着重于数量化，而随机性的数量化通过概率表现出来，由此可以看出，统计学与概率论的关系密切。大体上说，二者的关系是：概率论是统计学的理论和方法的依据，而统计学可视为概率论的一种应用。

因此，统计与概率的关系是："统计与概率"而不是"统计+概率"。"统计与概率"教学中统计学是主题，概率是为统计服务的。

7. 数据分析观念

《义务教育数学课程标准（2011年版）》将数据分析观念解释为："了解在现实生活中有许多问题应当先做调查研究，收集数据，通过分析做出判断，体会数据中蕴含着信息；了解对于同样的数据可以有多种分析的方法，需要根据问题的背景选择合适的方法；通过数据体验随机性，一方面，对于同样的事情每次收集到的数据可能不同，另一方面，只要有足够的数据就可能从中发现规律。数据分析是统计的核心。"

二、教学内容的安排与分析

1.《义务教育数学课程标准（2011年版）》中"统计与概率"的课程内容

义务教育阶段"统计与概率"知识的安排归类如图6–1–1所示。

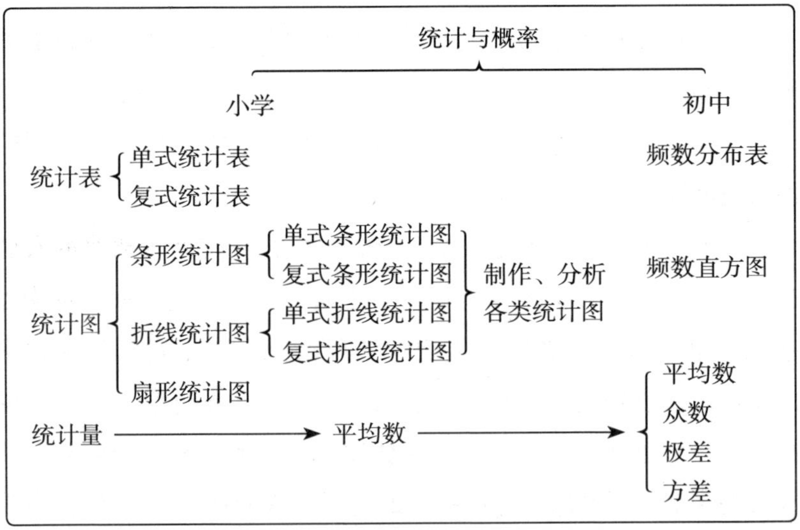

图6–1–1

《义务教育数学课程标准（2011年版）》第一、二学段中"统计与概率"的课程内容见表6–1–1。

表6–1–1

第一学段	（1）能根据给定的标准或者自己选定的标准，对事物或数据进行分类，感受分类与分类标准的关系。 （2）经历简单的数据收集和整理的过程，了解调查、测量等收集数据的简单方法，并能用自己的方式（文字、图画、表格等）呈现整理数据的结果。 （3）通过对数据的简单分析，体会运用数据进行表达与交流的作用，感受数据蕴含的信息
第二学段	1. 简单的数据统计过程 （1）经历简单的收集、整理、描述和分析数据的过程（可使用计算器）。 （2）会根据实际问题设计简单的调查表，能选择适当的方法（如调查、试验、测量）收集数据。 （3）认识条形统计图、扇形统计图、折线统计图，能用条形统计图、折线统计图直观且有效地表示数据。 （4）体会平均数的作用，能计算平均数，能用自己的语言解释其实际意义。 （5）能从报纸杂志、电视等媒体中有意识地获得一些数据信息，并能读懂简单的统计图表。 （6）能解释统计结果，能根据结果做出简单的判断和预测，并能进行交流。 2. 随机现象发生的可能性 （1）在具体情境中，通过实例感受简单的随机现象，能列出简单的随机现象中所有可能发生的结果。 （2）通过实验、游戏等活动，感受随机现象结果发生的可能性是有大有小的，能对一些简单的随机现象发生的可能性大小做出定性描述，并能进行交流

2. 教材中“统计与概率”的内容安排

“统计与概率”的知识在小学阶段包括两大部分：一部分就是统计的知识，包括统计表和统计图等；另一部分就是概率方面的知识，在小学阶段以“可能性”呈现。下面是人教版、北师大版、苏教版教材小学阶段“统计与概率”知识的安排（表6–1–2）。

表6–1–2

教材安排	人教版	北师大版	苏教版
一年级上册	—	分类	分一分
一年级下册	分类与整理	—	—
二年级下册	数据收集整理	调查与记录	数据的收集与整理（一）

续 表

教材安排	人教版	北师大版	苏教版
三年级下册	复式统计表	数据的整理和表示	数据的收集与整理（二）
四年级上册	条形统计图	可能性（不确定性、初步感知可能性大小）	可能性 统计表与条形统计图（一）
四年级下册	平均数与条形统计图	数据的表示和分析（单式条形和折线统计图）	—
五年级上册	可能性	可能性（感受数据的随机性，进一步感受可能性有大有小）	统计表与条形统计图（二）
五年级下册	折线统计图	数据的表示和分析（复式统计图）	折线统计图
六年级上册	扇形统计图	数据处理（扇形统计图）	—
六年级下册	—	—	扇形统计图

北师大版教材安排的简单说明（表6–1–3）。

表6–1–3

教材安排	内容	说明
一年级上册	分类	按一个标准或多个标准对物品、图形等进行分类
二年级下册	调查与记录	积累收集、整理数据的活动经验，了解收集数据的简单方法，会进行简单的数据整理（出现单式统计表）
三年级下册	数据的整理和表示	再次积累收集、整理数据的活动经验，用自己的方式（文字、图画、表格等）呈现整理数据的结果
四年级上册	可能性	感受简单的随机事件（可能、一定、不可能），初步感受可能性有大有小（能列出所有可能结果）
四年级下册	数据的表示和分析	认识条形统计图和简单的折线统计图，用统计图直观、有效地表示数据；认识平均数，能用自己的语言解释其实际的意义
五年级上册	可能性	进一步感受可能性有大有小，通过一些游戏和活动，初步感受数据的随机性（游戏公平，与数据收集整理相整合）

续表

教材安排	内容	说明
五年级下册	数据的表示和分析	认识复式统计图（条形、折线），用统计图直观、有效地表示数据；进一步认识平均数，体会平均数的实际应用
六年级上册	数据处理	扇形统计图；统计图的选择；数据的分组，初步体会数据的分布（分组或分段统计）

人教版教材安排的简单说明（表6–1–4）。

表6–1–4

教材安排	内容	说明
一年级下册	分类与整理	先分再数，边分边数；多元分类标准，分类结果在单一标准下的一致性；出现了简单的单式统计表
二年级下册	数据收集整理	初步学习用调查法收集数据，用写“正”字的方法记录数据（也呈现其他记录数据的形式），运用单式统计表进行数据的整理
三年级下册	复式统计表	在前面单式统计表的基础上整合
四年级上册	条形统计图	单式条形统计图
四年级下册	平均数与条形统计图	复式条形统计图
五年级上册	可能性	初步感受简单的随机现象，随机现象结果发生的可能性是有大有小的，可以根据可能性的大小进行推测
五年级下册	折线统计图	单式和复式折线统计图
六年级上册	扇形统计图	含三种统计图的比较

3. 教学内容分析

课标及其解读提出“统计与概率”的内容主线是：数据分析过程→数据分析方法→数据的随机性。其中数据分析过程包括收集数据、整理数据、描述数据和分析数据四个环节。数据分析方法在小学阶段主要是数据的集中趋势分析，表示集中趋势的统计量只学习平均数。由表6–1–6、表6–1–4可以看出，第一学段的学习重点是体验数据收集与整理的初步过程，学生能够用自己的方式呈现结果，感受数据蕴含的信息；第二学段的学习重点是体验数据分析的全过程，包括在收集与整理过程中提出方法选择的恰当性及呈现方式的规范性，并增加了对数据的描述与分析环节，要求培养学生的数据读取能力以及利用统计的结果进行判断与预测的能力，对数据的分析由只针对调查对象进行表述的描述统计向对调查对象以外的信息进行推测的推断统计发展。

由此可见，2011年版课标中，小学“统计与概率”的学习主要分布在第二学段，把实验版教材第一学段的内容后移或整合，第一学段课程内容由实验版的11条删减到现在的3条，只保留分类和进行简单的数据收集与整理，统计图的学习全部移到第二学段进行。第一学段统计的对象更多的是确定性，学习内容与概率没多大关系，如教材大部分内容都是调查本班学生的一些情况等。第二学段主要是“简单数据统计过程”和“随机现象发生的可能性”两部分，其中“随机现象发生的可能性”的内容删减了原来五年级的，把原来三年级的内容调整到了五年级上册，对可能性的大小只停留在定性描述上，不要求量化，而统计量只保留平均数，中位数和众数从第二学段后移到第三学段。

学会处理各种信息尤其是数字信息，具有收集、整理与分析信息的能力已经成为数字化社会公民基本素养的一部分。“统计与概率”所提供的“运用数据进行推断”的思考方法已经成为现代社会一种普遍适用并且强有力的思维方式。在小学进行“统计与概率”的教学，可以让学生逐步形成统计观念，形成尊重事实、用数据说话的科学态度。

部分教师存在一些认识上的误区，认为统计就是计算平均数和制作统计表和统计图，这完全违背了统计的本意，统计与概率的教学重点应该是培养学生的数据分析观念，这同时也是教学的难点。

三、教学的特点与基本规律

1. 基本教学流程

以下是人教版七年级下册第十章数据的收集，整理与描述中的统计调查的知识框架，这个也是“统计与概率”教学的基本流程。学生的学习是螺旋上升的，虽然不同的学段学习的具体内容和要求有所不同，但是我们发现，教学的基本流程和内容其实是一致的（图6–1–2）。

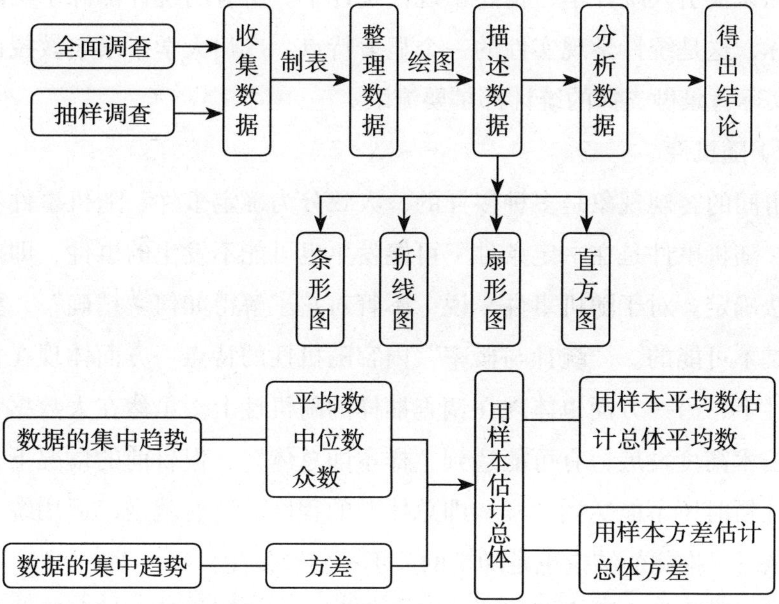

图6–1–2

马云鹏教授将完整的数据统计过程进一步细化为如下环节（图6–1–3）。

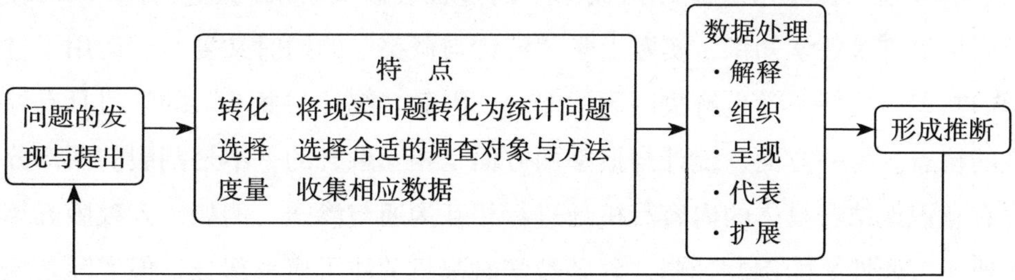

图6–1–3

2. 基本教学特点

（1）现实性

统计是因实际需要而产生的，统计学最初产生于国情调查，国家管理需要收集和分析各种数据，如对人口、土地、国民收入、各种税收的统计等；统计又因社会发展需求不同而不断发展，如14世纪左右航海保险业开始出现，为了合理地确定保险金与赔偿金，需要了解不同季节、不同航海路线出现事故的可能性的大小，统计资料中的各种数据大多是偶然现象的反映，由此促成概率论的有关知识被引入统计学，构建了现代统计学。所有的统计都源于实际，又服务于实际，这是统计学现实性的一个显著特点。广州大学张崇岐教授说过，凡是没有实际背景做支撑的统计都是要流氓。

（2）随机性

宇宙间的客观现象是多种多样的，大致分为确定事件、随机事件和模糊事件三类。随机事件是在一定条件下可能发生也可能不发生的事件，即对事件的结果无法确定。对于随机事件来说，不管对它了解得如何“精确”，要想事先确定都是不可能的。“统计与概率”内容随机性的特点一方面体现在事件发生的可能性上，另一方面也体现在调查抽样的随机性上。虽然在大数据背景下信息处理技术高度发展，有可能达到“样本即总体”，但目前的情况下，很多方面的统计暂时还不能达到“样本即总体”的程度。还有就是，运用统计的结果进行推测时，推测的结论也是随机的，不一定会发生。

数据的随机性主要有两层含义：一方面，对于同样的事情每次收集到的数据可能会是不同的；另一方面，只要有足够的数据就可能从中发现规律。

（3）综合性

一方面，在学习“统计与概率”的过程会涉及解决问题、计算、推理以及图形等许多数学知识，实际上学“统计与概率”的同时又复习、运用了过去的旧知识，发展了学生解决问题的能力，因而“统计与概率”的学习具有综合性的特点。另一方面，统计与概率两方面是相互融合的，不是割裂的两部分，要有意识地结合具体的内容有机地进行相互沟通与渗透。例如，人教版五年级上册《可能性》的例2、例3，教师教学时都只关注了概率部分，但实际是统计与概率的综合运用，学生通过做实验发现可能性大小与数据多少的关系，边做实验边收集数据，用表格整理数据，通过对数据的分析推出规律，或者利用数据的规律去推测哪种颜色的球数量多，这些都是统计的内容。再如，“统计图表”的教学，利用现有的数据去推测总体，这是不能完全确定的现象，属于概率的范畴。因此，教师在教学中要通过自己的引导语和总结语适当提示，让学生感受到统计与概率不是印象中那样割裂分开的，而是你中有我，我中有你。

第二节　核心素养的主要培养点

“统计与概率”的核心素养培养点主要有数据分析观念、推理能力、数感等。

一、数据分析观念

《义务教育数学课程标准（2011年版）》关于“数据分析观念”的描述在本章第一节里已经有所阐述，在此不再重复。观念是一种需要在亲身经历的过程中培养出来的，对一组数据的领悟，由一组数据所想到的、所推测的以及在此基础上对于统计与概率独特的思维方法和应用价值的认识。

东北师范大学金轩竹、马云鹏两位教授用下图来诠释数据分析观念的内涵（图6–2–1）。

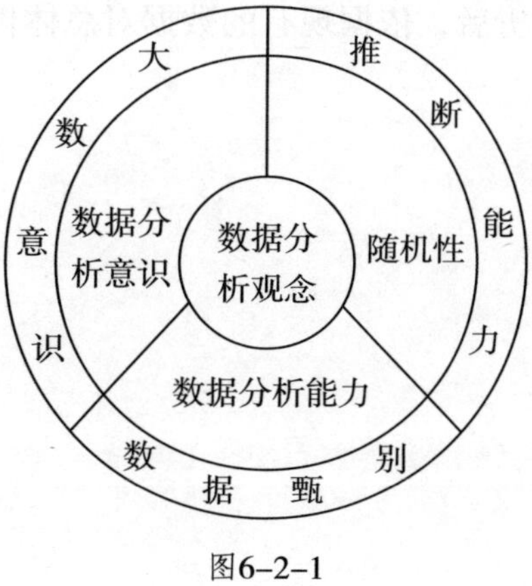

图6–2–1

二、推理能力

数据分析的目的是通过数据来推测产生这些数据的背景（总体），也就是说要完成这个推断就要经历推理的过程。首先要对现有的数据进行整理和分析，得到一个判断或结论后再依据结论推测总体的情况，前者是归纳推理，后者是类比推理。推理是思维的基本形式之一，要经历分析与综合的过程，在这个推理的过程中，不但学生的推理能力能得到提高，观察与对比、分析与综合、抽象与概括等能力也能得到提高。

当数据比较充足时就能从中发现规律，因此在教学中可提供一定的数据支撑，引导学生对数据间的关系进行描述，并进行合理预测。要允许学生有不同的看法与观点，但最重要的是使学生意识到，无论是描述还是预测都要基于一定的数据，在阐明自己观点的同时提供相关证据作为支撑。推断并不是凭空产生的，而是在分析数据的基础上所提出的合乎情理的判断。

三、应用意识

由本章的第一节可知现实性是“统计与概率”的基本特点和内涵，数据统计产生于社会生活的需要，统计与概率研究的对象都是现实生活的现象。因此，需要培养学生从数据的角度去观察与思考生活中的问题，看看这些问题是否与统计相关，然后将其转化为能够用统计的方法去解决的问题，经历数据的收集、整理、处理与分析后，依据现有的数据对总体做出合理的判断与推测，从而实现对问题的解决。

第三节　教学的策略与方法

一、聚焦现实问题，体会数据意义

本章第一节已经明确指出现实性是“统计与概率”的一个本质特点，那么在教学中就要凸显这一特点，让学生感受数据的现实意义。

因此，选取合适的数据问题情境，通过对情境中问题的分析而逐步展开数据统计的教学就显得尤为重要。

1. 用好教材，让数据动起来

教材中安排的每一个统计内容都有其现实的背景，都贴近学生的生活，是学生身边的事情，解决的问题都尽可能地体现其统计的意义。例如，调查本班同学最喜欢哪个季节，然后根据统计的结果建议组织外出游玩时安排在哪个季节。又如，对一个月的天气情况进行统计，然后根据统计结果判断究竟是夏天还是冬天。改版后的“统计与概念”的教材编排更能体现“数据蕴含着信息”的特点，但是受篇幅和呈现形式所限，不少内容都是静态呈现的，我们教学时要尽可能地化静为动，让数据动起来，如不直接用教材提供的现成的统计结果，而是让学生经历数据的收集与整理过程，并从中体会统计的一些基本方法。

例如，人教版二年级下册第5页第4题，统计一个路口10分钟内所通过的各种交通工具的数量。教材呈现了四位同学分别用画正字、打钩、画圆圈等方法分类统计的结果，如果我们只是要求学生把四位同学的记录用数填在表格里，然后回答哪种车最多、哪种车最少，这样的操作就失去了统计的意义和价值。我们需要创设情境，让学生经历数据收集和整理的全过程。首先，播放一个模拟车辆通过的小动画（网上可以下载，即使不能下载也可以做一个简单的动画

PPT，或者用最原始的方法，在白纸上画上不同的图形代表不同种类的车，然后在实物投影仪上拉动纸条，模拟车辆通过的情景）。然后提问：这个活动需要统计10分钟内各种交通工具通过的数量，那么，我们要收集什么数据？怎么收集？教师适时指出：车辆通过了就消失了，不能像以往那样停着可以慢慢地逐一去数，那用什么方法记录好？引导学生讨论，在学生提出不太合理、不切合实际的想法时，适时引导学生相互补充完善，然后指出：①要事先确定大概会有哪些种类的车，然后再分工；②要分工合作，每人只收集其中一类车的数量，因为路面有很多条车道，同一时间会有多辆车通过，如果要求每人都收集全部信息，忙不过来；③要动态收集数据，每出现一辆就归类记录一辆；④可以有多种记录的方法，哪种更便于计算和记录？经历这样一个动态收集数据的过程，学生更能亲近数据和掌握统计的方法。

再如，人教版三年级下册第38页第1题（图6–3–1）：

金牌数 \ 国家 届数	中国	美国	俄罗斯
第27届	28	39	32
第28届	32	35	27
第29届	51	36	23

关于上面三届奥运会，下面哪些说法是正确的？

（1）中国获得的金牌一届比一届多。

（2）俄罗斯获得金牌一届比一届少。

（3）每届都是美国获得的金牌最多。

图6–3–1

建议增加第30届的数据，这样，既看到我国的金牌数整体呈上升的趋势，又要发现数据背后的背景，第29届在我国举行，天时地利人和，因此金牌数肯定会多一些，这样的处理更能让学生体会到“数据蕴含着信息”，突出统计教学的重点。

2. 充分挖掘，合理补充鲜活的统计内容

有研究表明，学生对统计对象的熟悉程度会影响他们对统计意义的理解程度。虽然教材的内容都尽可能地切合学生的实际，但是由于篇幅有限，也由于教材面向的地域比较广，不一定切合每一个地方学生的实际，因此需要教师充分挖掘身边的资源，合理补充鲜活的统计内容。例如，统计每天写作业的时间和课外阅读的时间，统计家里一周扔几个塑料袋，统计作业本上小印章的数量，统计放学后户外活动的时间，等等，让学生体会身边的统计和自己的统计，显现它的实用价值，增强学生的统计意识。

二、经历过程，掌握数据分析的方法

掌握数据的分析方法是统计的基础，如果没有落实好，后面的推断就没有依据，或者走错方向，造成决策的失误，后果是很严重的。数据分析的方法主要包括收集数据的方法和整理、描述数据的方法两大方面。

1. 掌握数据收集的方法

《义务教育数学课程标准（2011年版）》在第一学段指出：经历简单的数据收集和整理过程，了解调查、测量等收集数据的简单方法；第二学段指出：能选择适当的方法（如调查、试验、测量）收集数据，能从报纸杂志、电视等媒体中有意识地获得一些数据信息。课程标准里面表达的收集数据的方法主要涉及两个方面：一是收集数据所使用的方法，二是数据的来源。

收集数据所使用的方法，小学阶段大多采用的是调查的方法，当然实验和测量等方法也有，如探究可能性的大小规律时的摸球实验就是实验的方法，收集全部同学身高的数据就是测量的方法。虽然小学阶段的素材，尤其是第一学段的素材大多数都是统计本班或本级的情况，是全面调查，统计的对象就是总体，是全样本统计，但这并不妨碍在小学阶段适时适度地渗透“抽样”。当然教学时不需要告知学生“样本”“抽样”“总体”等概念。

举个例子，如调查全校学生上学的交通方式，全校学生都统计这是最准确的，为了引导学生感受收集数据的方法，教师可以提出：如果全校统计工作量有些大，想简化一下，还可以怎样统计？让学生思考讨论，适时把学生的一些想法，如只统计一个班、只统计一个年级、只统计高年级、只统计男生等拿出来全班研讨，目的是引导学生体会，选取的样本要能较好地代表总体。另外收集数据的方法也可以让学生讨论，如逐一去问和记录？分类举手统计？以班为单位统计再汇总？等等。

数据的来源途径有很多，如网络、访谈、报刊、电视、填写问卷等，也需要学生去经历和体验，可以设计一些不容易现场直接收集数据的统计任务，让学生经历选择合适途径收集数据的过程。另外，要鼓励学生用数学的眼光关注身边的事情，可以设立“每天一数据”的栏目，让学生轮流在晨会、午会或预备铃到正式上课的几分钟内说说这个数据的来源及对这个数据的了解，由此慢慢培养数据分析的观念。

2. 掌握整理、描述数据的方法

《义务教育数学课程标准（2011年版）》在第一学段指出：能用自己的方式（文字、图画、表格等）呈现整理数据的结果；在第二学段指出：认识条形统计图、扇形统计图、折线统计图，能用条形统计图、折线统计图直观且有效地表示数据。

数学家阿蒂亚曾经说过：“代数是有序的逻辑，几何是看得见的逻辑，概率是无序的逻辑。”统计也是无序的逻辑，生活中的很多数据都是海量的、无结构零散的，需要去甄别、分类和整理和描述。数据整理的常用工具是表格，描述和表示数据的常用工具是统计图。

我们要适当创设机会，让学生经历整理数据的过程，如给出全班学生的原始成绩，让学生思考讨论怎样对数据进行整理更好，5分一段还是10分一段，设计怎样的表格来记录数据，等等。而描述数据用什么统计图更合适的问题需要根据统计图的特点和统计的目的进行选择。也就是说，学生只有明晰各种统计图的特点才能合理选择。扇形统计图表示的是部分与总体的百分比关系，与条形统计图和折线统计图都可以表示具体的数据截然不同，因此，学生不容易选错。主要是折线统计图和条形统计图，虽然学生都能说出：条形统计图能直观表示数量的多少，折线统计图不仅能表示数据的多少，还能直观表示出数量的变化趋势，但是在具体的情境中，他们未必就能合理选择，原因之一是学生对统计图的特点没有深刻理解，需要在教学统计图的认识时进行加强。

下面是俞正强老师教学折线统计图的一个片段（篇幅所限，有删减），非常精彩，形象、直观，直指折线统计图的本质特点。

教师在课件中动态演示将条形统计图变成折线统计图的过程，然后：

师：怎么变的？你刚才留意了没有？

生：把条形统计图的顶端都变成一个点，再连起来。

……

生：我想问，数据都是一样的，为什么要这样做（把条形统计图变成折线统计图）？

师：既然意思一模一样，何苦再学一个统计图呢？这个同学说它画起来简单。你认为他的想法对吗？

生：对。

师：我在给其他小朋友上课的时候也碰到过一样的问题，这么麻烦干吗？意思一模一样，反映数量的多少与数量的变化、变得快的和不变的。为什么要学呢？我让他们去看书。书上说条形统计图比较容易反映出数量的多少，折线统计图比较容易反映数量的增减变化的情况。可那节课，除了这个问题之外，有个小朋友还提了个问题，你们猜是什么问题？

生：不知道。

师：那个小朋友也跟我提了个问题。他说，俞老师，我经常听到一个词，这个词我搞不明白。

（板书：走势图）带生齐读两遍。

师：他问我哪种统计图是我爸爸说的走势图呢？走势图是条形统计图还是折线统计图呢？

生：折线统计图。

师：走势图为什么是折线统计图而不是条形统计图？

生：价格有高有低。

师：条形统计图也有高有低啊！

师：条形统计图有走势吗？

生：没有。

师：折线统计图有走势吗？

生：有。

师：条形统计图为什么没有走势？

生：因为没有路线。

师：我也跟这个小朋友这样讲的。走势图肯定是折线统计图。他说，不对。（师指着第一个条形，从底下往上指）它也在走啊！这是谁在走？

生：1在走。

师：（沿着第二个条形从底下往上指）这是谁在走？

生：2在走。

师：2走到这不走了，又换谁走了？

生：3。

师：一共换了几个？

生：12个。

生：每人走了几个月？

生：一个月。

（板书：12个主角各走1个月）

师：（指着折线统计图上的折线）先走到哪儿？再走到哪儿？然后走到哪儿？

生：先走到1，再走到2，再走到3，再走到4，再走到5……

师：几个主角？

生：1个主角。

师：1个主角走了几个月？

生：1个主角走了12个月。

（板书：1个主角走了12个月）

师：你认为哪个统计图才是走势图？

生：折线统计图。

师：为什么？

生：因为折线统计图是一个主角走了12个月。

师：条形统计图呢？

生：12个主角各走1个月。

师：它们有差别吗？

生：有。

俞正强老师用“12个主角各走1个月”和“1个主角走了12个月”来形象地

点出了条形统计图能直观反映各数量的多少，折线统计图能直观表示各数量之间的增减变化情况的特点，实在是太生动、太到位了。学生一下子就能把握住两种统计图的区别和不同作用，从而在解决问题时能根据需要选择合适的统计图来描述数据。估计上过这节课的学生长大以后都难以忘记；这种形象生动又凸显本质特点的总结也是绝大部分教师没有想到的，听完有一种恍然大悟的感觉。

三、基于分析，合理推测，培养推断能力

统计的目的在于利用现有的数据信息，分析后去推测总体，从而做出决策，因此，在科学收集和合理整理信息后，分析数据就显得尤为重要。

1. 综合运用数据，进行合理推测

教师在教学中要引导学生对数据间的关系进行分析，并进行合理预测。例如，人教版五年级下册第109页第4题（图6-3-2）。

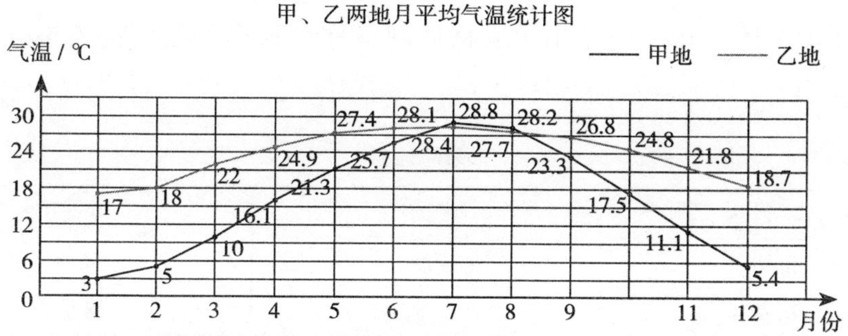

（1）根据统计图，你能判断一年气温变化的趋势吗？

（2）有一种树莓的生长期为5个月，最适宜的生长温度为7～10 ℃，这种植物适合在哪个地方种植？

（3）小明住在乙地，他们一家要在“十一”黄金周去甲地旅游，你认为应该做哪些准备？

图6-3-2

教师需要引导学生依据统计图有理有据地进行分析和回答，既要从整体的角度去观察气温变化趋势，也要从局部的角度观察温度：哪里适合树莓的生长，并结合生活的经验做旅游的准备，主要是穿着方面的准备。应该说，这个统计的情境设计还是比较好的，体现了折线统计图的作用与数据统计分析的现实价值。在教学中，我们可以不仅限于此，还可以充分利用一些相关的信息，

如第一个问题，可以出示我国其他地方一年月平均气温的折线图，如最北、中部、最南、最东、最西的温度，然后观察发现，虽然我国幅员辽阔，但是一年的平均气温的变化趋势是相同的。再问，如果换作其他国家，也是这样吗？第三个问题，可以追问：猜猜这两个地方大概在哪里？学生有丰富的生活经验，即使没有学过地理，但是可以充分调动生活经验来进行猜测。当然教师可以预先准备好相关地区的年平均气温信息和标示区域的地图，作为佐证。这样在原题的基础上再追问深挖一下，让学生更进一步感受“数据蕴含着信息”，通过数据的分析可以进行合理的推测。

不过，教材提供的统计内容虽然数据的背景大多贴近学生的生活，但很多后续的分析和发掘价值不大，难以围绕数据展开深入的分析。因此，我们需要补充一些既具吸引力，又为后续分析提供空间的情境，更好地培养学生综合分析数据进行合理推测的能力。例如，张齐华老师2018年12月在深圳上的一节“数说淘宝”，创设的情境就十分具有进一步分析和挖掘的价值。

教师动态地一行一行地出示表格后问：你会选择哪家店铺去买这本书？（表6-3-1）

表6-3-1

项目	店铺A	店铺B
价格	40元	36元
运费	包邮	8元
好评率	100%	96.4%
销量	2本	128本

让学生充分发表自己的意见，强调：阐明自己观点的同时要提供相关证据作为支撑。

学生的回答非常精彩，有的重点关注销量，有的关注价格，有的关注好评率，还有的能够挖掘表格以外的信息：店铺A销量是2本，有可能只是刚刚开业。教师给予的评价也非常给力，既有充分的肯定，也提点了方向：这个女生能够从看得见的地方想到看不见的远方，这一点是相当了不起的。

选择本身并无对错之分，重要的是选择背后的依据。在面对纷繁复杂的信息时，学生要有意识地对不同信息进行比对，通过对不同类别数据的综合分析进行决策，这也是信息社会所必需的策略。

接着张老师又创设了“最爱买辣椒的省、自治区或直辖市”的情境，先让学生猜，学生凭生活的经验大多数都猜湖南、四川、重庆等地。这时，教师出示了答案“上海”，告诉学生这个是淘宝后台大数据的结果，是真实的，这完全颠覆了学生的认知，引发了学生极大的好奇，然后引导学生去尝试解释，有了前面的铺垫，学生的解释有理有据。在学生讲出很多理由后，教师再次出示购买辣椒数量排名前十的地区，发现仍然没有湖南、四川、重庆，然后让学生再次根据给出的城市信息猜测最有可能的原因，最后落点在：人口多、外来人口多。

在这个过程中张老师的引导语、评价语和总结语非常精彩，摘录如下：他说的有没有道理？记住数学课有的时候不只是对和错的问题，而是他能不能把自己的道理说出来；所以我们说未来，你们不能只盯着看得见的东西，还得想象一下它背后可能的真相。有理有据地表达，非常棒。给你们一次复活的机会，好不好？为什么偏偏会是上海呢？每一种推断的背后其实都隐含着一种假设和思考。当然，到底哪一种假设能成立，其实我们还要依赖更多的数据，数据真的会说话。江苏省的省会是哪个城市？南京。你可以把这两个约等一下，江苏的最大特产是试卷，南京是最爱买书的城市，你产生什么联想了吗？你有没有什么新的推断？

不管是评价语还是引导语，张老师在给予学生充分肯定的同时，都紧紧围绕数据分析观念的培养进行引导，让学生学会分析数据，发现数据背后蕴含的信息，有理有据地去表达和推断。

2. 重视对平均数统计意义的教学

分析数据通常会使用统计量，在义务教育阶段，分析一组数据的总体情况一般从这组数据的集中趋势和波动程度（离散程度）两方面去刻画。平均数、中位数、众数是刻画一组数据集中趋势的统计量，而方差是刻画一组数据波动程度的统计量。

在小学阶段，学生接触到的唯一一个统计量是平均数，认识平均数的统计学意义是教学的重点，也是难点。以往的教与学比较侧重平均数的计算，这完全偏离了统计的特点，只是简单的算术计算。学生对一组数据的关注，更多的是关注单个的数据，如最大数、最小数，或者总数，如何引导学生从对单个数据的关注过渡到对一组数据的整体关注呢？这需要创设合适的情境。人教版四年级下册《平均数》一章的例2创设了人数不同的两组同学进行踢毽子比赛的情境，两组的成绩如下（表6–3–2）。

表6–3–2

男生队	19	15	16	20	15
女生队	18	20	19	19	—

哪个组的成绩好？因为人数不同，所以学生都知道不能用总数来进行比较，那用哪个量做比较合适呢？也就是用哪个量表示两队各自的水平比较合适的问题，这时引入平均数就水到渠成了，学生对平均数在统计学上的意义和作用感受就会比较深刻。教学时建议把例2的教学前置，也就是作为第一个例题进行教学，在引出需要比较平均每人踢毽子的个数谁更多的问题时，再整合例1移多补少的方法（图6–3–3），理解平均数的含义，并结合数据的特点，进一步理解：平均数并不一定是任何一位同学的实际成绩，是一个虚拟的数，跟这组数里面的每一个数都有关，代表这组数据的一般水平，也可以说代表这组数据的总体情况，可以用来做组与组之间的比较。这样处理学生更能体会平均数的统计学意义。例题教学之后，还需要结合学生生活中的实际例子让学生感受平均数的作用与价值，如公交车儿童免票的身高确定、最低工资的确定等，平均数对政策的制定起着重要作用。

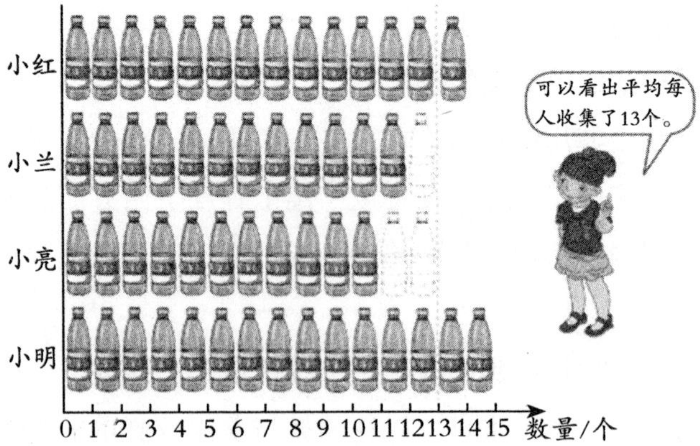

图6–3–3

四、依托可能性，充分感受随机性和规律性

随机性是“统计与概率”教学的特点，小学阶段能让学生充分感受随机性的是“可能性”这一部分的教学内容，虽然只有3~4节的课时，但是如果能够进行有效的教学，是能够达到目的的。以人教版的教材为例，《可能性》的内容安排在五年级上册教学，共安排了3个例题，第一个例题是通过抽签确定表演的节目，由此初步感受随机性，知道有些事情是确定的，可以用“一定”或“不可能”表达，有些事情是不能确定的，用“可能”来描述；例2、例3都是有放回地摸棋子或摸球的实验，是让学生感受可能性有大小之分，在相同条件下进行大量重复实验时，事情发生的可能性是有规律的，可能性的大小与物体的数量有关。可以利用这个规律，根据可能性的大小反推物体数量的多少。在平时的教研中我们发现教师对这几个例题的理解把握不到位，尤其是例2和例3，都是实验，不知道两个例题的定位有什么不同，所以基本都是照本宣科、泛泛而过，缺乏对教材编写意图的深入理解和深挖，究其原因，是对“统计与概率”的认识不到位。曹培英老师曾经做过一个关于教师本体性知识的调查，发现教师“统计与概率”这一模块的知识储备是最薄弱的。因此，教师需要把握《可能性》内容教学的基本要求：通过游戏和实验，引导学生体会生活中许多事情发生的随机性和大量重复实验的规律性，需要学生充分参与，丰富他们的体验。研究表明，如果学生缺乏对随机现象的体验，往往很难建立随机观念，所以有必要在学生系统地进行理论知识的学习之前，在小学里积累丰富的对随机现象的经验。

例1：需要让学生参与抽签的全过程，每次抽签前都先让学生用一句话表述抽到的结果，自然引出“可能”“一定”“不可能”，初步感受随机性，然后借助学生的生活经验丰富学生的认识，如彩票抽奖、车牌摇号、掷飞行棋确定走几步等，然后安排抛硬币、掷骰子等经典练习，让学生感悟“等可能”（结合日常生活经验中的“公平”来理解）。这个“等可能”的认识是为后面的例2做准备的，很多教师没有认识到例1和例2的联系，把例1和例2割裂开来教学，没有为例2做铺垫。

例2：颜色多的棋子被抽中的概率也大，数量的多少与可能性的大小能对应

起来，是建立在每一个棋子被抽中的可能性一样大的基础上的。因此，在教学例2时，建议增加一个环节：先在袋子里放入不同颜色的棋子各一个，让学生列出所有可能，并感受每个棋子被抽中的可能性是一样的，然后再把其中的几个颜色全部换成同一种颜色（如黄色），然后再来做例2的实验，让学生从中感悟当大量重复实验时，黄色被抽中的可能性大。这样处理能把学生的直觉经验转化为数学化的理解，因为每一个被抽中都是等可能的，所以棋子个数多，可能性累加起来就大，由此引导学生在理解的基础上把握大量重复实验的规律性。这时再提问：抽中黄色的可能性大，那是否我再抽一次，就一定是黄色呢？显然不一定，抽中哪种颜色的球是随机的，由此体会随机事件的随机性和规律性。这就是华应龙老师所说的："由上万次又回到'这一次'，实现了大量重复实验的'频率'向一次实验的'概率'的回归。"

例3：很多教师没有意识到它跟例2的联系，甚至搞不清它跟例2有什么不同，只是照本宣科式地进行教学，"实验+回答书上的问题"就过去了。其实例2和例3的思维方向是相反的。例2是已知盒子里棋子的颜色和数量，然后通过实验得出规律"数量越多，可能性越大；数量越少，可能性越小"。例3的思维顺序刚好相反，盒子里面两种颜色的球的数量不知道，是通过实验的结果，利用例2得到的规律反推两种颜色的球哪种多哪种少。例2是合情推理，例3是利用规律去推断，是演绎推理，这是根据统计的数据去推测总体，再次说明，统计与概率是密不可分的。使用人教版教材的教师建议参考北师大版的处理方式，也就是在学生摸球实验前，先提出以下的问题："不打开盒子看，如何知道盒子里红球多还是黄球多？"迫使学生去思考，从而引出可以通过摸球的结果运用例2的规律去反推的思路。形成思路后的实验目的性更强，而不是老师让学生做实验学生就做实验，而到底为什么做实验，不知道。学生科学探究的意识和能力在这样的教学中能得到很好的培养，推理的能力也得到了发展。

这三个例题的教学内涵非常丰富，只有掌握教学规律，丰富自己的专业知识才能深入地理解和挖掘。另外，建议参考北师大版的教材，适当补充游戏公平的内容。人教版的教材，所有素材的基本事件都是等可能的（有些虽然是面积模型，但是也可以转化为等可能的基本事件去理解，圆面积等分后一份就是一个基本事件），而北师大版教材提供了抛围棋和瓶盖的素材，这些素材的正反两面不是等质的，因此不是等可能事件。做抛掷实验，通过频率推算正反面朝上的可能性大小（当然小学生不需要知道量化的可能性大小），其作用不亚于抛掷硬币的实验。因为抛掷硬币很难得到恰好的1/2，当然也可以通过增加抛掷的次数，发现逐步接近1/2的趋势。但是非等可能事件可以从另一个侧面强化学生对通过频率推算可能性大小的认识。

第四节　教学问题链设计

一、统计过程的问题链设计

所有统计图表的教学基本都遵照以下的问题链来展开：要解决这个问题，需要收集什么数据？用什么方法收集？→这些数据如何整理？→适合用什么统计图表示？→从这些数据中你知道了什么？你能结合要解决的问题分析这些数据吗？→你能依据这些数据的特点进行推测吗？或者你有什么建议？

统计图表的认识新授课问题链基本模型如图6–4–1所示。

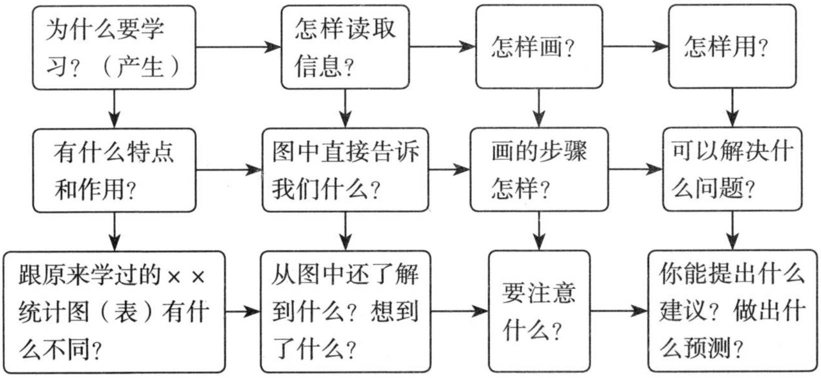

图6–4–1

上面的问题链框架体现了统计图表教学的基本规律与步骤：识图表、读图表、画图表和用图表。

二、统计图的认识问题链设计

1. 单式条形统计图问题链设计

由于小学教材有关统计的内容统计的项目都比较少，因此就算只是用表格整理数据，学生都很容易看出谁最多、谁最少等，对条形统计图学习的需求并不迫切，因此，建议教学时适当在原来的基础上增加项目，当数据多起来时，学生的观察很难顾及，这时再引出条形统计图，学生更能感受其直观反映数量多少的特点。基于这样的思路，认识单式条形统计图的问题链设计如下：（指着统计表）刚才同学们都很快回答出谁最多、谁最少的问题，那如果再增加一些数据，你还能很快回答吗？→用什么方式呈现这些数据更便于数据的比较呢？→如果用我们一年级、二年级见到过的这些方式表示，可以吗？→有没有不用慢慢逐一去数，一看就知道具体数据是多少的表示方法？（引出纵轴）→横向表示什么？纵向呢？由此逐步引出规范的条形统计图，并让学生感受其直观、便于看出数量多少的优点（图6–4–2）。

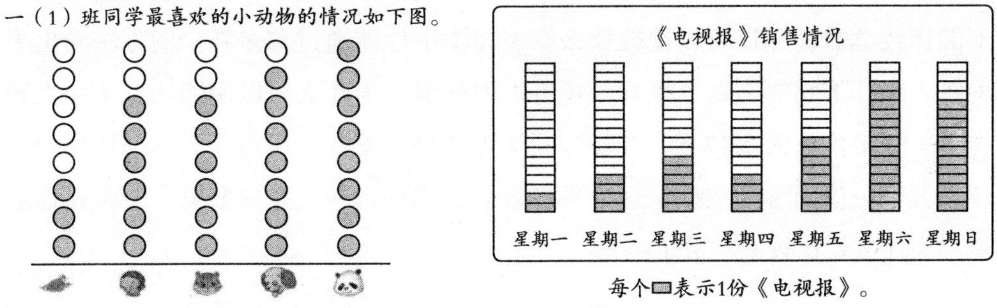

图6–4–2

2. 复式条形统计图问题链设计

复式条形统计图的问题链设计可以仿照下面的第4点，在本章第五节有一节相关的课例，在此不再赘述。

3. 单式折线统计图问题链设计

单式折线统计图问题链设计可以仿照本章第三节中俞正强老师的设计，核心问题为：把条形统计图变成了折线统计图，是怎么变的？哪些地方没变？→横轴、纵轴和数据都没变，为什么还要学折线统计图？→折线统计图跟条形统计图的不同之处是什么？→条形统计图的数据之间是怎样的？折线统计图呢？（条形统计图几个主角各自走，而折线统计图是一个主角从头到尾走）

4. 复式折线统计图问题链设计

同时出示两个单式折线统计图（如某商场两个品牌空调1—12月的销量变化情况图，用图1和图2标注），分别观察图1和图2：哪个月的销量上升得最快或最慢？→对照图1和图2，这两个品牌的销量哪个月相差得最多？（视具体的数据确定问题，总之需要两条折线做比较）→为什么大家的回答比刚才慢了那么多？→那有什么办法方便进行两组数据的对比？→能借助复式条形统计图的经验尝试说一说、画一画吗？（图例、横轴、纵轴等）

5. 扇形统计图问题链设计

扇形统计图的问题链设计的课例详见本章第五节

三、认识平均数问题链设计

本章第三节已经专门谈了对“平均数的认识”一课的教学建议，基于这样的思路，可以设计以下的问题链：两组的成绩，哪组更好？→两组人数不同，不能比较总数，那还可以比较什么？→在图中你能通过移多补少的方法看出平均每人踢几下吗？→这个平均数还可以怎样求？为什么可以用除法？（每人同样多）→平均每人踢17下，有哪位同学踢17吗？没有，说明什么？→如果随意调整其中一位同学的数据，这个平均数会变化吗？一定是整数吗？→现在你能说说为什么要比较平均数了吗？

第五节　教学案例与经验

构建数据分析模型的问题链设计案例

——复式条形统计图和扇形统计图的认识

《义务教育数学课程标准（2011年版）解读》指出：在义务教育阶段，用字母、数字及其他数学符号建立起来的代数式、关系式、方程、函数、不等式及各种图表、图形等都是数学模型。其中统计表和统计图就是数据分析的模型。认识统计图表的教学，其实就是引导学生构建模型的教学，那么在教学中，如何通过问题链引导学生经历模型的构建过程？下面以复式条形统计图和扇形统计图的认识为例，说说在数据分析模型的构建中问题链的设计。

一、复式条形统计图建模过程的问题链设计

1. 感受复式条形统计图产生必要性的问题链设计

复习单式条形统计图（图6-5-1）。

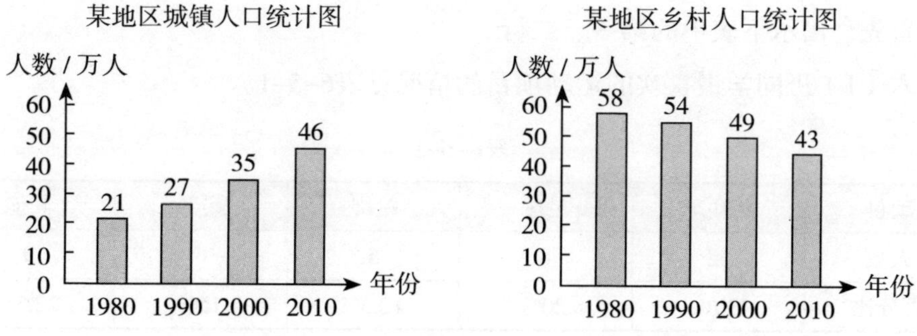

图6-5-1

提问：

问题1：哪一年城镇人口数量最多？看哪个统计图回答的？

问题2：哪一年乡村人口数量最少？这一次又要看哪个统计图？

问题3：哪一年城镇与乡村相差的人口数最少？

这次为什么不能像回答前面两个问题那样立刻就能回答？

问题4：那有什么办法能让我们一眼看出哪一年城镇与乡村相差的人口数最少呢？

2. 复式条形统计图建构过程的问题链设计

主问题：怎样把两个条形统计图整合在一起，以便于数据的比较？

学生情况1：直接在城镇条形图的右面顺接乡村条形图，也就是简单的拼合。

追问：这样拼合在一起就方便比较吗？跟原来的相比有改善吗？

学生情况2：把相同年份的分别拼在一起，城镇和乡村的直条颜色相同。

追问1：为什么可以这样拼在一起呢？对纵轴上的数据有什么要求？

追问2：直条的颜色相同，怎么知道哪条是城镇的，哪条是乡村的？

追问3：直条的颜色有区分了，但是怎样才让别人知道蓝色和红色分别代表什么？→引出图例。

追问4：1980年的两条直条，城镇的在左边，乡村的在右边，而1990年的排序却相反，你们认为是什么原因？→画图时前后顺序要一致。

追问5：统计图的名称怎样表示？

追问6：现在便于两组数据的比较了吗？

二、扇形统计图建模过程的问题链设计

首先，出示下表中的第一、二行。

六（1）班同学最喜欢的运动项目的情况见表6–5–1。

表6–5–1

项目	乒乓球	足球	跳绳	踢毽	其他
人数	12	8	5	6	9
百分比	30%	20%	12.5%	15%	22.5%

问题1：可以用什么统计图表示吗？

学生汇报后，复习条形统计图和折线统计图的特点，并指出：条形统计图用长方形直条表示数据，而折线统计图用点表示数据，用点与点的连线（线段）表示数量的增减变化情况。

引导学生对条形统计图和折线统计图进行对比，发现适宜用条形统计图，不适宜用折线统计图。然后，再出示上面表格的第三行。

问题2：要表示最喜欢的各种运动的人数占全班人数的百分比，用什么统计图比较好？

学生1：条形统计图。

学生2：折线统计图。

出示相应的统计图（图6–5–2）。

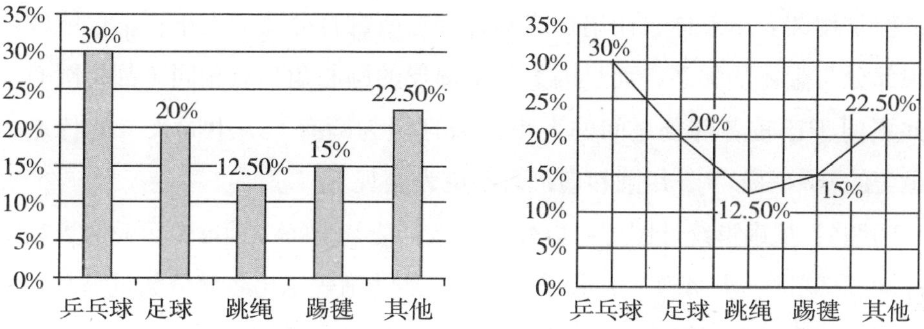

图6–5–2

引导学生分析，感受条形统计图和折线统计图都不能很好地表示出各部分与总量的关系。

问题3：用什么图形能比较好地表达出部分与整体的关系？

学生1：线段图（图6–5–3）。

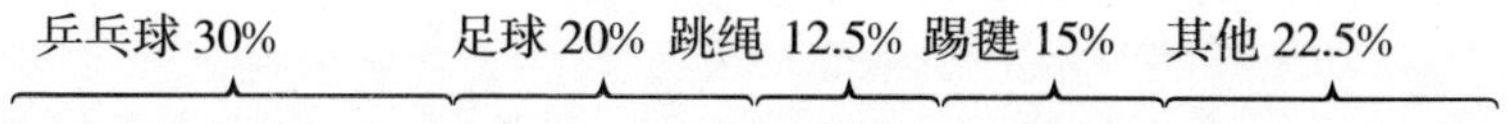

图6–5–3

学生2：百格图（6–5–4）。

学生3：圆和扇形图（图6–5–5）。

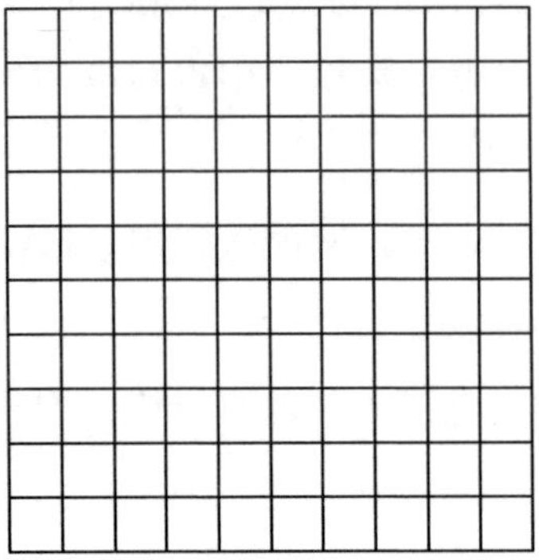

图6–5–4

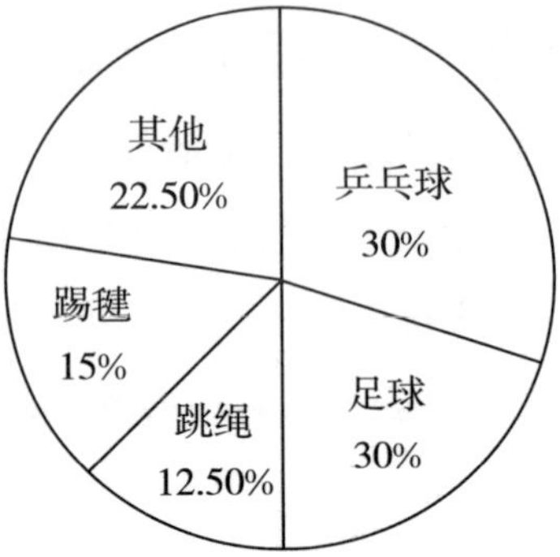

图6–5–5

问题4：对比一下，你觉得用哪种图形表示部分与整理的关系更好？为什么？

引导学生观察上面的三幅图，通过对比发现，都能表示部分与整体的关系，但是用圆表示总体，用扇形表示各部分所占百分比的大小，不仅能较好地体现部分与整体的关系，而且因为每个扇形的圆心角顶点相同（都是圆心），因此更便于比较各部分之间的大小，而且因为圆有“一中同长”的特点，是“最美的基本图形”，用圆和扇形表示更为美观。

问题5：从扇形统计图中可以知道什么？能知道每一种球类运动的人数吗？

问题5既进一步明确了扇形统计图的“能清晰表示出各部分数量与总数之间的百分比关系，但不能表示出各部分具体数量”这一特点。

统计图表是数据分析模型，统计图的认识的教学是一个构建模型的过程，这个过程的问题链设计基本都是遵循：为什么要构建？（前面的模型不能很好地表示）→如何构建？（针对统计图的特点设计系列问题，如复式条形统计图，针对横轴纵轴的统一、直条的颜色区分、图例等设计问题）→有什么特点？（通过进一步提问强化学生对模型特点的了解，如扇形统计图的问题5）→如何读取数据？→如何分析数据？→如何根据数据进行判断或推测？

附 录

在“数学广角”的教学中培养核心素养之研与思

新课程改革后，人教版小学数学教材增加了“数学广角”这一板块的内容，旨在渗透数学思想方法，拓展学生学习数学和应用数学的视角，让学生能够更加深切地领略数学的魅力与风彩。“数学广角”板块的每一个课题既是渗透数学思想方法的载体，又是激活数学思考的素材和诱发数学探究活动的情境，对学生核心素养的培养有着独特的教学价值。

以下记录的是笔者在进行“数学广角”教研时的一些思考。

附录一

抓住本质，四两拨千斤

——《找次品》教学研思录

“找次品”是一类经典的数学问题，蕴含着丰富的数学思想和方法，学生通过“找次品”的过程体会优化、推理、模型和转化思想，培养观察、分析、推理以及解决问题的能力。人教版五年级下册，原实验教材第111页例1是从5瓶钙片中找次品，第112页例2是从9个零件中找次品，改版后的教材把例1中的5瓶改为3瓶，目的是让学生从最简单的问题着手，明确找次品的基本思路；而把例2的9个改为8个，目的是让学生理解“尽可能地将待测物品平均分成3份”的合理性，因为从8个零件中找次品，学生一般会很自然地想到平均分成2份（4，4），但会发现这不是称得最少的次数，分成3份（3，3，2）的方法才是称得最少的次数。改版后的教材把9个零件作为例2的副例题，学生尝试在9个零件中找次品后，让学生对比8个和9个的情况，感受要分成3份且平均分或尽可能平均分，可以使称的次数最少。最后将此规律应用于10个、11个零件加以验证。这样层层递进，逐渐感知理解称的次数最少的方法的特点。

教材的设计主要是采用归纳的思路，在学生尝试从3、8、9中找次品，然后通过比较发现规律，再迁移和验证规律，得出一般化的结论。这样的教学思路符合小学生的年龄特点，是小学阶段教学的常用思路。但是在实际教学中，学生的尝试有点盲目，而且探究的过程需要花费大量的时间，从8个和9个中找次品需要把所有的情况展示出来，即使是10个和11个，虽然是迁移规律，但是为了说明次数最少，实则也需要把各种情况大致列出来进行对比才能得到这个结论。另外，有些数量，如6、12、14等，首次称不一定能分成三份，但是也能做到称的次数最少又能保证找到次品。因此，对于总结出来的规律，有些学生并不是完全认同，总觉得有例外。能接受这个规律的那一部分学生，也是知其然而不知其所以然。

如何让学生更好地理解和接受“要分成3份且平均分或尽可能平均分，可以使称的次数最少”，既知其然又知其所以然呢？笔者经过深入的分析与思考，对教材的处理进行了调整。

1.“知其所以然”突破之一：找次品与警察找犯罪嫌疑人进行类比

把找次品与警察找犯罪嫌疑人进行类比，借助学生对破案的生活认识与兴趣，由此明确思路：要尽量缩小范围，范围越小，就越能快速地把次品找出来（数量少，称的次数绝对不比数量多的次数多）。

2.“知其所以然”突破之二：充分运用“最不利原则”

分以下几个层次进行教学：

（1）探索从2、3、4个物品中找次品的方法，明确：只有分成两份或者三份，才能确定次品在哪一份里面。

另外，在4个物品中找次品的过程中，提问“能说称1次就能保证把次品找出来吗？”由此引导学生初步感悟“最不利原则”，理解“保证”和“至少”的含义。

（2）增加钙片的瓶数，如1800瓶，平均分成2份和3份，如附图1–1所示。

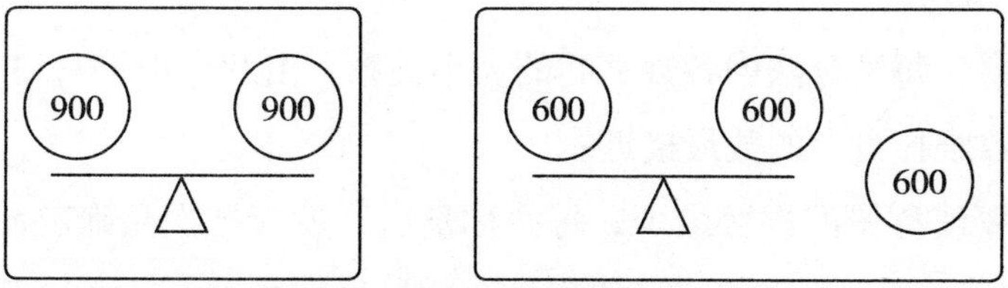

附图1–1

对比三分法和二分法，明确三分法能较快缩小下一次的查找范围。

（3）充分运用“最不利原则”，理解为什么尽量平均分→9个物品中找一个次品。

① 理解每次平均分三份。

刚才的3份是平均分的，是不是平均分才是最有效缩小范围的方法？探索从

9个零件中找一个次品的各种三分的方法（附图1–2）。

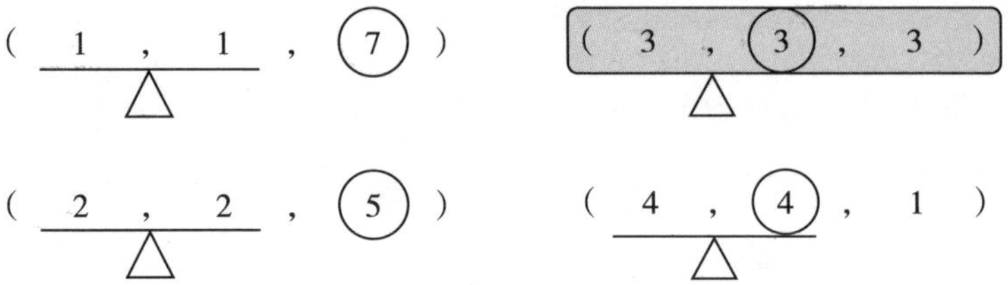

附图1–2

结合示意图的直观，理解如果不是平均分，那么不排除次品在数量最多的那一份里面（附图1–2圈住的那些数量），这样就达不到快速缩小查找范围的目的了。平均分成3份，无论次品在哪一份里面，都能保证下一次的查找范围控制到尽可能小。由此，再次感悟“保证”和“至少”的含义→要考虑“最不利的原则”。

② 理解“尽可能平均地分三份”→8个物品中找一个次品。

9个能平均分成3份，那8个呢？能平均分成3份吗？这3份又要怎么分才能有效缩小第2次查找的范围呢？

学生尝试分，得出（1，1，6）（2，2，4）（3，3，2）三种三分法，引导学生从“最不利原则”考虑哪一种分法能有效缩小第2次查找的范围，由此引出（3，3，2）分法。

对比观察，每种分法中各数之间的大小关系，由此得出（3，3，2）天平托盘外的那个数跟托盘上的数最接近。

小结：要使称量的次数最少，每次称量后，就应把次品确定在更小的范围内。要做到这一点，就应使三份的物品个数尽量同样多。这样，不管次品在三份中的任何一份，问题都能转化成“从总数的三分之一（左右）里找次品”。

为了让学生确信以上的结论，让学生按每一种分法［增加分成（4，4）两份的情况］找次品，看看需要称量几次，得出（1，1，6）（2，2，4）和（4，4）都要称3次才能保证找到次品，而（3，3，2）这种分法只需2次即可，其中渗透转化思想，如（2，2，4）和（4，4），学生不需要再继续模拟称了，因为第二次是从4个物品中找一个次品，在前面的学习中已经知道至少需要称2次，因此直接可得最终要称的次数。在此可以适时渗透转化思想：把新的数量通过一次次细分，可以转化成已知的，从而简化推理过程。

到此，相信大部分学生都认同每次尽可能平均分三份的思路是可以保证称量的次数最少的。

3."知其所以然"突破之三：对"保证"和"至少"的深层理解

在之前的教学中，有部分学生之所以不太认同上面的结论，是因为他们觉得有一些数量不一定每次都非要用三分法才能使称的次数最少，如4，6，12等，这就涉及对"保证"和"至少"深层理解的问题。上面的结论是作为一般意义层面的，对于所有数量的物品都适用，是普遍意义上的"保证"和"至少"，是通用的，而学生所理解的"保证"和"至少"是具体层面的，具体到某一个数量的物品。在教学中，教师可以这样引导：同学们，在刚才的探究中我们知道，有一些数量的物品（如4个），可以分三份（如1，1，2），也可以分两份（2，2），都能保证用称"至少"的次数找到次品，但是有一些数量（如8个），必须分成三份才能保证称"至少"次数。那对于所有数量的物品来说，应该是分两份还是三份呢？为什么？

以上的调整与教材编排最大的不同在于：学生从一开始就很明确，要"尽快缩小查找范围"，每一次称后，下一次称的物品要尽可能少，这是解决找次品问题的核心思路，以此为导向，结合"最不利原则"，学生就不难理解为什么要分三份和为什么要尽量平均地分。他们的探究是有目的，"警察破案""最坏打算"这些朴素的生活经验使得探究和验证的过程并不抽象，学生可以理解。学生经历有意识、有目的的探究过程，对总结出来的结论，他们不仅知其然，还知其所以然。探究的过程也是优化思想、转化思想、模型思想、推理能力等核心素养培养的过程。

附录二

借助“最不利”，创造“最有利”

——《抽屉原理》教学研思录

《抽屉原理》是人教版六年级下册第五章　数学广角——鸽巢问题中的教学内容，是一种解决某种特定结构的数学或生活问题的模型，因为较为抽象和艰涩，所以对学生来说具有不小的挑战性，那么如何帮助学生建立和理解这个模型呢？笔者在指导教师进行磨课的过程中有以下一些思考。

1. 引导感悟“存在性”和“任意性”——正确理解“总有”和“至少”

“抽屉原理”是解决一类与“存在性”有关的问题的模型，这里的“存在性”对应教材中的关键词就是“总有”和“至少”。那么，怎样帮助学生感悟这种“存在性”，理解其意义所指呢？结合具体的情境理解“总有”和“至少”这两个关键词是关键。例如，结合教材中的例1，让学生把4支笔放进3个笔筒里，看看有哪些放法（对于学困生来说把所有的情况全部枚举出来有一定的难度，因此可以降低难度，可以从把3支笔放进2个笔筒入手），引导学生观察（4，0，0）（3，1，0）（2，2，0）（2，1，1）这四种分法（附图2–1），教师直接给出总有一个笔筒里至少有2支笔，让学生说说“总有”和“至少”是什么意思，由此帮助学生初步理解：“总有”就是“一定能找到，一定存在这样的一个笔筒”的意思，这个笔筒里的笔至少有2支，还可以是3支或4支，从中感悟“存在性”。这里的“至少”并不是指每一种分法中支数最少的那个笔筒的支数，而是指符合条件的那个笔筒的笔的支数，最快的方法就是直接观察每种分法中数量最多的那个笔筒，看它的数量是否符合。另外，教师可以把每一种分法的笔筒顺序随意调整，说明只需要确定存在即可，并不需要知道究竟是哪一个笔筒符合，任意一个笔筒都可以，这就是对“任意性”的朴素理解。

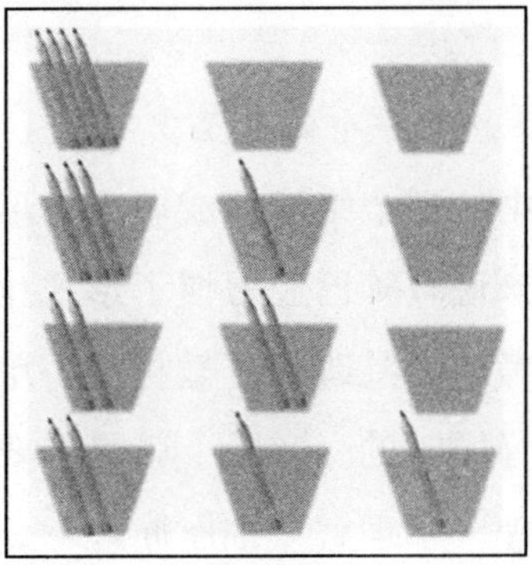

附图2–1

2. 依据“最不利原则”，理解假设法——引出平均分，数学化地理解

虽然教师用书中没有提到“最不利原则”，但是本节课跟《找次品》一样，“最不利原则”是推理和说理、构建模型的重要依据。再以例1为例，理解了“总有”和“至少”的含义之后，教师继续提问（结合附图1–2）：在这四种分法中，你认为只需要哪种情况符合，其他的情况就肯定也符合？它与第一种情况有什么不一样？由此让学生直观地感受，如果像第一种分法那样，把笔集中放在一个笔筒里，这一个笔筒自然就符合要求。最坏的情况是，笔分散放，若分散放都能找到符合条件的笔筒，就能证明“总有”了。那怎样放才是最分散的呢？（第四种分法）由此引出平均分的思路。结合操作（附图2–2）理解例1中的假设法。假设法是枚举法的优化，实质上就是把最不利、最分散的那种分法列举出来，说明符合要求，由此就能说明“总有”了，这也为后面例2用除法算式说理做好了铺垫。

附图2–2

3. 正确理解教材，避开雷区

笔者下校视导时听过两位教师上这节课，发现在教材的理解上存在偏差，他们喜欢出这样的填空题：

5只鸽子飞进3个鸽笼，总有一个鸽笼至少飞进（　　）只鸽子。

他们觉得只是把教材中的那个结论变成填空的形式而已，还应该是那个结论，怎么会有问题呢？应该说教师已经习惯了形式化数学就是解题，就是求得结果，因此对教材不加思考地胡乱改编，教材这一单元的习题基本都是以“为什么”为问题要求学生解释原因的，实际上就是需要学生说理和证明，用直观的方式或算式，通过“说理”来理解“抽屉原理”，由此发展学生的逻辑思维能力。但改为填空题，功能就不一样了：这样的填空题无论情境和数量如何变化，都可以填1，与“抽屉原理”无关。

如果在教学中参考以上的建议，那么模型的建立会顺畅一些，学生的理解会更到位一些，自然地，在探究说理的过程中，学生的数学素养培养自然也更有效一些。

参考文献

[1] 中华人民共和国教育部. 义务教育数学课程标准（2011年版）[M]. 北京：北京师范大学出版社，2012.

[2] 教育部基础教育课程教材专家工作委员会. 义务教育数学课程标准（2011年版）解读 [M]. 北京：北京师范大学出版社，2012.

[3] 中华人民共和国教育部. 普通高中数学课程标准（2017年版）[M]. 北京：人民教育出版社，2018.

[4] 林崇德. 21世纪学生发展核心素养研究 [M]. 北京：北京师范大学出版社，2016.

[5] 何璇. 小学数学核心素养要素与内涵研究——基于美英等五国数学课程目标比较 [J]. 数学教育学报，2019，28（5）：84–91.

[6] 张侨平. 西方国家数学教育中的数学素养：比较与展望 [J]. 全球教育展望，2017，46（3）：29–44.

[7] 洪燕君，周九诗，王尚志，等. 普通高中数学课程标准（修订稿）的意见征询——访谈张奠宙先生 [J]. 数学教育学报，2015，24（3）：35–39.

[8] 张奠宙，马文杰. 简评“数学核心素养” [J]. 教育科学研究，2018（9）：64–68，87.

[9] 孔凡哲，史宁中. 中国学生发展的数学核心素养概念界定及养成途径 [J]. 教育科学研究，2017（6）：5–11.

[10] 曹培英. 小学数学课程核心词演变的回顾、反思与展望 [J]. 小学数学教师，2015（11）：4–9，57.

[11] 曹培英. 小学数学学科核心素养及其培育的基本路径 [J]. 课程·教材·教法，2017（2）：74–79.

[12] 王永春.小数数学核心素养教学论[M].上海：华东师范大学出版社，2019.
[13] 王永春.小数数学与数学思想方法[M].上海：华东师范大学出版社，2014.
[14] 马云鹏.小学数学学科核心素养及其培养策略——《高中课标2017》的启示[J].小学教学（数学版），2018（7–8）：15–19.
[15] 何小亚.学生数学素养指标的理论分析[J].数学教育学报，2015，24（1）：13–20.
[16] 曹培英.小学数学问题解决的教学研究（一）[J].小学数学教育，2013（6）：3–5.
[17] 周玉仁.从"应用题"到"解决问题"[J].小学数学教师，2010（7）：2–18.
[18] 沈超.从知识形态和载体的角度谈解决问题和应用题[J].小学数学教师，2009（4）：1–7.
[19] 张奠宙，唐彩斌.关于小学"数学本质"的对话[J].人民教育，2009（2）：48–51.
[20] 顾志能.核心素养，一步之遥[J].小学数学教师，2016（7）：47–48.
[21] 黄伟星.用好"变式"，理解概念[J].江苏教育：小学教学，2016（3）：38–39.
[22] 喻平.形成数学概念体系对掌握数学概念的作用[J].广西师范大学学报（哲学社会科学版），1991（S1）：62–66.
[23] 华应龙.分数：先分后数——"分数的意义"教学新路径[J].人民教育，2011（6）：37–39.
[24] 张奠宙.揭示数学本质提升"分数"教学[J].小学数学教师，2013（7）：4–11.
[25] 曹培英.小学数学计算教学若干问题的思考与实践（上）[J].小学数学教师，2012（3）：28–36.
[26] 索磊.小学生运算能力的发展现状及其培育策略[J].课程教学研究，2019（12）：38–42.
[27] 张天孝，姜荣富.计算教学中的创新思维培养（十二）——对"分数加减法"教学的思考[J].小学数学教师，2009（9）：38–46.

[28] 华应龙，施银燕. 所有的判断都是统计学——统计与概率备课与教学难点解析 [J]. 人民教育，2006 (13-14)：66-76.

[29] 金轩竹，马云鹏. 大数据背景下数据分析观念培养的实践路径 [J]. 小学数学教育，2018 (12)：3-7.

[30] 曹培英. "数学广角"教学的系列研究（一）[J]. 小学数学教育，2017 (1-2)：4-9.

[31] 杨丽芳. 整体观视角下的课堂教学问题链设计——以人教版小学数学"解决问题"新授课的教学为例 [J]. 小学数学教与学，2018 (8)：32-35.

[32] 杨丽芳. 模型思想在解决问题教学中的渗透 [J]. 辽宁教育，2015 (6)：45-46.

[33] 杨丽芳. 问题链，链出精彩课堂——小学高年级数学课堂"问题链"设计探析 [J]. 数学学习与研究，2015 (2)：50-52.

[34] 杨丽芳. 如何让学生"喝"得更有营养——由《喝牛奶问题》一课引发的对小学数学教材研读的思考 [J]. 数学教学通讯，2020 (3)：5-9.

[35] 杨丽芳. 如何形成教学风格：名师典型案例的多维解读·小学卷之二——严密紧致，扎实有效，亲近和睦——我的教学风格 [M]. 广州：广东高等教育出版社，2016.